Maren Fischer-Epe

Coaching: Miteinander Ziele erreichen

Eingeleitet von
Friedemann Schulz von Thun

Rowohlt Taschenbuch Verlag

MITEINANDER REDEN: Praxis

Herausgegeben von Friedemann Schulz von Thun

Zeichnungen Maren Fischer-Epe
Redaktion Wolfgang Müller

Überarbeitete Neuausgabe November 2004

2. Auflage Januar 2006

Originalausgabe
Veröffentlicht im Rowohlt Taschenbuch Verlag,
Reinbek bei Hamburg, März 2002

Umschlaggestaltung any.way, Walter Hellmann
Satz Minion und Officina PostScript, QuarkXPress 4.11
Gesamtherstellung Clausen & Bosse, Leck
Printed in Germany
ISBN 3 499 61954 7

Inhalt

Einführung von Friedemann Schulz von Thun

«Coaching»: zwar kein schönes Wort, ein hässlicher Klang. Haben wir nicht schon genug von all den Anglizismen, von jenen geistigen Fertigwaren, die bei uns als begriffliche Hoffnungsträger für Innovation und Modernisierung herhalten müssen? Und doch, unter diesem Begriff hat sich in den letzten zwanzig Jahren eine neue Qualität von Beratung und beruflicher Förderung herausgebildet, verbunden mit einer neuen Rollendefinition (auch für Führungskräfte, Lehrer etc.), die tatsächlich eine Verheißung enthält: dass ich in Zeiten schwerwiegender und verunsichernder beruflicher Herausforderungen ganz individuell wirksame Hilfe bekommen kann. Um diese «neue Qualität» geht es in diesem Buch, und Maren Fischer-Epe setzt anspruchsvolle Maßstäbe.

«Coaching»: Das klingt so ähnlich wie «Couch». Dieses Liegemöbel von Sigmund Freud ist im öffentlichen Bewusstsein noch immer mit dem Psychologen in unverwüstlicher Assoziation verbunden. Ob wir Lehrerkollegien oder politische Fraktionen beraten haben, immer stand hinterher in der Presse: «Lehrer auf der Couch!» oder (schlimmer noch) «X-Partei musste auf die Couch!» Ich hätte den Überschriftenredakteur würgen können! Nicht nur, dass um der Pointe willen ein falsches Bewusstsein vom Arbeits- und Rollenverständnis eines psychologischen Beraters aufgefrischt und verewigt wird. Viel schwerwiegender: Der Klient kommt in den Geruch, pathologisch zu sein, seine Neurosen erst bearbeiten zu müssen, bevor er wieder auf die Menschheit losgelassen werden kann.

«Coaching»: Wahrscheinlich kann dieser Begriff trotz klangtechnischer Ähnlichkeit wirkungsvoll helfen, endlich von der Couch loszukommen. Coaching klingt sportlich, nach Bundesliga, ein flinker Turnschuh, ein Hochleistungssportler erscheint auf der Spielfläche, der nicht nur gut trainiert, sondern auch «mental» optimal und mit allen Raffinessen der Kunst auf Sieg programmiert sein will. Nun gut, ein wenig von diesem sportlichen Hochleistungsimage kann wohl keinen großen Schaden anrichten, aber wenn wir nun Maren Fischer-Epes Buch lesen, merken wir bald, dass damit der Kern der Sache auch wieder nicht, oder jedenfalls längst nicht ausreichend, beschrieben ist. Und was ist der Kern der Sache?

Stellen Sie sich vor, Sie wären ein Leistungssportler im übertragenen Sinne, nämlich in Ihrem Beruf in verantwortlicher Position. Was Sie unternehmen, wie Sie entscheiden, wie Sie mit den Leuten umgehen – all dies hat Folgen, für Sie selbst, für die Menschen, für die Organisation. Und stellen Sie sich weiter vor: Die Herausforderungen, die auf Sie zukommen, sind nicht leicht zu meistern: Die strategische / fachliche / menschliche / mikropolitische Komplexität setzt Ihnen zu und wächst Ihnen zuweilen über den Kopf. Wäre es da nicht gut, Sie müssten nicht alles alleine im stillen Kämmerlein ausbrüten und entscheiden, sondern Sie könnten sich darüber aussprechen und beraten mit einem klugen Menschen, der Ihnen wohlwill und Ihnen hilft, die hundert Fäden zu entwirren, die in Ihrem Kopf zusammenlaufen und sich nicht selten verknäueln? Mit jemandem, der gut zuhören kann, aber im entscheidenden Moment auch etwas Kluges von sich gibt oder, oft noch wichtiger, die richtigen Fragen stellt? Mit jemandem, der mit geschultem Blick sieht, an welchen Stellen es hakt, sowohl in der Sache als auch menschlich, in Ihrem Team oder, noch menschlicher: bei Ihnen selbst? Mit jemandem, der Ihre Brille aufsetzt und alles mit Ihren Augen anschaut, aber dann plötzlich auch die Brille wechselt und ein ganz neues Bild wahrnimmt, das er Ihnen zeigt? Der Ihnen alle Wertschätzung und Respekt entgegenbringt, aber Sie doch auch mit Feedback konfrontiert, denn vielleicht haben Sie eine mächtige Position erreicht, und ehrliche Rückmeldungen von anderen sind in dieser Höhe zur Mangelware geworden? Was noch? Es dürfte kein arroganter Besserwisser sein, sondern eher jemand, der darauf vertraut, dass in einem kundig gestalteten Dialog «die Wahrheit zu zweit beginnt», dass die Frucht des Dialoges eine ist, die weder auf dem Baum des einen noch auf dem Baum des anderen hätte wachsen können. Dieser Dialog vollzieht sich nicht zwischen einem hilflosen, dummen Ratsuchenden und einem weisen, erfahrenen Ratgeber. Sondern zwischen zwei Experten, die unterschiedliche Qualifikationen mitbringen und im Zusammenbringen dieser Unterschiede auf Synergien hoffen können: Der eine, der Klient, bringt Sach-, Fach- und Feldkompetenz mit, denn er ist Profi in seinem angestammten Bereich; ferner kennt er sich selbst am besten, und das ist nicht minder wichtig. Der andere, der Coach (und dies kann und wird gerne eine Frau sein, obwohl es *der* Coach heißt), verfügt im günstigen Fall auch über Feldkompetenz, sodass ihm der Klient nicht alle Regeln, die auf seinem Schachbrett gelten, erst erklären muss. Vor allem aber liegt seine Fähigkeit darin, den dialogischen Prozess der Beratung, des Erarbeitens von Diagnosen, Interventionen und Lösungen nach den Regeln der Kunst zu gestalten. Und, vielleicht am allerwichtigsten: die Regeln der Kunst so zu variieren, dass sie für die Einmaligkeit des Augenblicks tauglich werden – für diesen Klienten, bei diesem Thema, in dieser Situation.

Es ist diese flexible Rollenvielfalt, die den Coach nach dem Verständnis von Maren Fischer-Epe auszeichnet: Je nach den Umständen ist er einfühlsamer Klärungshelfer, anschaulicher Lehrer, besonnener Berater, Anteil nehmender und ehrlicher Mitmensch, effektiver Trainer, kurzum ein Mut machender Entwicklungshelfer zur Selbsthilfe und immer ein verschwiegener Vertrauter.

Dazu kommt ein Arbeitsverständnis, das tief schürfende Problemanalysen zwar nicht ausklammert, aber doch den Schwerpunkt mehr auf Ziele und Lösungen legt; das die Schwächen und Entwicklungsrückstände des Klienten zwar nicht tabuisiert, aber doch vor allem seine Stärken und Fähigkeiten betont und herausarbeitet; das die Belastungen und die manchmal schwere Not des Klienten zwar nicht verleugnet und schönredet, aber doch auch nach Perspektiven sucht, unter denen alles auch anders und positiv gesehen werden kann.

Wenn alles gut läuft, geht der Klient nicht nur gut beraten aus den Sitzungen hervor, sondern auch gestärkt und ermutigt, mit neu erworbenen Kompetenzen der Situationsdiagnose, der Selbstklärung und Selbstberatung, der Kontakt- und Problemlösefähigkeit. Aber der «Hochleistungssportler» soll nicht nur und nicht vor allem lernen, schneller, höher und weiter zu springen. Er soll auch die Ziele, die er sich setzt, auf Verträglichkeit überprüfen, das heißt in der Lebensbalance bleiben oder sie zurückgewinnen. Hier braucht der Coach jene Weisheit, die nicht jedes Ziel einfach zu erreichen hilft, sondern das Ziel selbst, von einer höheren Warte aus, infrage zu stellen wagt.

Um ein solches Coaching leisten zu können, reicht es nicht, das Herz auf dem richtigen Fleck zu haben – obwohl auch dies eine wichtige und weithin unterschätzte Schlüsselqualifikation darstellt. Folglich öffnet Maren Fischer-Epe ihren reichhaltigen professionellen «Werkzeugkoffer». Hier hat es jedes Kapitel in sich, und wer Lust bekommt, diese Werkzeuge selber zu gebrauchen, hat noch – je nach Vorqualifikation – einiges vor sich, bis sie in seine Hand passen. Aber diese Lehrjahre dürfen mit höchstem Interesse genossen werden, da die hier vorgestellten Instrumente, Modelle, Sichtweisen und Methoden für die menschliche Entwicklung ganz allgemein wertvolle Anstöße geben.

Leser meiner Trilogie «Miteinander reden» finden hier, neben vielem anderen, auch «alte Bekannte» wieder: das Kommunikations- und das Wertequadrat, das Persönlichkeitsmodell von Riemann und Thomann, den Teufelskreis und das Modell vom Inneren Team, dargestellt im «Einsatzfeld Coaching». Dies ist insofern nahe liegend, als ein Coaching dem Klienten u. a. dabei behilflich ist, mit sich selbst und mit anderen besser klarzukommen. Dieser kommunikationspsychologische Hintergrund verbindet sich bei Maren Fischer-Epe mit einer fundierten Kenntnis der Rollenanforderungen und Spielregeln im Management und ihrer langjährigen Erfahrung mit Veränderungsprozessen in der Unternehmenswelt.

1992 habe ich gemeinsam mit Maren Fischer-Epe den Seminarbaustein «Methoden der Einzelberatung und des Coachings» im Rahmen unserer Fortbildungsreihe für Berater und Trainer konzipiert und geleitet. Ich suchte und fand damals eine Spezialistin, die zweifach beheimatet war: in der Seele des Menschen ebenso wie im Feld der Hierarchien und Rollen, Strukturen und Organisationen. Diese zweifache Beheimatung ist das Besondere an dem hier vorgestellten Coaching-Verständnis. Es wird der Tatsache gerecht, dass der Klient zugleich Profi und Mensch ist. Der Profi will und muss sich auf dem Feld der Leistung bewähren, er sucht nach tauglichen Instrumenten und Vorgehensweisen, um seine Wirksamkeit und Perfektion zu steigern. Der Mensch sucht nach Sinn und Lebensbalance, nach Selbstverwirklichung in seiner einmaligen Existenz. Beide «Auftraggeber» sitzen auf dem Stuhl dem Coach gegenüber, und dieser darf keinen von beiden aus dem Auge verlieren. Nicht selten steht er vor der Aufgabe, sie wieder miteinander auszusöhnen, wenn der eine dem anderen und der andere dem einen zu schaffen macht.

Ich freue mich sehr, dass mit diesem Buch die Erkenntnisse vieler Jahre praktischer Coaching-Erfahrung für den Anwender anschaulich und präzise verdichtet vorliegen. Besonders gefällt mir, dass Maren Fischer-Epe ihre «Werkzeuge» zwar mit ansprechender Prägnanz vorstellt, dann aber auch den «verantwortlichen Einsatz» dieser Werkzeuge in Abhängigkeit von mancherlei Umständen demonstriert und reflektiert. Wohltuend und weise auch der wiederkehrende Absatz über «Chancen und Gefahren». Hier schreibt jemand, der über die erste Phase der Faszination und der damit einhergehenden Methodenverliebtheit schon lange hinausgewachsen ist.

Und sollte Ihnen, liebe Leserin, lieber Leser, der Mund ein wenig wässrig geworden sein, dann würde mich das ebenfalls freuen.

Vorbemerkung

Liebe Leserin, lieber Leser,*
dieses Buch wendet sich an Berater, Personalentwickler und Führungskräfte, die bereits mit Coaching zu tun haben oder sich für dieses Thema interessieren und sich einen praxisorientierten Überblick verschaffen wollen.

Coaching als individuell maßgeschneidertes Beratungsangebot im Spannungsfeld von Rollenanforderungen einerseits und persönlichen Zielen und Möglichkeiten eines konkreten Menschen andererseits erfordert vom Berater eine Integration unterschiedlicher Haltungen und Kompetenzen. Der Coach muss verschiedene Perspektiven einnehmen können und interdisziplinär denken. Um mir diese Vielfalt der Perspektiven auch beim Schreiben zu sichern, habe ich fünf Menschen aus unterschiedlichen beruflichen Feldern als Dialogpartner gewonnen, denen ich hiermit herzlich danke: Heidi Dollansky, Gabriele Hoffmann, Arne Mussbach, Jens Hager van der Laan und meinem Mann Claus Epe.

Die Antworten auf viele inhaltliche Fragen, die sich mir beim Schreiben gestellt haben, sind im Dialog mit ihnen entstanden. Ich wollte ein leicht lesbares und praxisnahes Buch schreiben. Ich hoffe, das ist mir gelungen.

Bei der Auswahl der Themen gerät man unweigerlich in ein Dilemma: Es gibt unendlich viel Interessantes und Nützliches, aber auch allerhand Unnützes zum Thema Coaching – was also auswäh-

* Dies ist das einzige Mal, dass ich Sie, liebe Leserin, explizit anspreche, sozusagen zur Begrüßung. Ich hoffe, Sie haben Verständnis dafür, dass im weiteren Text im Sinne der Lesbarkeit lediglich die männliche Sprachform verwandt wird.

len? Das ist so, als ginge es ans Kofferpacken vor einer langen Reise. Man möchte gut ausgerüstet sein und sich gleichzeitig nicht mit zu viel Gepäck belasten. Es muss für unterschiedliche Situationen etwas dabei sein, aber eben nur das Wichtigste.

Ich habe dieses Buch mit dem ausgestattet, was sich in meiner Beratungspraxis über die Jahre als das Wichtigste herausgestellt hat. Diese Auswahl erhebt also keinen Anspruch auf Vollständigkeit. Die Beratungsmodelle und Interventionen, die ich bevorzuge, wurzeln in der humanistischen Psychologie, der systemischen und lösungsorientierten Beratung und den Trainingskonzepten aus meinem Sportstudium. Mein Rollenverständnis als Coach ist gleichzeitig geprägt von meiner Erfahrung in verschiedenen Unternehmen.

Da der überwiegende Teil der Klienten, die ein Coaching in Anspruch nehmen, Führungskräfte sind, braucht der Coach auch Fach- und Feldkompetenzen im Bereich Führung, Management und Organisationsentwicklung. Diese Kompetenzen sind andernorts vielfach und gut beschrieben und werden hier nur am Rande erwähnt. Im Vordergrund dieses Buches stehen die Beratungsmethodik und das Rollenverständnis des Coach. Im Vordergrund dieses Buches stehen die Beratungsmethodik und das Rollenverständnis des Coach. Das Thema persönliche Entwicklung vertiefen wir in einem Folge-Band (Maren Fischer-Epe und Claus Epe: Stark im Beruf – erfolgreich im Leben. Persönliche Entwicklung und Selbst-Coaching, rororo Sachbuch 61695).

Wenn Sie Fragen haben oder mir ein Feedback geben möchten, schreiben Sie mir unter info@fischer-epe.de. Und nun wünsche ich Ihnen viel Spaß beim Lesen.

1. Coaching: Begriff und Verständnis

1.1 Der Begriff Coaching

Coaching ist ein schillernder Begriff, der heute in vielen Zusammenhängen ganz unterschiedlich benutzt wird. Um etwas mehr Klarheit über die Bedeutung des Coaching zu bekommen, lohnt sich ein Blick in die Vergangenheit. Ursprünglich bedeutet Coach «Kutsche». Das Wort ist in der englischen Sprache seit 1556 nachgewiesen und kommt aus dem Ungarischen. Das Bild der Kutsche vermittelt einen wesentlichen Kern von Coaching: Die Kutsche ist ein Hilfsmittel, ein Beförderungsmittel, um sich auf den Weg zu machen und ein Ziel zu erreichen.

Im Jahr 1848 taucht das Wort Coach dann erstmalig als Bezeichnung eines privaten Tutors für Universitätsstudenten auf und wurde zunächst nur umgangssprachlich unter Studenten gebraucht. Im sportlichen Bereich wird seit 1885 in England und den USA von Coaching gesprochen. Coaching wird im Englischen inzwischen im allgemeinen Sinn des Unterweisens, Anleitens und Beratens verwendet.

In Deutschland kennen wir den Begriff Coaching hauptsächlich in drei Anwendungszusammenhängen:

- als individuelle psychologische Betreuung im Spitzensport,
- als Bezeichnung für einen entwicklungsorientierten Führungsstil
- und gleichzeitig als Bezeichnung für die individuelle Beratung von Führungskräften und Projektverantwortlichen.

Zunächst ist die Bedeutung des Coaching über den Leistungssport einer breiteren Öffentlichkeit vermittelt worden. Im **Sport** steht Coaching für eine umfassende Betreuung von Spitzensportlern, die weit über ein reines Training der körperlichen Leistungsfähigkeit hinausgeht. Der Coach arbeitet mit psychologisch fundierten Trainingsmethoden.

Vielleicht haben Sie schon einmal im Fernsehen Bobfahrer vor einer Fahrt durch den Eiskanal beobachtet. Sie stehen in einer Reihe, haben die Augen geschlossen und schaukeln nach links, rechts, vor und zurück, als wären sie bereits im Rennen. Gedanklich sind sie das auch. Sie stellen sich mental und körperlich genau und konzentriert auf die Bewegungsabläufe ein. Dabei benutzen sie den Bewegungsrhythmus, der sich im Training als optimal herausgestellt hat. Sie versuchen also, sich auf Erfolg zu programmieren. Das ist ein Beispiel für ein mentales Training, wie es ein Sportcoach anleiten könnte. Neben solchen psychologisch fundierten Trainingsmethoden bietet der Coach im Sport aber noch mehr: Er hilft, Ängste zu überwinden, Blockaden abzubauen, persönliche Erfolgsstrategien zu entwickeln, Erfolge zu genießen und Misserfolge zu verkraften.

Lassen Sie uns nun auf die Entwicklung von Coaching im betrieblichen Kontext blicken: In amerikanischen Unternehmen bezeichnet Coaching seit den siebziger Jahren einen personen- und **entwicklungsorientierten Führungsstil,** mit dem Mitarbeiter zu einer persönlichen Weiterentwicklung und zur Verbesserung ihrer Leistungsfähigkeit angeregt werden sollen.

Dieser Gedanke wurde in Deutschland seit Mitte der achtziger Jahre unter dem Begriff **Führungskraft als Coach** weiterentwickelt. Die Forderung, dass Führungskräfte auch als Coach ihrer Mitarbeiter aktiv sein sollen, hat sich zunächst besonders im Vertrieb etabliert und mittlerweile auf alle Führungsbereiche ausgeweitet. Da die Förderung und Entwicklung von Mitarbeitern ohnehin zur Führungsaufgabe gehört, ist die Idee der Führungskraft als Coach meiner Meinung nach sinnvoll und plausibel. Was damit konkret gemeint ist und wie sich die Rolle des Coach mit der Führungsrolle angemessen verbinden lässt, bleibt allerdings in manchen Firmen eher im Nebel diffuser Heilserwartungen. Wenn Sie als Leser mit dieser Frage befasst sind, finden Sie Anregungen dazu im Kapitel 5.

Parallel zur Idee der Führungskraft als Coach hat sich in Deutschland der Begriff Coaching seit Mitte der achtziger Jahre auch als Bezeichnung für eine professionelle, zunächst externe **Beratung für Führungskräfte** durchgesetzt. Diese Form von Coaching war in der Pionierphase nur Top-Führungskräften und wenigen Beratern vorbehalten und war zuweilen von einer Aura des Erlesen-Geheimnisvollen umweht. Damit sollte vermutlich kompensiert werden, dass Coaching vielfach mit Therapie assoziiert wurde. Führungskräfte, die sich beraten ließen, wurden zunächst als hilfsbedürftig und damit unfähig eingestuft.

Heute ist Coaching in vielen Unternehmen als selbstverständliche Ergänzung zu anderen Personalentwicklungsmaßnahmen akzeptiert. In manchen Firmen bedeutet es sogar einen Imagegewinn, wenn man sich coachen lässt. Dabei ist Coaching nicht mehr nur Führungskräften vorbehalten. Viele Firmen investieren Coaching-Maßnahmen inzwischen auch in Fachkräfte mit Projektverantwortung und in Mitarbeiter, die sie fördern wollen.

Während es in der Pionierphase vor allem um die Weiterentwicklung sozialer Kompetenzen einzelner Führungskräfte ging, hat sich die Anwendungslandschaft von Coaching in den letzten zehn Jahren deutlich erweitert: Im Rahmen von Umstrukturierungen, strategischen Neuausrichtungen und Fusionen ist Coaching in vielen Unternehmen heute auch als Konzept für die systematische Entwicklung von Schlüsselpersonen und ganzen Führungsteams etabliert.

Der Coaching-Begriff steht heute zunehmend für Entwicklung und Leistungssteigerung und wird nicht mit Krankheit oder Schwäche assoziiert. Das ist wohl auch der Grund dafür, dass er inzwischen im Alltagssprachgebrauch für nahezu jegliche Form von Training und Beratung verwendet und vermarktet wird: Wenn das Verhalten vor der Fernsehkamera trainiert wird, wird es zum «TV-Coaching». Wenn man sich auf Konfliktgespräche vorbereitet, geht es um «Konflikt-Coaching». Teamentwicklung wird zum «Team-Coaching». Wenn ein Unternehmensberater mit einem Hierarchen spricht, hat er ihn «gecoacht» usw. Kürzlich wurde eine Freundin bei der Krankengymnastik von dem behandelnden Physiotherapeuten damit überrascht, dass er sie gerne «ganzheitlich coachen» wollte. Paartherapie wird zum «Paar-Coaching», Erziehungsberatung zum «Erziehungs-Coaching». In Zeitschriftenannoncen findet man vielversprechende Angebote für «Life-balance-Coaching», «Power-Coaching» oder «Body-Coaching». Die kreative und manchmal effekthaschende Verwendung des Begriffs Coaching schafft für den Nutzer einige Verwirrung. Umso notwendiger scheint es, zu hinterfragen, was jeweils mit Coaching gemeint sein soll.

1.2 Mein Coaching-Verständnis

Unter Coaching verstehe ich eine Kombination aus **individueller Beratung, persönlichem Feedback und praxisorientiertem Training.** Im Coaching werden Fragestellungen behandelt, die die berufliche Aufgabe und Rolle sowie die Persönlichkeit des Klienten betreffen. Beispiele dafür sind:

- Persönliche Standortbestimmung, Entwicklung von Visionen und Formulierung von Zielen.
- Entwicklung geeigneter Problemlösungs- und Umsetzungsstrategien.
- Analyse und Weiterentwicklung des eigenen Verhaltens.
- Rollenklärung und Positionsbestimmung in schwierigen Entscheidungssituationen.
- Bewältigung des Arbeitsalltags, zum Beispiel durch Training on the Job.

Es geht immer gleichzeitig um zwei Perspektiven: **Person** und **Rolle**. Der Coach versucht, mit dem Klienten Lösungen zu finden, die den Rollenanforderungen gerecht werden und gleichzeitig zur Person passen. **Klärungshilfe, Supervision** und **Coaching** sind Formen von Prozessberatung, die helfen, Probleme zu lösen und Ziele zu errei-

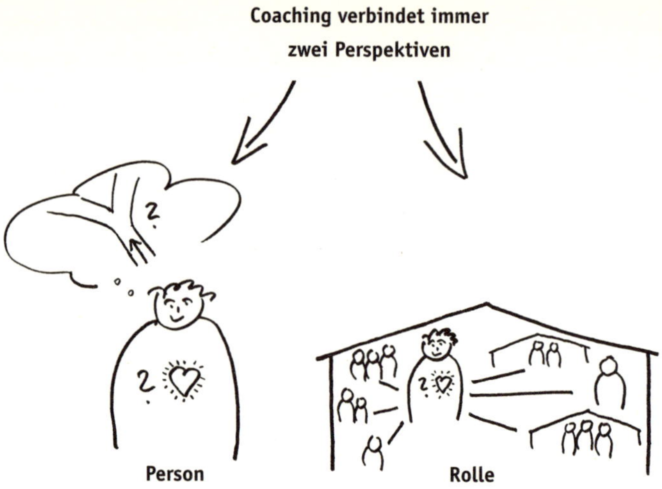

Coaching als Beratung im Spannungsfeld von Rolle und Person

chen, ohne dass der Berater als Experte Lösungen vorgibt. Coaching ist in diesem Sinn eine professionelle Reflexions- und Entwicklungshilfe in der beruflichen Praxis mit dem Ziel, Handlungsalternativen zu entwickeln und sich in seinem Umfeld als souveräner Gestalter zu bewegen. Dabei bleibt die Selbstverantwortung des Klienten zu jedem Zeitpunkt gewahrt, die Beratung leistet **Hilfe zur Selbsthilfe**. Der Coach begleitet den Klienten als **Partner** in einem Dialog unter Experten: Der Klient ist Experte in seinem Arbeitsfeld, der Coach ist Experte für Gesprächs- und Beratungsmethoden und kennt sich im Themenfeld Führung und Zusammenarbeit aus. Der Coach hilft bei der Suche nach **stimmigen Zielen** und angemessenen Lösungswegen, er fördert **Zuversicht** und persönliche Entwicklung. Hier schließt sich der Kreis zur oben beschriebenen sprachlichen Wurzel des Coaching-Begriffs: Eine Kutsche ist ein Hilfsmittel, ein Beförderungsmittel, um auf den Weg zu kommen und ein Ziel schneller und bequemer zu erreichen als zu Fuß. Der Benutzer bedient sich dieses Hilfsmittels, entscheidet aber selbst über die Richtung bzw. das Reiseziel. Der Kutscher kennt die Wege, kann Entfernungen und Reisezeiten einschätzen, sorgt für die Qualität des Vorankommens und für angemessene Pausen.

1.3 Anlässe für Coaching-Anfragen

Es sind oft äußere Anlässe, die zu einem Coaching führen. In den meisten Fällen steht eine berufliche Entscheidung an oder es wird ein neues Rollenverhalten verlangt. Der Klient hat in der Regel schon einige Versuche unternommen, um seine Probleme zu lösen oder seine Fragen zu beantworten. Wenn diese Antworten mit den zur Verfügung stehenden Mitteln wie Büchern, Selbstreflexionen, Gesprächen mit Freunden, Ehepartnern und Kollegen oder durch Seminarbesuche nicht gefunden werden und wenn der Handlungsdruck steigt, wächst auch die Bereitschaft, sich einen Berater zu suchen. Anlässe für Coaching-Anfragen lassen sich grob in drei Felder einteilen:

Rollen- und Wertekonflikte im Zusammenhang mit äußeren Veränderungen
Hierzu gehören zum Beispiel:

- Umstrukturierung, neue Rechtsform, Fusion, Verkauf des Unternehmens, Umorientierung zum Profitcenter,
- neue Produktionsverfahren, neue Produkte, neue Technologien, veränderte Innenpolitik des Unternehmens,
- Beförderung, erste Führungsaufgabe, Versetzung, Kündigung, Stellenwechsel.

Ein Beispiel für diesen Zugang zum Coaching. Herr A, 36, war bisher vor allem für anspruchsvolle Projekte verantwortlich. Nun wird ihm im Rahmen der Fusion seiner Firma mit einem größeren Unternehmen die Position als Bereichsleiter in einem neu entstehenden übergeordneten Bereich angeboten. Ein Karrieresprung über zwei Ebenen ist in der konservativ-hierarchisch orientierten Kultur beider Unternehmen bisher unüblich. Aufstiege erfolgen in geregelten Schritten und sind unumkehrbar. Wenn man in der Führungsposition scheitert, gibt es bisher keinen Weg zurück. Herr A ist sich nicht sicher, ob ein solcher Schritt nicht zu «anmaßend und zu gefährlich» ist. Im Coaching möchte der Klient klären, wie er auf das Angebot reagieren will.

Kritische Situationen und Konflikte in der Zusammenarbeit
Hierzu gehören zum Beispiel:

- Kommunikations- und Kooperationsprobleme im Team oder mit einzelnen Mitarbeitern bzw. Kunden,
- akute oder festgefahrene Konflikte zwischen Führungskräften oder ganzen Unternehmensbereichen,
- Kommunikations- und Kooperationsprobleme mit dem eigenen Vorgesetzten oder mehreren Hierarchien.

Ein Beispiel für diesen Zugang zum Coaching: Der Leiter eines Produktionsbereichs in einem Elektronik-Konzern, Herr B, bekommt von seinem Chef den Hinweis, er würde sich gegenüber seinen Mitarbeitern und Führungskollegen zu wenig durchsetzen. Nachdem er zehn Jahre erfolgreich als Fabrikleiter im Ausland gearbeitet hat, ist er irritiert und verärgert über diese Rückmeldung. Sein Chef hat ihm empfohlen, in einem Coaching herauszufinden, wie er sein Verhalten verändern könnte. Er spricht einen von ihm akzeptierten Personalentwickler des Unternehmens an und bittet um die Empfehlung eines Coach, ohne sein Anliegen zu konkretisieren.

Fragen der persönlichen Entwicklung
Hiermit sind alle Anliegen gemeint, in denen der Klient von sich aus ein neues Verhalten lernen oder eine innere Einstellung verändern möchte. Auslöser können zwar auch hier veränderte Rahmenbedingungen oder Konflikte sein, der Fokus liegt aber von vornherein und

bewusst stärker auf dem Wunsch nach persönlicher Entwicklung, zum Beispiel bei

- anstehenden Laufbahnentscheidungen, beruflicher Umorientierung oder Vorbereitung auf den Ruhestand,
- seelischen oder körperlichen Symptomen von Überforderung, Überarbeitung, Sinn- und Motivationsverlust.

Auch hierzu ein Beispiel: Frau C, die Leiterin der Personal- und Organisationsentwicklungsabteilung in einem männerdominierten Dienstleistungsunternehmen, erlebt, dass ihre Arbeit zwar materiell großzügig unterstützt wird, ihre Projekte aber in Leitungsmeetings immer wieder unterschwellig entwertet und vom Top-Management inhaltlich nicht wirklich unterstützt werden. Während sie diese Situation einige Jahre lang «wegstecken konnte, weil die Resonanz von Kollegen und Mitarbeitern immer sehr positiv war», reagiert sie nun zunehmend «allergisch» und mit Motivationsverlust. Sie möchte herausfinden, ob es geeignetere Strategien im Umgang mit ihrer Geschäftsführung gibt und wie sie sich wieder motivieren kann. Im Coaching merkt sie bald, dass es um die viel grundsätzlichere Frage geht, ob das Arrangement noch ihren Wünschen und Fähigkeiten entspricht, und dass sie neue Kompetenzen und Einstellungen entwickeln muss, um ihre Leistungsmotivation dauerhaft wiederzugewinnen.

Die drei Beispiele zeigen, dass die Anliegen hinter den Coaching-Anfragen mehrere Aspekte gleichzeitig berühren können. Coaching kann häufig nur eine Ergänzung zu weiteren Aktivitäten der Personal- oder Organisationsentwicklung sein und sollte mit ihnen Hand in Hand gehen.

1.4 Coaching aus drei Rollenperspektiven

Wenn der Klient alle Möglichkeiten im Vorfeld ausgeschöpft und sich nun entschieden hat, für die Lösung seiner Fragestellung professionelle Unterstützung einzuholen, hat er grundsätzlich drei Möglichkeiten: Er kann sich an den eigenen Vorgesetzten, an einen internen Coach oder an einen externen Berater wenden.

Die Vor- und Nachteile dieser drei Varianten möchte ich an den oben zitierten Beispielen veranschaulichen. Der Gruppenleiter Herr A und die Leiterin der Personalentwicklung Frau C suchen sich ein externes Coaching. Herr A befürchtet, dass sein Zögern und seine Zweifel ihm als Entscheidungsschwäche ausgelegt werden. Frau C möchte ihre Kritik am Top-Management nicht mit Kollegen austauschen, die sie gleichzeitig auch als interne Kunden betreut. Beide möchten sich zunächst in einem neutralen und diskreten Rahmen über ihre Ziele und Strategien klar werden, bevor sie in ihrer Firma weitere Schritte unternehmen.

Im Unterschied dazu bekommt der Produktionsleiter Herr B eine kritische Rückmeldung von seinem Chef. Nun könnte der Chef theoretisch selbst als Coach tätig werden. Dann wären folgende Schritte notwendig: Er müsste mit Herrn B die kritischen Rückmeldungen vor dem Hintergrund seiner eigenen Erfolgskriterien für Führung und Zusammenarbeit und seiner Erwartungen an Herrn B reflektieren. Angenommen, Herr B fände diese Erwartungen und Maßstäbe nicht akzeptabel, dann müssten die Herren zunächst diesen Konflikt austragen. Wenn Herr B die Erfolgskriterien aber akzeptiert, jedoch an der Umsetzung scheitert, müsste der Chef in der Lage sein, ihn beratend zu begleiten. Vorausgesetzt, er traut Herrn B die erwartete Verhaltensänderung grundsätzlich zu, wäre dann das Thema der Gespräche: Wie kann Herr B ein neues Führungsverhalten lernen?

Diesen Lernprozess mit dem eigenen Vorgesetzten anzugehen hat Vor- und Nachteile. Der Vorteil liegt auf der Hand: Die Coaching-Gespräche lassen sich unauffällig und natürlich in den Arbeitsalltag einbetten. Da der Vorgesetzte die Zusammenhänge kennt, kann er gleichzeitig auch wichtiges Feedback geben und kleine Veränderungen wahrnehmen. Je stärker es im Coaching aber um Verhaltensänderung geht und je mehr der Vorgesetzte selbst in die Thematik verwickelt ist, desto eher gerät er in einen Interessenkonflikt. Für den Lern- und Entwicklungsprozess des Mitarbeiters ist es wichtig, ihn partnerschaftlich-wertschätzend zur Selbstorganisation anzuregen. Der **Vorgesetzte** steht aber vielleicht selbst unter Druck und braucht eine schnelle Verhaltensänderung des Mitarbeiters. Außerdem bewertet und beurteilt er am Ende auch dessen Leistungen und entscheidet mit über seine weiteren Karrieremöglichkeiten. Wenn diese **doppelte Loyalität** nicht transparent gemacht wird, droht ein «Beziehungsverrat».

Etwas leichter hätte es ein interner Berater, der in keinem hierarchischen Verhältnis zu Herrn B steht, zum Beispiel ein Personalentwickler mit Beratungskompetenz. Er könnte das Coaching von Herrn B in andere Personalentwicklungsmaßnahmen wie systematische Feedbackprozesse oder Workshops zur Team- und Bereichsentwicklung einbetten. Oft bestehen aber auch hier Abhängigkeiten, die eine wirklich neutrale Gesprächshaltung erschweren.

Neben dem Thema der doppelten Loyalität ist es natürlich auch eine Frage der Gesprächsführungskompetenz, ob eine Führungskraft sich das Coaching zu einem Verhaltensthema zutraut. Im Fall von Herrn B hatte der Vorgesetzte entschieden, das sei «nicht sein Metier». Er wollte die Arbeit einem Verhaltensexperten überlassen.

Die weitere Entwicklung dieser Coaching-Anfragen finden Sie im Kapitel 4. Die folgende Abbildung zeigt noch einmal im Überblick die Vor- und Nachteile von Coaching aus den drei Rollenperspektiven.

	externer Coach	interner Coach	Führungskraft als Coach
Aufgabe	Beratung von Führungskräften und Projektverantwortlichen	Beratung von Führungskräften und Projektverantwortlichen	Führungsaufgabe und Führungsstil: «Fördern und Fordern»
Chancen	Neutralität, Diskretion, andere Perspektiven, ggf. spezielle Expertise	Fach- und Feldkenntnis, Einbettung in Maßnahmen der internen Personalentwicklung	Fach- und Feldkenntnis, Transfernähe, natürliche Gesprächssituation
Gefahren	Fehlende Fach- und Feldkompetenz, Imageverlust: Coach = Couch	Fehlende Akzeptanz, gegenseitige Abhängigkeit, Betriebsblindheit	Beziehungsverrat, Verwicklung in Konflikte, fehlende Gesprächskompetenz

Coaching aus drei Rollenperspektiven

1.5 Der Ablauf eines Coaching-Prozesses

Der Coaching-Prozess lässt sich in drei Phasen gliedern: die Auftragsklärung im Vorfeld, die Coaching-Gespräche und die Auswertung des Prozesses.

Die **Auftragsklärung** im Vorfeld dient der ersten Überprüfung, ob die angestrebten Ziele im Rahmen eines Coaching angemessen erreicht werden können bzw. welche flankierenden Absprachen oder anderen Maßnahmen noch getroffen werden müssen. Dies gilt besonders, wenn das Coaching vom Unternehmen des Klienten finanziert wird und mit expliziten oder impliziten Aufträgen empfohlen oder verordnet wurde.

Nach der Auftragsklärung beginnen die eigentlichen **Coaching-**

Gespräche. Der Beratungs- und Trainingsprozess ist immer zeitlich befristet und wird nach einer vereinbarten Frist ausgewertet. Grundsätzlich orientieren sich die Coaching-Gespräche an einem Ablauf in vier Phasen. In der ersten Phase wird **Kontakt** aufgenommen und **Orientierung** geschaffen, in der zweiten werden **Situation** und **Ziele** herausgearbeitet, die dritte Phase dient der Entwicklung von **Lösungen**, und am Ende wird der **Transfer** in die Praxis gesichert. Je nach Stadium im Coaching-Prozess sind die vier Phasen im Gesprächsablauf unterschiedlich gewichtet und betont.

Nachdem die Gespräche abgeschlossen sind, verabreden Coach und Klient einen angemessenen Zeitraum, in dem die Erkenntnisse, Lösungsideen, Maßnahmen und Veränderungen im Arbeitsalltag umgesetzt und integriert werden können. Bei der **Auswertung** des Coaching wird dann überprüft, inwieweit die angestrebten Ziele tatsächlich erreicht werden konnten, und der persönliche Lernprozess wird gewürdigt. In Kapitel 4 finden Sie eine detaillierte Beschreibung der verschiedenen Phasen im Coaching.

2. Coaching: Werkzeugkoffer

Vorbemerkung

Bevor Sie jetzt weiterlesen, nehmen Sie sich vielleicht einen Moment Zeit für einige persönliche Fragen:

Wann haben Sie sich das letzte Mal beraten lassen? Lassen Sie sich überhaupt beraten? Wenn ja, gehen Sie dann eher zu Profis oder eher zu Freunden? Oder gehören Sie zu den Menschen, die sowieso alle Probleme selbst lösen und zu denen eher andere mit ihren Fragen kommen?

Ich möchte Sie bitten, für einen Moment innezuhalten und eine kleine Gedankenreise zu unternehmen: Versuchen Sie sich an Situationen zu erinnern, in denen Sie Beratung hätten brauchen können oder in denen Sie sich wirklich Beratung oder Hilfe gesucht haben. Und jetzt erinnern Sie sich bitte an ein gutes Beratungsgespräch oder stellen es sich vor. Was war hilfreich und nützlich für Sie? So wie Sie sich kennen, was brauchen Sie von einem Berater? Was tut Ihnen gut?

Vielleicht erinnern Sie sich auch an schlechte Beratungsverläufe? Was hat Sie gestört oder Ihnen vielleicht sogar geschadet? Wenn Sie jetzt ein Fazit ziehen: Was ist für Sie ganz persönlich das wichtigste Kriterium dafür, ob ein Beratungsgespräch hilfreich und nützlich wird?

Die letzte Frage habe ich immer wieder Seminarteilnehmern und Klienten im Rahmen eines Coaching gestellt. Die Antworten ähneln sich: Es sind keineswegs die Techniken und gewieften Interventionen, die an erster Stelle als hilfreich genannt werden, sondern vielmehr die Grundhaltung und die prinzipielle Dialogfähigkeit des Beraters. Die meisten Menschen wünschen sich zunächst einen aufmerksamen und wohlwollend-interessierten Zuhörer, der nicht bewertet und nicht mit Ratschlägen dominiert. Danach rangieren die Wünsche nach anregenden Fragen und inhaltlichen Stellungnahmen, nach Strukturierungsvorschlägen und Lösungsideen. Wichtig ist also zunächst eine wertschätzende und partnerschaftliche Grundhaltung. Diese Haltung äußert sich in der Bereitschaft, sich als Coach für den Klienten zu **interessieren und sich auch selbst als Person zu zeigen**. Beide Seiten müssen sich ergänzen: Wenn ich mich als Coach nicht für meinen Gesprächspartner interessiere oder mich selbst zu stark in den Mittelpunkt stelle, werde ich nicht viel erfahren. Wenn ich mich ausschließlich für mein Gegenüber interessiere, dabei aber selber als Person unsichtbar bleibe, gerät das Interesse zum distanzierten Ausforschen, und der andere fühlt sich als Objekt behandelt.

Ebenso wichtig ist im Coaching die Bereitschaft, dem Klienten in seine Erlebniswelt zu **folgen** und gleichzeitig das Gespräch zu **führen**. Auch hier müssen sich beide Aspekte wechselseitig ergänzen: Wenn ich als Berater nicht bereit bin, dem Klienten in seine Erlebniswelt zu folgen und mich auf seine Sprache, seine Verarbeitungsweise und seine Bewertungen einzulassen, wird Beratung schnell zum Machtkampf um Richtig und Falsch.

Wenn ich als Coach aber immer nur den Gedankengängen des Klienten folge und keine gezielten Angebote zur Strukturierung mache, Anregungen gebe oder Stellung nehme, werden die meisten Klienten sich zwar gut verstanden fühlen, aber wenig Neues entdecken.

Um auf der Basis dieser dialogischen Grundhaltungen gezielt zu beraten, braucht man Handwerkszeug: Erklärungsmodelle, Beratungsmethoden und Interventionstechniken. Der Coach braucht also einen Werkzeugkoffer, in dem verschiedene Gebrauchsanweisungen und konkrete Werkzeuge übersichtlich sortiert und leicht zu finden sind.

Für den folgenden Werkzeugkoffer unterscheide ich sieben Kompetenzfelder:

- Zuhören und Stellung nehmen
- Den Überblick behalten
- Lösungsorientiert vorgehen
- Rollen und Aufgaben klären
- Kommunikation reflektieren
- Die psycho-logische Welt erklären
- Themenzentriert vertiefen

Zu diesen Kompetenzfeldern habe ich jeweils die Erklärungsmodelle, Beratungsmethoden und -techniken beschrieben, die ich persönlich im Coaching besonders nützlich finde.

Es sind letztlich wenige Grundgedanken und Interventionsideen, die man wirklich kontinuierlich nutzt, und sie müssen zum Berater passen, damit die Arbeit Spaß macht. Meine Auswahl ist natürlich ebenfalls von diesen Kriterien geprägt und damit subjektiv: Ich war Sportlehrerin, Familientherapeutin und Ausbilderin für Berater und

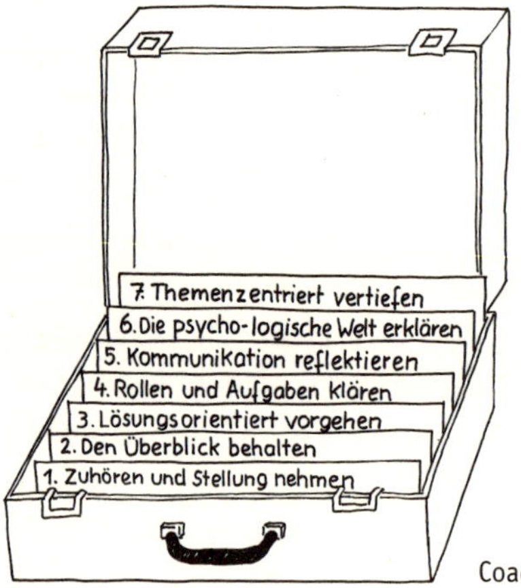

Coaching-Werkzeugkoffer

Supervisoren, bevor ich mich systematisch mit der Unternehmenswelt befasst habe. Die Beratungsmodelle und Interventionen, die ich bevorzuge, wurzeln in der humanistischen Psychologie, der systemischen und lösungsorientierten Beratung und den Trainingskonzepten aus meinem Sportstudium.

Ob sie sich für die Anwendung im Coaching eignen, habe ich geprüft, indem ich mich jeweils gefragt habe:

- Ermöglichen sie einen **partnerschaftlichen Dialog**?
- Bleibt die **Selbstverantwortung** des Klienten gewahrt?
- Leisten sie **Hilfe zur Selbsthilfe**?
- Fördern sie die **Suche nach stimmigen Zielen und angemessenen Lösungswegen**?
- Fördern sie **Zuversicht, souveränes Handeln und persönliche Entwicklung**?

2.1 Zuhören und Stellung nehmen

2.1.1 Aktiv zuhören

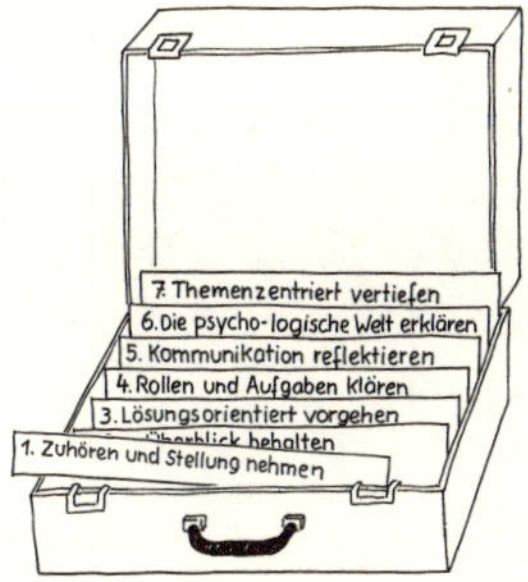

Mit aktivem Zuhören bezeichnet man eine wertschätzende Grundhaltung und die dazugehörige Gesprächstechnik. Der Berater schafft einen wohlwollenden und angstfreien Rahmen, in dem sich der Klient öffnen und seine subjektiven Sichtweisen darstellen kann. Er verzichtet dabei auf Deutungen und Konfrontation ebenso wie auf aktive Lösungsorientierung. Diese Art der Gesprächsführung ist besonders in der Anfangsphase von Coaching-Gesprächen hilfreich, weil sie die Selbstverantwortung des Klienten betont und die Selbstklärung und das Selbsterleben fördert. Beim aktiven Zuhören agiert der Coach auf drei Ebenen (Schulz von Thun u. a., 2000, S. 70 ff.).

1. Ebene: Wertschätzendes Interesse

Der Coach signalisiert wohlwollendes Interesse und hilft mit aufmunternden Fragen, ins Gespräch zu kommen und konkreter zu werden. Dann konzentriert er sich aufs Zuhören und folgt dem Klienten. Die Grundbotschaft lautet: «Ich bin ganz Ohr.» Das Zuhören auf dieser Ebene wird körpersprachlich und mit kleinen verbalen Signalen zum Ausdruck gebracht: «Ja», «Hm», «Verstehe» usw.

2. Ebene: Inhaltliches Verständnis

Der Coach versucht, die Kernaussagen des Klienten auf den Punkt zu bringen. Er fasst in eigenen Worten die wichtigsten Inhalte zusammen und überprüft dadurch, wie weit er den Klienten verstanden hat:

- Ich würde gern kurz zusammenfassen, was ich bisher verstanden habe …
- Wenn ich Sie richtig verstehe …

Antwortet der Klient verbal oder nonverbal mit dem Tenor: «Ja – genau!», kann die Reise weitergehen. Wenn nicht, stimmt das Verständnis noch nicht, und der Klient kann die Dinge richtig stellen. Dieser Schritt stärkt die Selbstverantwortung und Selbststeuerung des Klienten. Besonders wichtig ist diese Ebene des aktiven Zuhörens bei chaotischen und diffusen Problemschilderungen.

3. Ebene: Emotionales Verständnis

Hier geht es um die Fähigkeit, dem anderen aus dem Herzen zu sprechen. Der Coach versetzt sich in die Situation des Klienten und versucht, dessen Gefühlslage auf den Punkt zu bringen. Das können offensichtliche Gefühle sein, die der Klient im Gespräch schon angedeutet hat. Das können aber auch Empfindungen sein, zu denen er noch keinen direkten Zugang hat und die sich vielleicht nur durch Mimik, Gestik oder Stimmführung mitteilen:

«Nach drei erfolglosen Klärungsversuchen haben Sie jetzt eigentlich keine Lust, nochmal die Initiative zu ergreifen – jetzt soll Herr Meier mal selber zusehen, wie er ohne Ihre Hilfe klarkommt. Sie haben Ihren Beitrag geleistet!»

Manchmal muss die Gefühlslage auf den Punkt gebracht werden, bevor man sich überhaupt den Inhalten zuwenden kann: «... und im Moment sind Sie in einer Stimmung, wo Sie alles hinschmeißen könnten?!»

Wenn der Klient dann aufseufzt und sagt: «Ja – genau!», sorgt das zunächst für eine emotionale Entlastung. Wenn die Vermutung des Beraters für den Klienten nicht stimmt oder für seinen Geschmack zu dick aufgetragen war, wird er das korrigieren, und beide gewinnen weitere wichtige Informationen.

Zum aktiven Zuhören gehört also auch die Fähigkeit, **nonverbale** Signale wie Änderungen im Gesichtsausdruck, in der Haltung, der Stimmführung und Sprechgeschwindigkeit wahrzunehmen. Besonders dann, wenn der nonverbale Ausdruck des Klienten vom Gesagten abweicht, muss der Coach diese Signale erfassen und im Dialog angemessen berücksichtigen.

Wenn der Klient seine Gefühle selber schon ausdrücklich benannt hat, geht es eher darum, sie in den richtigen Zusammenhang mit den inhaltlichen Informationen zu bringen. Nach der Formulierung: «Ich habe Angst vor dieser Entscheidung», wäre es wenig sinnvoll, ihm nachzuplappern: «Sie haben Angst vor dieser Entscheidung.» Stattdessen könnte man den Gesamtzusammenhang auf den Punkt bringen: «Ihr Chef möchte, dass Sie nach Berlin gehen, Ihre Familie hat sich nun gerade in Hamburg eingelebt. Jetzt sind Sie unsicher und möchten sorgfältig prüfen, was das jeweils bedeuten würde, bevor Sie sich entscheiden ...»

Ich bin ganz Ohr

- Erzählen Sie mal, wie es dazu gekommen ist …
- Ich würde gerne wissen, wie …

Kernaussagen auf den Punkt bringen

- Ich würde gerne kurz zusammenfassen, was ich bisher verstanden habe …
- Bei mir ist angekommen …
- Wenn ich Sie richtig verstehe …

Dem anderen aus dem Herzen sprechen

- Das war bestimmt sehr unangenehm …
- Da waren Sie verärgert …
- Wenn ich mich in Sie hineinversetze …

Aktiv zuhören

In der Beratungspraxis erweist sich immer wieder, dass aktives Zuhören als Beratungsmethode für manche Klienten bereits der Schlüssel zu einer Lösung und ihrer persönlichen Weiterentwicklung ist. Der Selbstklärungsprozess des Klienten wird durch die konzentrierte Aufmerksamkeit des Beraters verstärkt.

Um aktiv zuhören zu können, braucht man Geduld. Als Coach muss man Phasen der Lösungslosigkeit aushalten können und sich mit Steuerungsimpulsen und Geschichten aus dem eigenen Leben zurückhalten. Manche Menschen brauchen Zeit zum Nachdenken und reden nicht wie aus der Pistole geschossen. Der Coach sollte diese Denkpausen zulassen und dem Klienten in dessen Erzähltempo folgen.

Wenn man versucht, dem Klienten aus dem Herzen zu sprechen, muss man damit rechnen und aushalten können, auch mal kräftig daneben zu liegen. Das ist nicht weiter schlimm, denn es bietet die nächste Möglichkeit, herauszufinden, wie der Klient stattdessen verstanden werden möchte.

Nicht angebracht ist das aktive Zuhören, wenn der Klient deutliche Grenzen aufgezeigt hat, die er gewahrt haben will. Ebenso unangemessen ist aktives Zuhören, wenn die Situation erfordert, dass sich der Coach als Person zeigt. Das kann zum Beispiel nach einem Angriff sein oder wenn der Klient sich eine persönliche Stellungnahme oder ein Feedback wünscht.

2.1.2 Stellung nehmen und Feedback geben

Feedback ist ein zentraler Bestandteil von Coaching, denn ohne Feedback ist zielgerichtete Veränderung nicht möglich. Ein Schütze, der immer wieder auf eine Scheibe schießt und niemals Rückmeldung bekommt, ob und wohin er getroffen hat, kommt schnell an seine Lerngrenzen. Wenn dem Klienten Rückmeldungen über die Wirkung seines Verhaltens fehlen, hat er keine Anhaltspunkte, welche Veränderungen oder Korrekturen nötig sind. Besonders Führungskräfte höherer Hierarchieebenen, aber auch Politiker und Prominente leben häufig mit einem eklatanten Mangel an ehrlichem und differenziertem Feedback.

Klienten wünschen sich daher in der Regel vom Coach auch persönliche Stellungnahmen zur Situation und Feedback zu ihrer Person. Stellungnahmen zur Situation, die der Klient schildert, können persönliche Meinungen oder auch fachliche Ratschläge sein, zum Beispiel:

- Dieser Abmahnung würde ich auf jeden Fall widersprechen.
- Ich könnte mir vorstellen, dass Ihr Chef sich das nicht ohne weiteres bieten lassen wird.
- Die Zeitplanung für das Projekt sollte in Zusammenarbeit mit Experten vorgenommen werden.

Ein Feedback zur Person kann sich sowohl auf das vom Klienten geschilderte Verhalten in seiner Arbeitssituation beziehen als auch auf die realen Erfahrungen, die der Coach selbst mit dem Klienten macht, zum Beispiel:

- So wie ich Sie und Ihre Konfrontationsbereitschaft kenne, traue ich Ihnen ohne weiteres zu, dieses Thema mit Ihrem Chef direkt und persönlich anzusprechen.
- Ich habe den Eindruck, dass Sie sich schon auf eine Vorgehensweise festgelegt haben und alternative Lösungsideen Ihrer Kollegen nicht aufgreifen.
- Sie wirken in dieser Frage viel ungeduldiger, als ich Sie sonst in unseren Gesprächen erlebe.

Obwohl fast alle Menschen wissen möchten, wie sie von ihren Mitmenschen, Kollegen oder Vorgesetzten gesehen und erlebt werden, sind umgekehrt aber nur die wenigsten bereit, Feedback zu geben. Dafür gibt es zwei nachvollziehbare Gründe: Wer Feedback gibt, zeigt sich selbst mit seinem persönlichen Erleben und wird damit auch angreifbar. Wenn ein Feedback von der Selbsteinschätzung des Empfängers abweicht, kann es verletzen und schwer verkraftbar sein. Wenn ich als Feedback-Geber die Selbsteinschätzung des anderen nicht kenne, kann ich nicht wissen, was ihn in welchem Maß kränken oder verletzen könnte.

Um etwas über die Selbsteinschätzung des anderen zu erfahren und ein Gespür dafür zu bekommen, wie viel man selbst mitteilen möchte, müsste man sich Zeit nehmen und systematisch vorgehen, wie es viele Konzepte für Mitarbeitergespräche und Feedback-Prozesse ja auch nahe legen. In den meisten Unternehmen wird diese Zeit aber nicht gern investiert und die oft mühsam erarbeiteten Systematiken für Mitarbeitergespräche und Feedback-Prozesse werden nicht wirklich umgesetzt. Zwischen Tür und Angel und ohne Vorbereitung bergen Rückmeldungen zur Person aber unkalkulierbare Risiken. Um hier keinen zwischenmenschlichen Schaden anzurichten, halten sich also viele mit Feedback zurück.

Der Coach sollte auf das berechtigte Bedürfnis des Klienten nach ehrlicher Rückmeldung eingehen können. Dabei sollten die gleichen Grundregeln eingehalten werden, die für jede Feedback-Situation gelten:

- Das Motiv für ein Feedback sollte sein, dem Klienten eine Hilfestellung für mögliche Kurskorrekturen zu geben. Man sollte deshalb nur Aspekte ansprechen, von denen man sich vorstellen kann, dass sie für den anderen nützlich sind. Rückmeldungen wie «Sie haben vor Aufregung rote Flecken am Hals» oder «Sie sind bleich vor Schreck» sind wenig nützlich, weil der Klient auf diesen Vorgang kaum Einfluss nehmen kann.
- Wenn man sich als Coach über den Klienten ärgert oder wenn einen etwas stört, sollte man das nicht als wohlmeinendes Feed-

back tarnen, sondern es im Rahmen einer fairen Auseinandersetzung klären. Es geht nicht darum, sich als Feedback-Geber selbst zu erleichtern («Dem hab ich's jetzt mal gesagt!»), sondern sich in den Dienst des anderen zu stellen. Dies setzt eine gewisse Gelassenheit beim Feedback-Geber voraus.

- Feedback sollte möglichst situationsbezogen, zeitnah und konkret sein. Allgemeine Beschreibungen wie «Sie wirken auf mich freundlich» oder «Ich erlebe Sie als dominant», zeigen nicht ausreichend, in welcher Situation und durch welches Verhalten der andere freundlich oder dominant wirkt. Wenig hilfreich sind auch unpräzise Pauschalbewertungen wie «Ihre Schilderung hat mir gut gefallen».
- Feedback sollte als subjektive Sicht kenntlich gemacht werden und – besonders bei kritischen Rückmeldungen – wertschätzend, einfühlsam und partnerschaftlich erfolgen. Kritische Dinge so anzusprechen, dass sie konstruktiv aufgenommen werden können, erfordert Übung und eine unterstützende Grundhaltung. Hierzu bietet das Modell der Werte- und Entwicklungsquadrate eine gute Vorbereitungshilfe (vgl. Kapitel 2.6.2).

Chancen und Gefahren

Das Feedback des Coach ist für die meisten Klienten von zentraler Bedeutung. Das gilt besonders, wenn sie in ihrem beruflichen – und manchmal auch im privaten – Umfeld wenig ehrliche Rückmeldung zu ihrem Verhalten und ihrer Wirkung bekommen. Wenn die Beziehung zwischen Coach und Klient von Vertrauen geprägt ist, kann eine wohlwollend und treffend formulierte Rückmeldung wichtige Impulse setzen. Wenn der Coach sich allerdings nicht an die oben beschriebenen Spielregeln hält, kann ein ungeschickt formuliertes oder platziertes Feedback die Arbeitsbeziehung empfindlich stören.

2.2 Den Überblick behalten

2.2.1 Das Gespräch strukturieren

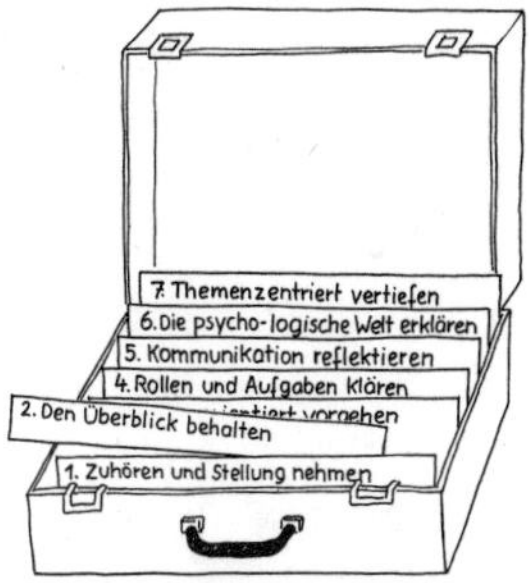

Im Verlauf des Gesprächs muss der Coach Überblick und Orientierung behalten. Diese Aufgabe ähnelt der eines Steuermanns, der sein Schiff durch manchmal schwierige Gewässer bringt. Dafür braucht er einerseits gute Navigationskenntnisse und andererseits die praktische Fähigkeit, das Schiff im richtigen Moment sensibel zu lenken. Der Klient hat in diesem Bild eher die Rolle des Kapitäns oder des Reedereibesitzers, der das Ziel der Reise bestimmt. Der Coach macht Vorschläge zur Navigation, erklärt den von ihm abgesteckten Kurs und lenkt das Schiff im vorgegebenen Zeitrahmen zum Zielhafen.

Die folgende Struktur für Coaching-Gespräche bestimmt zunächst den allgemeinen Kurs, die sensible Feinsteuerung erfordert dann methodisches Geschick und Erfahrung. Damit das Vorgehen übersichtlich und für den Klienten leicht nachvollziehbar bleibt, orientiere ich mich an einer einfachen Gesprächsstruktur mit vier Schritten:

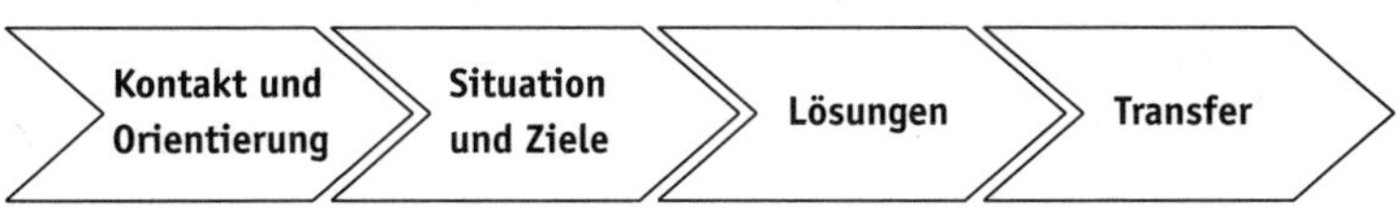

1. Kontakt finden und Orientierung schaffen

Ziel der ersten Gesprächsphase ist es, eine gute Basis für den Dialog zu schaffen und ein Einverständnis zum Vorgehen herzustellen. Die Fragen, die hier geklärt werden müssen, sind: Wie läuft das hier genau ab? Mit wem hab ich es zu tun? Können wir miteinander?

In dieser Phase informiert der Coach über seine Aufgabe und

seine Rolle als Berater sowie über eventuell bestehende Aufträge von außen oder über Absprachen und Rahmenbedingungen, die zu berücksichtigen sind. Gleichzeitig betont er die Selbstverantwortung des Klienten. Hier geht es also zunächst darum, sich als Berater zu zeigen und Transparenz über die Art der Zusammenarbeit zu schaffen. Die Kernbotschaft lautet: Wir sind Partner unter klaren und fairen Bedingungen. Die Orientierungsphase ist abgeschlossen, wenn auf beiden Seiten kein Vorklärungsbedarf mehr besteht.

2. Situation und Ziele herausarbeiten

Jetzt geht es darum, die Situation und das Anliegen des Klienten zu verstehen und ihn bei der Konkretisierung seiner oft noch diffusen Ziele zu unterstützen. Die Leitfrage ist: Worum soll es genau gehen und was will der Klient erreichen?

Diese Gesprächsphase endet, wenn die Ziele und Erfolgskriterien für die gewünschte Veränderung definiert sind und sich Coach und Klient über den Schwerpunkt der Sitzung geeinigt haben.

3. Lösungen entwickeln

Ziel dieser Phase ist, einen Rahmen zu schaffen, in dem der Klient Lösungen für sein Problem und Wege zu seinem Ziel entwickeln kann. Die handlungsleitende Frage lautet: Was braucht der Klient auf dem Weg zu seinem Ziel?

In dieser Phase ist der Coach am stärksten in seiner Funktion als Kutscher oder Steuermann gefragt. Er muss eine Idee haben, wie er den Klienten auf seinem Weg zum Ziel am besten unterstützen kann. Berater und Klient prüfen jetzt, welche Ressourcen zur Zielerreichung genutzt werden können und welche inneren oder äußeren Hindernisse überwunden werden müssen. Der Coach bietet einen geeigneten methodischen Weg an. Zum Beispiel könnte er vorschlagen, zunächst eine längerfristige Vision zu entwickeln oder verschiedene Lösungsoptionen durchzuspielen und auf ihre Tauglichkeit zu überprüfen, in Rollenspielen eine schwierige Situation nachzuspielen oder ein Gespräch vorzubereiten. Diese Phase ist abgeschlossen, wenn der Klient eine Idee bekommen hat, wie er weiter vorgehen will.

4. Transfer sichern

Ziel dieser Gesprächsphase ist es, dem Klienten dazu zu verhelfen, dass er die Verantwortung für seine Vorhaben übernimmt und bei der Umsetzung erfolgreich sein kann. Die handlungsleitende Frage heißt also: Wie will der Klient die Umsetzung sichern?

Zunächst werden, wenn nicht vorher schon geschehen, noch einmal Einwände und Risiken überprüft sowie Zeitbedarf und emotionaler Aufwand realistisch eingeschätzt. Dann wird die Umsetzung so weit konkretisiert, dass sie für den Klienten selbst überprüfbar ist. Diese Phase ist abgeschlossen, wenn der Klient weiß, wie er weiter vorgehen und wie er unter Umständen auftretenden Hindernissen begegnen will.

Die Gesprächsphasen sind im Kapitel 5 ausführlich mit verschiedenen Beispielen beschrieben.

2.2.2 Die Inhalte strukturieren

Neben der Strukturidee für den Gesprächsablauf sollte man als Coach auch den Überblick über Themen, Probleme, Ziele und Ressourcen des Klienten behalten. Um mich in der manchmal komplexen Themenlandschaft des Klienten zurechtzufinden, unterscheide ich zunächst zwischen den drei Perspektiven **Person**, **Team** und **Unternehmen** und versuche, bei der Exploration herauszuhören, ob sich die Fragestellung schwerpunktmäßig einer dieser Perspektiven zuordnen lässt oder ob alle drei Perspektiven betroffen sind. Wenn sich zum Beispiel ein Abteilungsleiter mit den Umgangsformen in seiner Firma befasst, könnte das verschiedene Schwerpunkte haben:

- Wenn seine Frage lautet: «Will ich in dieser Unternehmenskultur die nächsten Berufsjahre verbringen?», dann liegt der Schwerpunkt eher auf der persönlichen Perspektive.
- Wenn er sich fragt: «Wie kann ich zu einem anderen Kooperationsstil im Unternehmen beitragen?», dann ist das Thema im Schwerpunkt in der Unternehmensperspektive angesiedelt.
- Eine typische Fragestellung aus der Teamperspektive wäre: «Wie kann ich mit meinen Mitarbeitern oder Kollegen besser zusammenarbeiten?»

Gleichzeitig suche ich nach Ressourcen und Verhaltenskompetenzen des Klienten in den verschiedenen Perspektiven. Oft lassen sich vorhandene Fähigkeiten aus anderen Feldern für die Problemlösung nutzen. Wie kann zum Beispiel ein Manager seine Fähigkeit, in der Freizeit entspannt und kreativ zu sein, im Umgang mit seinen Mitarbeitern besser nutzen? Wie kann eine effektive und perfekt organisierte Geschäftsführerin diese Fähigkeiten auch für ihre persönliche Lebensführung einsetzen?

Neben diesen drei Perspektiven arbeite ich mit dem Klienten auch heraus, welche Aspekte und Kompetenzbereiche von Führung und Zusammenarbeit mit der Fragestellung verbunden sind:

- fachlicher Auftrag und inhaltliche Arbeit (Fach- und Feldkompetenz),
- Organisation und Ablaufsteuerung (Methodenkompetenz),
- Rollen- und Beziehungsgestaltung (soziale und personale Kompetenz),
- Rahmenbedingungen und politisch-strategisches Umfeld (strategische Kompetenz).

Auf diese Weise entsteht eine Matrix, mit deren Hilfe sich während des Vorgesprächs die Themen und Ziele, aber auch die funktionierenden Bereiche und Ressourcen visualisieren lassen. So behält man den Überblick.

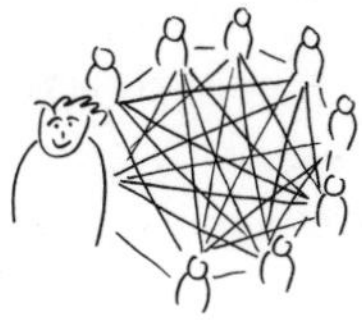

	Person	**Team**	**Unternehmen**
Fach- und Feld-kompetenz			
Methoden-kompetenz			
Soziale und personale Kompetenz			
Strategische Kompetenz			

3 × 4 Perspektiven als Strukturierungshilfe für Vorgespräche und Bilanzierungen im Coaching (Fischer-Epe, 1994, S. 69 f.)

Im Beispiel des Klienten, der unter dem Kooperationsstil in seinem Unternehmen leidet, würde man die Frage «Will ich in dieser Unternehmenskultur die nächsten Berufsjahre verbringen?» in der persönlichen Perspektive im Feld «Strategische Kompetenz» einordnen, denn hier scheint es eher um die persönliche Karriere- und Entwicklungsplanung zu gehen. Wenn der Klient zu einem anderen Kooperationsstil im Unternehmen beitragen möchte, würde man das Thema eher in der Unternehmensperspektive und im Kompetenzfeld «Rollen- und Beziehungsgestaltung» einordnen. Wenn sich das Anliegen der Geschäftsführerin, ihre persönliche Lebensführung zu verbessern, eher auf die praktische Lebensorganisation bezieht, würde man es in der persönlichen Perspektive unter «Organisation und Ablaufsteuerung» einordnen. Wenn es eher darum geht, in ihren Beziehungen aufzuräumen, käme es in das Kompetenzfeld «Soziale und personale Kompetenz». Natürlich sind diese Bereiche nicht scharf zu trennen, und manches Thema muss über mehrere Felder hinweg visualisiert werden, damit seine Bedeutung und Vernetzung verstanden werden kann.

Wenn man die Fragen und Ziele des Klienten auf diese Weise erfasst hat, kann man fehlende oder nicht benannte Perspektiven und Aspekte gezielt erfragen und dabei vor allem überprüfen, wieweit sich in den nicht erwähnten Feldern Ressourcen befinden. So entsteht ein Überblick und ein roter Faden für den gemeinsamen Arbeitsprozess. Im Kapitel 4 ist an einem Beispiel ausführlicher beschrieben, wie man das Modell der 3 × 4 Perspektiven im ersten Gespräch nutzen kann. Hier noch einige Beispiele für die Zuordnung von Themen und Fragestellungen:

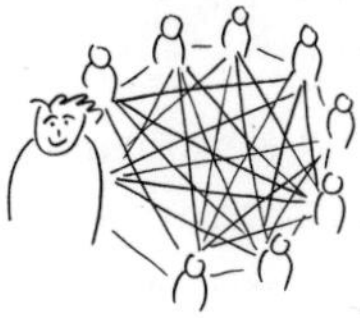

	Person	**Team**	**Unternehmen**
Fach- und Feldkompetenz	Fachwissen; Ausbildung; Berufserfahrung; persönliche Interessen; Lebenserfahrung	Fachkompetenz im Team zur Erfüllung des Auftrags und der inhaltlichen Aufgaben	Fachkompetenz im Unternehmen; Produktqualität
Methodenkompetenz	Persönliche Lebensführung; Umgang mit Zeit und Geld; Haushaltsführung; Ausgleich von Arbeit und Freizeit	Arbeitsmethoden und Ablauforganisation; Ergebniskontrolle; Sitzungsgestaltung und -moderation; Projektmanagement	Aufbau- und Ablauforganisation; Informationsfluss; Sitzungssysteme; Entscheidungsprozesse; Personalentwicklungsinstrumente
Soziale und personale Kompetenz	Selbstwert; Leistungsmotivation; Rollenflexibilität; Konfliktfähigkeit; persönlicher Umgang mit Verantwortung und Macht	Motivation und Engagement im Team; Konfliktregelung; Kundenorientierung; Umgangsformen; Loyalität im Team	Führungskultur und Spielregeln im Umgang mit Macht, Konflikten und Entscheidungen; Unternehmensleitbild und dessen Glaubwürdigkeit
Strategische Kompetenz	Lebensziele; Werte, Normen und Lebenssinn; persönliche Karriere- und Lebensplanung	Vision und langfristige Zielsetzung für das Team/die Abteilung; langfristig-strategische Planung	Vision und langfristige Perspektive; langfristig-strategische Planung

3 × 4 Perspektiven. Beispiele für die Zuordnung von Themen

Chancen und Gefahren

Das Modell hilft vor allem dann, wenn man als Coach vermeiden will, bei unterschiedlichen oder komplexen Fragestellungen den Überblick zu verlieren oder sich zu früh auf einen Themenaspekt zu fixieren. Für die meisten Klienten ist es hilfreich und entlastend, wenn sie ihr Thema eingeordnet wissen und wenn besonders die Felder gewürdigt werden, in denen Ressourcen stecken. Die einzige Gefahr solcher Strukturierungsmodelle besteht darin, dass sie zum falschen Zeitpunkt eingesetzt werden, zum Beispiel wenn der Klient erst mal genauer verstanden werden möchte und die Einordnung eher wie ein Wegorganisieren seines Anliegens erlebt.

2.2.3 Mit Bildern arbeiten

Eine andere Form, im Coaching den Überblick zu behalten, sind Visualisierungen. Komplexe und vielschichtige Situationen lassen sich oft in Bildern anschaulicher und prägnanter darstellen als mit Worten. Der Begriff Visualisieren wird in manchen Beratungsschulen für das Produzieren innerer Bilder verwandt. Ich benutze ihn hier für Bilder am Flipchart oder Materialskulpturen, die im Dialog entstehen.

Im Coaching können verschiedene Formen der Visualisierung nützlich sein.

Die einfachste, aus der Moderation geläufige Visualisierungsmethode ist das Aufschreiben der Inhalte auf Karten. Themen und Ziele werden einzeln aufgeschrieben, um sie später nach bestimmten Kriterien zu sortieren und, wenn nötig, neu zu strukturieren. Der Moderator oder in unserem Fall der Berater hört aktiv zu und bringt die inhaltlichen Aussagen auf den Punkt. Dadurch behält man den Überblick, ohne dass Teilaspekte verloren gehen: «Ich schreibe die verschiedenen Aspekte mal hier auf Karten mit, damit sie nicht verloren gehen und wir sie besser sortieren können.»

Ebenso vertraut sind den meisten Klienten Strukturbilder und schematische Darstellungen zur Aufbau- oder Ablauforganisation ihres Unternehmens oder bestimmter Projekte, und es ist meistens effektiver, sie diese Bilder selbst malen zu lassen: «Können Sie mir die relevanten Strukturen mal kurz aufmalen, damit ich mich schneller eindenken kann?»

Strukturen und Inhalte visualisieren

Diese Formen der Visualisierung beziehen sich eher auf Inhalte und Strukturen. Daneben kann der Coach aber auch versuchen, in einem Bild die äußere Situation (Inhalte, Strukturen) ebenso zu erfassen wie die innere Landschaft des Klienten. Wie beim aktiven Zuhören bringt er also die Kernaussagen auf den Punkt und spricht dem Klienten aus dem Herzen – jetzt allerdings in Bildform: «Ich versuche mal, Ihre Situation in ein Bild zu bringen, dann können wir besser überprüfen, ob ich Sie richtig verstanden habe.» Oder: «Ich versuche mal, in einem Bild zusammenzufassen, was ich bisher verstanden habe.»

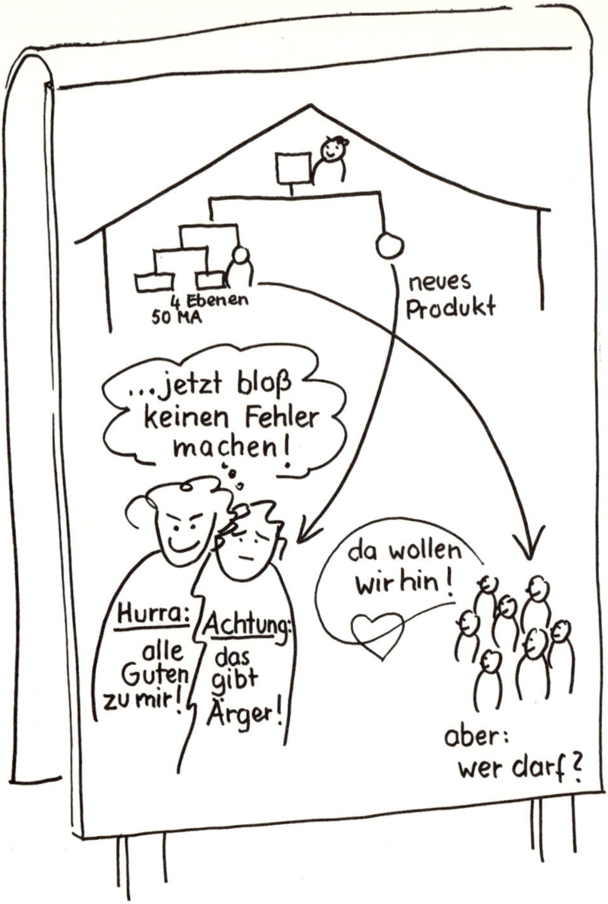

Die innere und die äußere Situation visualisieren

Wenn man eher dynamische Situationen oder systemische Zusammenhänge abbilden will, eignen sich bewegliche Bilder auf dem Tisch oder auf dem Boden. Man bittet den Klienten, die verschiedenen Personen, über die gerade gesprochen wird, auf einem begrenzten Feld aufzubauen und die Positionen bei Bedarf im Gesprächsverlauf zu verändern. Als Feld kann man zum Beispiel einen Flipchartbogen benutzen, auf dem ein großes aufgemaltes Rechteck ein Innenfeld von einem äußeren Rand trennt. In der Praxis sieht das dann zum Beispiel so aus:

Bewegliche Bilder

Im Innenfeld ist die Situation einer Klientin dargestellt, die zwischen der Loyalität zu ihrem Vorgesetzten und ihren Kollegen in die Zwickmühle gerät. Außerhalb des Blattes sind eine Freundin und ein Kollege aufgebaut, die die Situation aus großem Abstand beurteilen können. Die Klientin kann nun die Figur, die sie selbst darstellt, auf dem Blatt in verschiedene Positionen bringen und jeweils abbilden, welche Veränderungen diese Schritte bei den anderen Beteiligten bewirken könnten.

Als Material für solche beweglichen Bilder eignet sich alles, was gerade vorhanden ist. In Büros oder Besprechungsräumen sind das zum Beispiel Filzstifte, Metaplanmaterialien, Gläser etc. Sie können aber auch Münzen nehmen oder was Sie sonst in Ihren Taschen finden und was halbwegs geeignet scheint. Ungeeignet sind Gegenstände mit negativem Symbolcharakter wie zum Beispiel Flaschen oder Messer. Wer an dieser Art Visualisierung Gefallen findet, sollte eine Auswahl von Objekten für solche Materialskulpturen parat haben, zum Beispiel einfache Holzkegel- oder Fingerpuppen aus dem Bastelladen, verschieden dicke und standfeste Filzstifte oder Holzklötze in verschiedenen Farben, Schnüre oder Pfeifenreiniger, mit denen sich Grenzen abbilden lassen, etc.

Das Arbeiten am Boden hat den Vorteil, dass man besser mit den Entfernungen spielen kann: Man kann Figuren weit entfernt außerhalb des Papiers platzieren, und die Übersicht von oben fördert bei starker Betroffenheit eine distanzierte Perspektive.

Beim Visualisieren sind Ihrem Einfallsreichtum keine Grenzen gesetzt. Es ist alles erlaubt, was zur Klärung, Verdichtung oder zum Überblick beiträgt. Graphiken, schematische Darstellungen und Schrift am Flipchart sind den meisten Beratern vertraut. Das Visualisieren mit Materialien ist einfach und überall leicht zu realisieren. Figuren zu zeichnen und diesen Figuren noch einen gewissen emotionalen Ausdruck zu verleihen, ist aber für viele Berater eher ungewohnt. Falls Sie, lieber Leser, eigentlich ungern einen Mal- oder Zeichenstift in die Hand nehmen, nun aber doch mit dieser Arbeitsform am Flipchart experimentieren möchten, hier einige Tipps, wie man sich die Sache erleichtern kann (Schulz von Thun, unveröffentlichtes Seminarskript 1992).

Durch die Variation von Mund- und Augenpartie können Sie Ausdruck in Gesichter bringen:

Kombinationen und Ergänzungen:

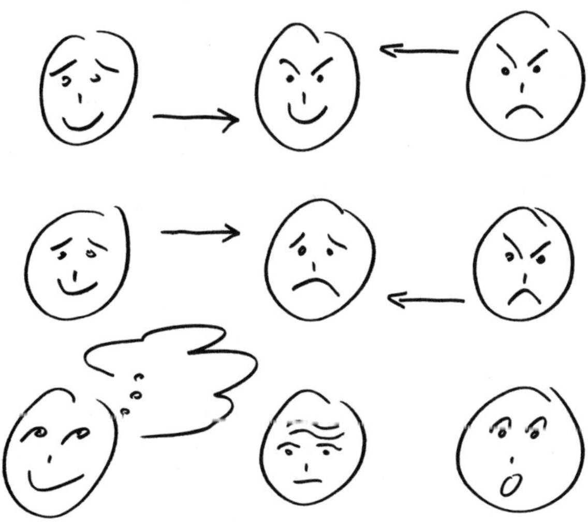

Durch die Gestaltung der Schulterpartie lässt sich der Ausdruck steigern:

Wenn Sie die Schlüsselpersonen dickleibig zeichnen, bleibt Platz für die «Innenwelt»:

Wichtige Beziehungen lassen sich
mit einfachen Symbolen markieren:

Verwenden Sie Standardsymbole (und erfinden Sie neue!):

Wenn Sie Ihr zeichnerisches Geschick trainieren wollen, finden Sie weitere Anregungen bei Scherling, 1990.

Chancen und Gefahren

Getreu dem Motto «Ein Bild sagt mehr als 1000 Worte» können Visualisierungen im Coaching Prägnanz schaffen und klären helfen. Sie dienen als Gesprächsvermittler. Man könnte sie auch als «dritte Sache» bezeichnen, der sich Klient und Coach zuwenden und auf diese Weise Nähe und Distanz regulieren können. Visualisierungen ermöglichen Distanzierung, weil man mit Abstand und gelegentlichem Augenzwinkern auf die Dinge schauen kann. Gleichzeitig kann der Klient jederzeit überprüfen, ob er mit der Darstellung seiner Situation einverstanden ist. Bewegliche Bilder haben zudem den Vorteil, dass man verschiedene Veränderungsoptionen und ihre Wirkungen anschaulich durchspielen kann. Die entstehenden Bilder sind Ausdruck des Gesprächsprozesses und manchmal für Außenstehende nicht verständlich. Oft hat der Klient etwas korrigiert, oder im Verlauf des Gesprächs sind neue Aspekte dazugekommen und das Bild wurde ergänzt oder verändert.

Der Coach soll sich beim Visualisieren keinem Präsentations- oder Leistungsdruck unterwerfen. Hier gilt das Motto «Wahrheit kommt vor Schönheit und Eleganz». Das Bild ist ein dialogisches Angebot, und der Klient entscheidet, was er damit anfängt: Ob er darauf eingeht, es verändert, korrigiert, ablehnt oder sich einfach nur freut, weil er sich in seiner komplex erlebten Situation «sortiert» und verstanden fühlt.

Die Hauptgefahr beim Visualisieren besteht darin, dass man den Kontakt zum Klienten verliert, weil man zu früh, zu schnell oder zu verwirrend visualisiert. Ungünstig ist es auch, lange mit dem Rücken zum Klienten zu stehen oder sich zu stark auf die Ästhetik der Bilder anstatt auf ihre Wirkung zu konzentrieren.

2.3 Lösungsorientiert vorgehen

2.3.1 Konstruktiv fragen

Als Coach muss man Fragen stellen können, die die Selbstreflexion des Klienten in eine konstruktive Richtung lenken. Die verschiedenen Beratungs- und Therapieschulen bieten hierzu eine Fülle von Möglichkeiten und Beispielen an. Für Coaching-Gespräche finde ich drei Frageformen besonders relevant: zirkuläre Fragen, Fragen zu hypothetischen Lösungen und Fragen nach wünschenswerten Alternativen. Sie wurden im Rahmen der systemischen Familientherapie und der lösungsorientierten Kurzzeittherapie entwickelt. Ich werde zunächst das Prinzip dieser Fragetechniken beschreiben. Am Ende des Abschnitts 2.3.3 (Ziele formulieren) zeige ich dann an einem Dialogbeispiel, wie solche Fragen in der Anwendung klingen und wirken. Weitere Anwendungsbeispiele finden Sie im Kapitel 4. Weiterführende und differenziertere Darstellungen zur Arbeit mit konstruktiven Fragen finden Sie u. a. bei de Shazer 1992; Walter / Peller 1994; von Schlippe 1996; Simon / Rech-Simon 1999; Prior 2003.

Zirkuläre Fragen

Was würde Ihr bester Mitarbeiter oder Freund sagen, wenn ich ihn fragen würde, wie Sie mit Ihrem Chef zurechtkommen? Wenn ich einen Kunden fragen würde, was Sie vor allem anderen tun müssten, um attraktiver zu sein als Ihre Konkurrenten, was würde er am wichtigsten finden?

Diese zirkulären Fragen sollen zu neuen Gedanken anregen. Man wird aufgefordert, etwas über sich selbst **aus der Perspektive eines anderen** zu sagen, und das geht nur, indem man sich auf die Welt des anderen einlässt und Vermutungen anstellt.

Der Begriff der ‹zirkulären Frage› wurde vom Team um die Familientherapeutin Mara Selvini Palazzoli in Mailand geprägt. Er bezeichnete zunächst eine Fragetechnik, bei der ein Familienmitglied gebeten wurde, über die Beziehung zwischen zwei anderen in der Familie Auskunft zu geben (vgl. Selvini Palazzoli, 1981). Im Kern ermöglichen zirkuläre Fragen immer eine doppelte Information: Ich erfahre etwas zur Sache und gleichzeitig etwas über die Beziehungen des Befragten:

- Was würde Ihre Sekretärin zur Sekretärin Ihres Chefs in der Kantine über diesen Konflikt sagen?
- Wenn ich Ihre Tochter fragen würde, wer in der Familie mit dem Neuanfang im Ausland am besten zurechtkommen wird und für wen es am schwersten wird, was würde sie mir antworten?

- Wenn ich Ihren Chef fragen würde, wer sich hier wie verändern müsste – was würde er antworten?

Chancen und Gefahren

Zirkuläre Fragen sind im Coaching aus verschiedenen Gründen nützlich. Durch das Einnehmen unterschiedlicher Perspektiven ist es möglich, das Anliegen des Klienten im Geflecht von Rollenanforderungen und Spielregeln des Systems zu reflektieren, in dem seine Fragestellung angesiedelt ist. Mit Hilfe zirkulärer Fragen lassen sich leicht und manchmal spielerisch nicht anwesende Betroffene und Beteiligte ins Gespräch einbeziehen. Zirkuläre Fragen unterbrechen gewohnte Denkmuster und Sichtweisen und fördern die Einfühlung in andere Personen. Da die Antworten immer hypothetisch bleiben – der Dritte ist ja nicht selbst dabei –, lösen die Fragen oft einen Wunsch nach Überprüfung mit der realen Person aus und fördern so auch die direkte Kommunikation.

Zirkuläre Fragen können allerdings auch Verwirrung und Ärger auslösen. Das kann verschiedene Gründe haben: Zu viele oder zu komplizierte Fragen können den Klienten überfordern. Der Coach kann mit seiner Frage an einer Hypothese festhängen, während der Klient mit seinen Gedanken schon – oder noch – ganz woanders ist. Manche Menschen können sich auch schwer in andere hineinversetzen oder aushalten, dass man sich dann im Bereich der Vermutungen bewegt.

Fragen zu hypothetischen Lösungen

«Angenommen, es würde eines Nachts, während Sie schlafen, ein Wunder geschehen, und Ihr Problem wäre gelöst. Wie würden Sie das merken? Was wäre anders? Wie wird Ihr Ehemann davon erfahren, ohne dass Sie ein Wort darüber zu ihm sagen?» (de Shazer 1992, S. 24).

Mit Fragen wie dieser wird man aufgefordert, eine hypothetische Veränderung zu entwerfen, ohne dass man ein Problem genauer beschrieben haben muss. Quasi am Problem vorbei wird ein kleiner Zukunftsentwurf entwickelt. So können Zielzustände und Lösungen erfunden werden («Mal angenommen, das Problem wäre gelöst … es ist ein Wunder geschehen …»). Fragen zu hypothetischen Lösungen sollen, ebenso wie zirkuläre Fragen, gewohnte Denkmuster unterbrechen und neue Perspektiven ermöglichen. Sie sollen beim Gegenüber einen kreativen inneren Suchprozess anregen. Man fragt also nicht einfach: «Was wollen Sie lernen oder verändern?», sondern lässt positive **Bilder von Zielzuständen** entstehen. Aus diesem konstruierten Zustand heraus lässt man dann erfinden, wie konkrete Schritte zu einer Lösung aussehen könnten (vgl. Walter und Peller, 1994, S. 99 ff.).

Hier einige Beispiele:

- Angenommen, das Problem ist gelöst: Was würde Ihr bester Freund (Vater, Mutter, Schwester, Vorgesetzter) sagen, was Sie anders machen?
- Angenommen, Sie hätten bei einer guten Fee einen Wunsch frei für eine persönliche Veränderung, was würden Sie sich wünschen? Was würden Sie dann anders machen oder anders erleben?
- Mal angenommen, wir hätten eine erfolgreiche erste Coaching-Sitzung hinter uns und Sie gehen angeregt und zuversichtlich zurück in Ihr Arbeitsfeld: Womit hätten wir uns hier befasst und was wäre dann anders für Sie, als es jetzt ist?

Chancen und Gefahren

Fragen zu hypothetischen Lösungen lassen sich im Coaching in allen Gesprächsphasen nutzen. Sie eignen sich gut, um Zielzustände erfinden zu lassen und aus diesem kreativen Zustand heraus ganze

Lösungswege zu entwickeln. Ihr besonderer Nutzen besteht darin, dass sie den Klienten schnell aus einer Problemorientierung in eine **Lösungsorientierung** bringen und manchmal langwierige Problemanalysen übersprungen werden können. Hierin besteht allerdings auch eine Gefahr: Diese Fragen setzen einen spielerischen Umgang mit Ideen voraus. Wenn sie zu früh eingesetzt werden oder wenn der Klient spürt, dass die schnelle Frage nach der hypothetischen Lösung von Ungeduld oder Desinteresse gespeist ist, erreicht man mit diesen Fragen eher den Gegeneffekt («Wenn ich das beantworten könnte, wäre ich ja nicht hier.»). Dasselbe gilt auch, wenn der Berater allzu sehr in seine Fragetechnik verliebt ist.

Fragen zu wünschenswerten Alternativen

Angenommen, Sie finden genau den richtigen Weg, dieses Buch für sich zu nutzen – würden Sie sich dann eher wichtige Passagen aufschreiben oder würden Sie das Ganze eher meditativ auf sich wirken lassen und darauf vertrauen, dass Ihnen das, was für Sie wichtig ist, schon zum rechten Zeitpunkt wieder einfallen wird – oder würden Sie einen ganz anderen, vielleicht unkonventionellen Weg finden?

Diese Fragetechnik nutzt die Idee der hypothetischen Lösung. Sie beginnt mit einer wünschenswerten **Aktivität** des Klienten und lenkt die Aufmerksamkeit in neue, konstruktive Richtungen. Dabei ergibt sich ein doppelter Nutzen: Die implizit enthaltenen Vorschläge und Anregungen bewirken in jedem Fall eine Zustimmung des Klienten. Wenn eine der angebotenen Alternativen passt, wird sich der Klient bestätigt oder angeregt fühlen. Wenn keine der vom Coach formulierten Alternativen passt, kann der Klient ebenso zustimmen, indem er seine persönliche Variante ausführt (vgl. Prior 2003, S. 62 f.).

Diese Fragen sind im Coaching nützlich, um mit dem Klienten individuell angemessene Vorgehensweisen und Lösungen zu entwickeln:

«Mal angenommen, Sie wären auf eine neue und erfolgreiche Weise auf dem Weg zu Ihrem Ziel,

- würden Sie dann eher verstärkt mit anderen über Ihr Ziel und Ihre Bemühungen reden und dadurch Anregungen gewinnen,
- oder würden Sie eher auf Ihre inneren Eingebungen achten und darauf vertrauen, dass Sie im Innersten wissen, was für Sie gut und richtig ist,
- oder würden Sie auf eine ganz andere Art vorgehen?»

Wenn ein Klient findet, dass er bei seinen Veränderungsvorhaben nicht erfolgreich war, könnte diese Frageform zum Beispiel folgendermaßen aussehen: «Angenommen, Sie finden genau den richtigen Weg, diese Schwierigkeiten zu überwinden und sich jetzt weiterhin zu motivieren, denken Sie dann, dass Sie eher

- Ihr Ziel überprüfen und verändern müssten,
- einen Tritt in den Hintern, also mehr Druck bräuchten,
- Ermutigung bräuchten,
- oder noch etwas ganz anderes gut für Sie wäre?»

Chancen und Gefahren

Fragen nach mehreren wünschenswerten Alternativen regen den Klienten an, auch in ungewohnte Richtungen zu denken und dabei die Verantwortung für das eigene Handeln zu übernehmen. Wenn es dem Coach mit den angebotenen Alternativen gelingt, neue Handlungsalternativen einzuführen, die zu den Werten und Zielen des Klienten passen, kann der Klient in seinem inneren Suchprozess abschmecken und auswählen, was er davon annehmen will. Insofern sind diese Fragen für den Klienten ungefährlich.

Konstruktive Fragen, wie ich sie oben beschrieben habe, lassen sich auch als **reine Prozessinstruktionen** verwenden. Dann führt der Coach den Klienten durch bestimmte Erfahrungen, ohne die Details des Problems genau zu kennen. Immer dann, wenn ich als Coach weiß oder spüre, dass es um Themen geht, die der Klient nicht im Detail veröffentlichen kann oder möchte, helfen solche reinen Prozessinterventionen. Das Thema oder Problem wird dann einfach X genannt oder mit einem Phantasienamen belegt, und der Coach stellt seine Fragen oder gibt seine Anregungen:

- Mal angenommen, X ist gelöst und Sie schauen zurück und sind stolz auf Ihre Leistung …, was haben Sie als Erstes verändert? … Machen Sie sich bewusst, nach welchen Kriterien Sie Ihre Entscheidung getroffen haben! … Und wie Sie sich dann selbst motiviert haben auf dem Weg zu Ihrem Ziel!
- Dieses Verhalten X, was Sie stört und was Sie gerne ändern möchten, hat Ihnen in Ihrem Leben bestimmt auch schon gute Dienste erwiesen – vielleicht können Sie sich selbst die Frage beantworten, welche Dienste das waren? Oder Sie stellen sich vor, was Ihre beste Freundin sagen würde, in welchen Situationen Sie sich diese Fähigkeiten erhalten sollten?

Man kann ganze Beratungen auf solche Prozessinstruktionen aufbauen, wenn der Gesprächsgegenstand diskret bleiben soll. Mit einem Klienten, der sein Unternehmen verkaufen und sich zwischen drei Verkaufsoptionen entscheiden wollte, haben wir die drei Optionen zum Beispiel Grün, Blau und Gelb genannt: «Mal angenommen, Sie haben sich also für Gelb entschieden und haben an Gelb verkauft und es sind zwei Jahre vergangen, wie wäre es dann für Sie und für das Unternehmen? Was wären die Chancen, und was wären die Gefahren?» Ich konnte den Klienten ohne Hintergrundwissen in seinem Entscheidungsprozess unterstützen und habe dann erst später aus der Presse erfahren, für welche Option er sich entschieden hatte.

2.3.2 Neue Bewertungen schaffen

Sie kennen sicher das Bild vom halb leeren oder halb vollen Glas Wasser oder das Bild von den zwei Seiten einer Medaille. Je nachdem, welche Perspektive man einnimmt, ändern sich Wahrnehmung und Erleben.

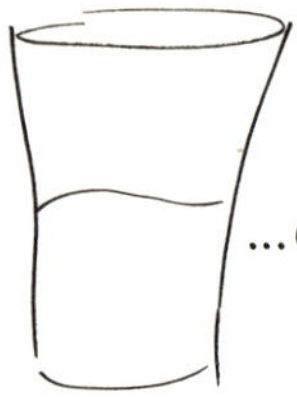

Klienten zu neuen Perspektiven und damit zu neuen Bewertungen zu verhelfen, ist eine wichtige Aufgabe des Coach. Wenn Klienten sich ein Coaching suchen, wollen sie in der Regel einen Zustand beenden oder verändern, den sie als Problem erleben. Je stärker man im eigenen Problem verhaftet ist, desto stärker verengt sich die Wahrnehmung auf das Negative. Es entsteht ein Tunnelblick. Der Zugang zu eigenen Kraftreserven und zu dem Gefühl, selbst etwas bewegen und bewirken zu können, ist verstellt. Um sich auf Veränderungen und die damit verbundenen Anstrengungen einzulassen, braucht man aber Offenheit, eine Portion Selbstbewusstsein und Optimismus. Der Coach muss also helfen, Abstand zu gewinnen, und auf positive Aspekte der Gesamtsituation aufmerksam machen, die der Klient aus dem Auge verloren hat. Seine Interventionen sollen die Perspektiven erweitern und die Zuversicht fördern. Statt auf die Löcher im Käse ist der Blick auf die Substanz gerichtet. Die Situation wird in einen anderen Rahmen gesetzt und dadurch neu bewertet. Solche Interventionen werden unter dem Begriff «Reframing» zusammengefasst.

Das bedeutet nun nicht, dem Klienten einzureden, das Glas Wasser sei nicht halb leer, sondern halb voll und er habe eigentlich

Die Perspektiven erweitern: Reframing

gar kein Problem. Es geht eher darum, aus dem einschränkenden Entweder-oder ein offeneres Sowohl-als-auch zu machen und dafür zu sorgen, dass beide Seiten wahrgenommen werden können. Das kann sowohl durch Aussagen des Coach als auch durch Fragen und andere Interventionen geschehen: Zirkuläre Fragen und Rollenspieltechniken dienen im Prinzip dem gleichen Zweck. Oft lassen sich schon mit einfachen Aussagen oder Fragen des Beraters neue Bewertungen einer Situation erreichen. Ich möchte hier drei Aspekte hervorheben, die ich im Coaching besonders sinnvoll finde.

Ressourcen würdigen und nutzen

Die erste und naheliegendste Neubewertung entsteht bereits, wenn man den Klienten einlädt, neben seinem Problem auch seine Stärken und Ressourcen wahrzunehmen. Dazu dienen zum Beispiel alle

Hut-ab-Formulierungen, die die persönliche (Lebens-)Leistung würdigen, die in einer Gesamtsituation zum Ausdruck kommt:

- Dass Sie unter diesen Bedingungen so lange durchgehalten haben, zeigt Ihre Kraft ... Ausdauer ... Zähigkeit ... Disziplin ... etc.
- Dass Sie sich in dieser Lage ein Coaching suchen, zeigt Ihren Mut ... Ihre Offenheit für Veränderungen ... Ihr Engagement ... Ihre Verantwortungsbereitschaft etc.

Dazu gehören auch alle Fragen, die sich auf persönliche Fähigkeiten des Klienten und Ressourcen in seinem Lebensumfeld beziehen:

- Wenn ich Ihre beste Freundin fragen würde, welche Ihrer Fähigkeiten und wer oder was in Ihrem Lebensumfeld Sie auf dem Weg zu dieser Veränderung unterstützen kann ... was würde sie mir erzählen?
- So wie Sie sich kennen, mit all Ihrer Lebenserfahrung und all den Herausforderungen, die Sie in Ihrem Leben schon gemeistert haben ... was von all dem, was Sie dabei gelernt haben, kann Ihnen jetzt am besten nützen?

Diese Fragen können im Coaching allerdings nur Ergänzungen sein. Um bei komplexeren Fragestellungen einen wirklichen Einblick in die Ressourcen des Klienten zu gewinnen, ist eine gründliche Exploration seiner Gesamtsituation unerlässlich (vgl. 4.2.2).

Das Problem würdigen

Wenn man ein Problem insgesamt neu bewerten und würdigen will, kann man sich fragen, welche aktiven, positiven Ressourcen in dem Problemverhalten stecken und welche Kompetenzen benötigt werden, um genau dieses Verhalten hervorzurufen. Man sucht also mit dem Klienten nach dem **positiven Kern** eines Problems. Vielleicht erinnern Sie sich noch an das Beispiel von Frau C, der es immer schlechter gelang, den aggressiv-entwertenden Führungsstil ihrer Geschäftsführung souverän zu kontern. Die Anfälligkeit und Entnervtheit von Frau C ließe sich zum Beispiel als bessere Wahrnehmung und wachsende Sensibilität für Unstimmigkeiten deuten. Oder als Mut, ungerechtes Verhalten besser wahrzunehmen:

- Man braucht eine wache Wahrnehmung, ein ausgebildetes Gerechtigkeitsempfinden und klar entwickelte Werte von Führung und Zusammenarbeit, um sich an dem Verhalten Ihrer Geschäftsführung nachhaltig zu stören.

Um ein Problem zu würdigen, kann man sich aber auch fragen:

- Welchen **Sinn oder Nutzen** schafft das Problem? Wie könnte man es anders deuten oder in einen anderen Rahmen setzen?
- Welche **positiven Auswirkungen** oder **Vorteile** hat dieses Problem – ob man es will oder nicht – auf einen selbst oder auch auf andere?

In einer Verlierermannschaft zu spielen, ist sicherlich frustrierend. Wenn man diese Situation aus einer anderen Perspektive sieht, lässt sie sich aber auch als Chance deuten: Nämlich ohne Erfolgsdruck zu spielen oder sich noch steigern zu können. Wenn ein Klient mit einem wichtigen Vorhaben nicht so schnell vorwärts kommt, wie er es von sich erwartet oder gewohnt ist, könnte man fragen: «Welchen Sinn oder Nutzen könnte es für Sie oder andere haben, wenn Sie in diesem Fall langsam und bedächtig vorgehen?»

Im Fall von Frau C lag der Vorteil des Problems darin, dass sie – endlich – einen Zustand ernst nehmen musste, der sie und ihre Familie schon lange belastet hatte.

Manchmal muss man ein Problem auch in einem größeren Lebenszusammenhang würdigen, damit die Energien für eine Zielausrichtung frei werden können. Am elegantesten gelingt das nach meiner Erfahrung durch einen zeitlich weit angelegten Perspektivenwechsel (vgl. Furman und Tapani, 1995, S. 176 f.).

- Mal aus einer glücklichen Zukunft betrachtet: Ist das Problem irgendwie nützlich gewesen für Ihr Leben? … Stellen Sie sich mal einen Moment lang vor, Sie sind 70 und schauen zurück auf Ihr Arbeitsleben und erinnern sich, wie es Ihnen damals ging – was könnten Sie Ihren Enkeln darüber erzählen, wozu diese Situation nützlich war und was Sie dabei gelernt haben für Ihr Leben?

Herrn D war als High-Potential eine Führungsposition in Aussicht gestellt worden. Als im Zuge einer Fusion in seinem Unternehmen die von ihm angestrebte Führungsposition abgebaut wurde, bot man ihm als Ersatz die wenig attraktive Leitung einer als schwierig bekannten Gruppe an. Herr D entschied sich für diese Stelle, weil in seiner inneren Karriereplanung jetzt der Schritt «Führung» vorgesehen war. Er bekam bald heftigen Ärger mit den Mitarbeitern, die ihn als ehrgeizig, arrogant und unmenschlich erlebten und ihm mit üblen Gerüchten und Beschwerden zusetzten. Bei der würdigenden Rückschau entwickelte Herr D für sich die folgende Umdeutung: «Ich würde erzählen, dass ich gelernt habe, besser zu prüfen, was ich kann und was zu mir passt, und nicht aus blindem Ehrgeiz jedes faule Angebot anzunehmen.»

Erfolgsgeschichten schreiben

Hat man das Problem erst einmal gewürdigt, kann man noch einen Schritt weitergehen und die Problemgeschichte neu schreiben als erfolgreiche Lerngeschichte. Allein dadurch, dass der Lernaspekt und der langfristige Nutzen betont werden, lassen sich auch langwierige und hartnäckige Probleme zu Erfolgsgeschichten umschreiben:

- Mal angenommen, es sind viele Jahre vergangen und das Problem ist irgendwie nützlich gewesen für Ihr Leben und Sie hätten den Auftrag, diese Geschichte so aufzuschreiben, dass andere von Ihren Erfahrungen profitieren können und die Angst vor Rückschlägen verlieren – was würden Sie schreiben?

Interventionen wie diese sollen dem Klienten helfen, sich selbst milder zu beurteilen und zu begreifen, dass Fehler und Rückschläge ebenso zu einem normalen Lebens- und Lernprozess gehören wie Zustimmung und Erfolg.

Chancen und Gefahren

Wenn es gelingt, einer einseitig negativ erlebten Situation neue wohlwollende oder zukunftsweisende Perspektiven abzugewinnen, sind das oft Sternstunden im Coaching. Durch ein passendes Reframing können Klienten schnell aus einer blockierten Situation wieder in einen kreativeren Zustand geholt werden. Nicht alles lässt sich jedoch durch eine Umdeutung gesundbeten. Wenn ein Reframing angestrengt technisch daherkommt oder zum falschen Zeitpunkt eingesetzt wird, wird sich der Klient nicht ernst genommen fühlen. Wer gerade das Bedürfnis hat, sich in einer komplizierten Situation verstanden zu fühlen, möchte sie nicht gleich umgedeutet bekommen. Wer spürt, dass der Berater ungeduldig auf positive Bewertungen und Lösungen drängt, weil er keine Lust hat, sich gründlicher mit der Situation des Klienten zu befassen, wird sich gegen ein Reframing wehren.

2.3.3 Ziele formulieren

Bevor Sie jetzt weiterlesen, überlegen Sie sich bitte etwas, was Sie bei sich selbst gerne ändern würden, und schreiben es kurz auf.

Vermutlich haben jetzt ungefähr 60 Prozent von Ihnen etwas aufgeschrieben, was eine Verneinung enthält. Bei weiteren 30 Prozent ist eine eher diffuse Zielvorstellung beschrieben, die der weiteren Präzisierung bedarf. Vielleicht gehören Sie aber auch zu den 10 Prozent Menschen, die ihre Ziele sofort eindeutig vor sich sehen – oder Sie haben etwas gewählt, womit Sie sich schon gründlicher beschäftigt haben. Bei den anderen 90 Prozent kann ich als Coach mit den richtigen Fragen helfen, die Ziele zu konkretisieren.

Die meisten Ziele im Coaching erfordern eine persönliche Veränderung des Klienten, die er im Arbeitsalltag mit seinen Bordmitteln nicht erreichen konnte. Wenn es gelingen soll, sich zu überwinden und ungewohnte Dinge zu tun oder unbequeme Verhaltensweisen auszuprobieren, muss das Ziel im Coaching eine große Kraft entfalten. Dafür sollte es einige Kriterien erfüllen. Ein Ziel sollte **positiv, attraktiv-motivierend, selbst–erreichbar, konkret–messbar und ökologisch** sein.

Zum Thema «Ziele formulieren» gibt es in der Literatur eine Fülle von Anregungen und Systematiken (zum Beispiel Dörner, 1992, S. 74 ff.; Walter und Peller, 1994, S. 72 ff.; Whitmore, 1995, S. 60 ff.;) Ich habe mich hier auf die fünf wichtigsten Kriterien beschränkt, mit denen man unkompliziert und mit wenig Aufwand viel Effekt erreicht.

Der Coach kann durch die richtigen Fragen erheblich dazu beitragen, dass Klienten ihre Ziele im Sinn dieser Kriterien überprüfen und herausarbeiten.

Fragen zu den Zielen des Klienten evozieren immer auch schon Lösungsideen, und manchmal ist es möglich, mit diesen Fragen schon den gesamten Lösungsweg zu entwickeln. Aus einer Situations- oder Problembeschreibung zur Formulierung von Zielen führt die Einstiegsfrage:

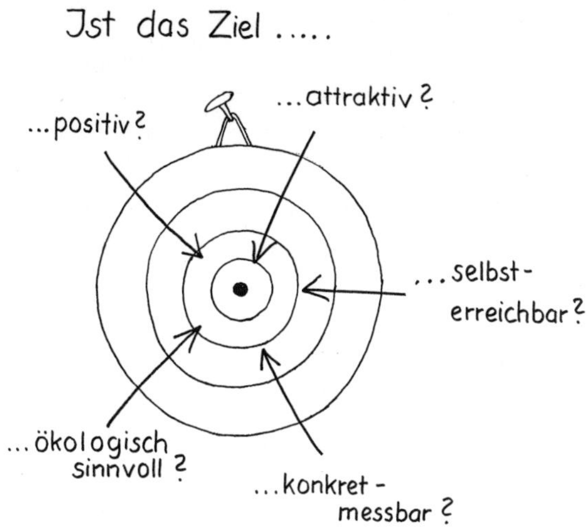

Kriterien für Ziele

- Was möchten Sie erreichen? Was soll anders sein, wenn Sie dieses Ziel erreicht haben?

Je nachdem, was der Klient hier anbietet, kann der Coach mit unterschiedlichen Fragen überprüfen, wieweit die Qualitätskriterien bereits erfüllt sind oder noch herausgearbeitet werden müssen.

Ich möchte zunächst diese Kriterien erläutern und Fragen vorstellen, mit denen man sie überprüfen bzw. entwickeln kann. Am Ende dieses Abschnitts zeige ich dann die Anwendung dieser Fragen an einem Gesprächsausschnitt.

Ist das Ziel positiv formuliert?

Beim positiven Ziel hält man einen bestimmten Zustand für erstrebenswert und will ihn erreichen. Vielleicht haben Sie das Ziel, Abteilungsleiter zu werden oder ein Unternehmen zu gründen. Beim negativen Ziel geht es darum, einen Zustand, der einem nicht passt, zu verändern bzw. zu vermeiden. Vielleicht wollen Sie nicht mehr zu Fuß gehen, nicht arbeitslos werden, keinen Ärger mit Ihrer Vorgesetzen bekommen oder sich nicht überlasten. Dabei ist aber noch nicht klar definiert, was Sie eigentlich genau anstreben. Diese beiden Varianten sind mit unterschiedlichen Motivationslagen verbunden: Man spricht von Hin-zu-Motivation oder Weg-von-Motivation.

Ziele, die die Veränderung von Verhalten und Gefühlen betreffen, sind besonders häufig negativ formuliert: Ich möchte nicht mehr rauchen oder mich nicht mehr über meinen Chef aufregen oder nicht wieder stumm dabeisitzen, wenn der Projektkollege vom Vorstand vorgeführt wird. Wenn wir denken: «Ich möchte nicht», ist das, was wir nicht möchten, automatisch mit assoziiert: Denken Sie jetzt bitte nicht an einen Baum – und Sie werden merken, dass das kaum möglich ist. Die mildere Variante von nicht ist weniger: Ich möchte mich weniger aufregen, weniger schüchtern sein oder weniger angespannt. Bei Formulierungen wie diesen wird eine Assoziation angeregt, die nicht nützlich ist, wenn man eine Lösung (er-)finden oder ein Ziel erreichen will. Für planvolles Handeln ist es erfolgversprechender, zu wissen, wohin man will und was man genau erreichen will. Statt zu denken: «Ich will nicht aufgeregt sein», ist es viel erfolgversprechender, Assoziationen und Gefühle von Ruhe und Gelassenheit aufkommen zu lassen und diesen Zielzustand genauer zu beschreiben. Um aus einer Problemformulierung oder einem Negativ-Ziel zu einem positiven Zielbild zu kommen, hilft die Schlüsselfrage:

- Was wollen Sie stattdessen tun (fühlen/denken)?

Ist das Ziel attraktiv-motivierend?

Ein Ziel muss ausreichend motivierende Zugkraft entfalten, wenn wir uns wirklich dafür einsetzen und dabei auch Durststrecken überstehen wollen. Manche Ziele, mit denen Klienten ins Coaching kommen, müssen umformuliert oder präzisiert werden, bis sie für den Klienten wirklich stimmen und ausreichend attraktiv sind:

- Was macht dieses Ziel reizvoll für Sie?
- Was hätten Sie dadurch für sich und Ihr Leben gewonnen?
- Welches wichtige Bedürfnis wäre dadurch erfüllt?

Diese Fragen können das Ziel erheblich verändern oder infrage stellen. Oft entdeckt der Klient bei der Beantwortung, dass es ihm im Grunde um ein **übergeordnetes Ziel** geht, das ihm bis dahin nicht bewusst war. Hinter dem Ziel, Abteilungsleiterin zu werden, steckt vielleicht das Motiv, endlich selbst bestimmen zu können und nicht länger die als sinnlos erlebten Anordnungen des eigenen Chefs ausführen zu müssen. Hinter dem Ziel, ein Unternehmen zu gründen, steckt vielleicht der Wunsch, einem Clan aus Freunden und Bekannten vorzustehen und viel Geld zu verdienen. Es kann sein, dass sich die motivierende Kraft eines Ziels erhöht, wenn das dahinter liegende Bedürfnis bewusst wird. Möglicherweise entdeckt der Klient aber auch, dass es bessere Möglichkeiten gibt, sich seine übergeordneten Wünsche und Bedürfnisse zu erfüllen.

Wie sich Ziele durch Hinterfragen verändern und präzisieren, möchte ich wieder am Beispiel von Frau C verdeutlichen. Ihr Anliegen war, nicht mehr so sprachlos, entnervt und frustriert auf die Geschäftsleitung ihres Unternehmens zu reagieren. Im ersten Schritt hatte sie ihr Ziel positiv formuliert:

Frau C: Ich arbeite entspannt. Ich rechne mit kritischen und herablassenden Bemerkungen durch die Herren X, Y, Z und konzentriere mich auf meine Projekte und die zufriedenen internen und externen Kunden.

Coach: Was hätten Sie dadurch für sich und Ihr Leben gewonnen? Welches übergeordnete Bedürfnis wäre dadurch für Sie erfüllt?

Frau C: Ich würde mich wieder souverän, kompetent und handlungsfähig fühlen und hätte wieder Spaß an meiner Arbeit. Außerdem hätten mein Mann und ich wieder Zeit, abends über andere Themen zu reden. Vielleicht würde ich auch wieder besser schlafen und weniger Kopfschmerzen haben.

Bei dieser Aussage huscht Frau C. ein Lächeln übers Gesicht, und sie lehnt sich mit einem tiefen Atemzug zurück. Jenseits bewusster Überlegungen reagieren wir auf Vorstellungen ebenso wie auf reale Ereignisse mit einer spontanen, bewertenden Körperreaktion («somatische Marker», vgl. Damasio 2001, S. 77). Der Coach sollte deshalb besonders aufmerksam darauf achten, ob die Zielformulierung von solchen positiven nonverbalen Signalen begleitet wird.

Ist das Ziel (selbst-)erreichbar?

Hier geht es um die Einschätzung der Erfolgschancen: Kann der Klient sein Ziel erreichen, oder ist er dabei, sich zu übernehmen? Liegt das, was er sich vorgenommen hat, überhaupt in seiner Macht? Bei komplexen Fragestellungen besteht oft der Wunsch, dass sich andere Personen oder die Rahmenbedingungen ändern mögen, worauf der Klient aber kaum Einfluss hat. Damit ein Ziel motivierende Kraft entfalten kann, sollte die Realisierbarkeit in der eigenen Kontrolle liegen. Je stärker wir das Gefühl haben, ein bestimmtes Ziel mit eigener Kraft erreichen zu können, desto größer ist die Motivation, sich nachhaltig dafür einzusetzen (vgl. Walter/Peller 1994, S. 78 und Storch/Krause 2002, S. 89). Wenn sich herausstellt, dass das Ziel unerreichbar oder nur in Teilen erreichbar ist, sollte man es anpassen, das heißt realisierbar umformulieren und/oder realistische Zwischenziele definieren. Die Fragen zu diesem Kriterium sollten also dazu ermuntern, Ziele zu finden, deren Realisierbarkeit in der eigenen Kontrolle liegen:

- Ist das Ziel erreichbar? Liegt die angestrebte Veränderung in Ihrer Macht/Ihrem Einflussbereich?
- Was könnten *Sie selber* dazu tun, auf dem Weg zu diesem Ziel einen Schritt weiterzukommen?
- Was machen *Sie* anders, wenn das Ziel erreicht ist?
- Was würde X sagen, was *Sie* anders machen?

Ist das Ziel konkret-messbar?

Konkrete Ziele sind in vielen Kriterien festgelegt und beschreibbar. Bei Sachthemen ist das relativ einfach. Der Schreibtisch, den ich kaufen will, ist aus hellem Holz, eins fünfzig breit und hat mindestens zwei Schubladen und zwei Ablagefächer. Der telefonische Kundendienst, der neu organisiert werden soll, stellt sicher, dass vierundzwanzig Stunden lang immer jemand persönlich erreichbar ist und Kunden mindestens zwischen acht und zwanzig Uhr sofort einen Experten sprechen können.

Schwieriger wird es bei Verhaltenszielen, die nicht so einfach mess- und beschreibbar sind. Um unklare Ziele zu konkretisieren und überprüfbar zu machen, eignen sich alle Fragen zu Zahlen, Daten und Fakten sowie zirkuläre Fragen, mit denen Erfolgskriterien für die Zielerreichung aus verschiedenen Perspektiven festgelegt werden:

- Was wollen Sie genau? Wie würden Sie das im Einzelnen tun? Wann, wo, mit wem, wie oft, wie lange?
- Woran würden Sie merken, dass Sie Ihr Ziel erreicht haben?
- Woran würden andere (zum Beispiel Vorgesetzte, Kontrahenten, gute Freunde) merken, dass Sie Ihr Ziel erreicht haben?

Wenn es darum geht, dass Klienten etwas anderes fühlen möchten, helfen ebenfalls zirkuläre Fragen bei der Konkretisierung:

- Woran könnte X merken, dass Sie sich jetzt entspannt (gelassen, souverän, kompetent) fühlen?

Ist das Ziel ökologisch?

Die Prüfung, ob ein Ziel ökologisch sinnvoll und vertretbar ist, befasst sich mit den Wirkungen und unerwünschten Nebenwirkungen, die mit dem Erreichen dieses Ziels verbunden sein können. Ökologie ist im allgemeinen Sprachverständnis die Wissenschaft von den Beziehungen zwischen Lebewesen und ihrer Umwelt. Auf die Situation der persönlichen Veränderung übertragen bedeutet ökologisch: Mit welchen Konsequenzen muss ich rechnen, wenn ich dieses Ziel tatsächlich erreiche? Was ist der Preis? Bei dieser Prüfung sollten sowohl die Außenwirkung als auch die inneren Folgen untersucht werden.

Wenn man im Handstreich zwei Hierarchieebenen überspringen kann wie Herr A, muss man mit Neid, Missgunst, Konkurrenzverhalten und Skepsis bei Kollegen und Mitarbeitern zumindest rechnen. Wenn dabei zwei Kollegen brüskiert werden, die aufgrund ihrer Erfahrung eher einen Anspruch auf die neue Position gehabt hätten, ist Ärger im Umfeld ganz sicher zu erwarten. Der Klient muss sich also auch fragen, ob er diese Effekte mit in Kauf nehmen will. Dabei können zwei Aspekte im Vordergrund stehen: Zum einen muss der Klient prüfen, ob diese Konsequenzen noch zu seinen Werten und seinem Selbstverständnis passen. Wenn es ihm wichtig ist, dass es bei solchen Stellenbesetzungen gerecht zugeht, wird er sich mit dem Annehmen der neuen Position schwer tun. Zum anderen müsste er aber auch prüfen, ob er sich die Auseinandersetzung mit dem Ärger der Kollegen zutraut und zumuten will.

Die Fragen zur Ökologie sollen also helfen, nicht blind einem Ziel nachzulaufen, sondern sich sehenden Auges und im vollen Bewusstsein der Konsequenzen auf den Weg zu machen:

- Angenommen, das Ziel ist erreicht, welche Wirkungen und Nebenwirkungen erzielen Sie damit in Ihrem Umfeld und bei sich selbst?
- Was ist der Preis für diese Veränderung?
- Was geben Sie damit auf? Was wird eventuell schwieriger?
- Wer könnte Einwände haben?
- Passt das Ziel zu Ihren Wertvorstellungen und zu Ihrem Selbstverständnis?
- Passt das Ziel zu Ihren übergeordneten Zielen?

Wenn ein Ziel anhand dieser Kriterien herausgearbeitet ist, kann man als Coach noch etwas dafür tun, dass der Klient sofort Verantwortung für seinen Veränderungsprozess übernimmt und sich hier und jetzt auf den Weg zu seinem Ziel macht:

- Mal angenommen, Sie gehen aus diesem Gespräch und sind bereits auf dem Weg zu Ihrem Ziel, was könnten Sie jetzt schon anders machen, denken oder fühlen?

Im Coaching Ziele herauszuarbeiten und Lösungen zu entwickeln ist ein dialogischer Prozess, bei dem es weniger um das eine richtige Ziel und die eine richtige Lösung geht, sondern vielmehr darum, dem Klienten beim **Zielfinden** und **Problem(auf)lösen** behilflich zu sein. Die Fragen zu den verschiedenen Zielkriterien befördern immer schon innere Klärungen und Lösungsideen, auch wenn hier scheinbar noch das Ziel im Mittelpunkt steht. Die Zusammenarbeit zwischen Coach und Klient in diesem Dialog kann man sich vorstellen wie ein gemeinsames Filmprojekt: Der Klient entwickelt als Regisseur Ideen über seine Ziele und wie er sie erreichen kann. Er dreht seinen eigenen **Ziel- und Lösungsfilm**. Der Coach assistiert ihm dabei, ohne eigene Gestaltungswünsche durchzusetzen. Er regt den Gedankenfluss mit Fragen zu den verschiedenen Kriterien an. Ich möchte an einem Beispiel zeigen, wie sich so ein Lösungsfilm mit Hilfe konstruktiver Fragen zu den Zielkriterien entwickeln lässt.

Frau E ist Gruppenleiterin in der Personalabteilung eines Großkonzerns. Sie leidet seit längerer Zeit unter einem Konflikt mit ihrer Kollegin, der auch von ihrem Chef und den anderen Mitarbeitern als störend erlebt wird, die Außenwirkung der Abteilung jedoch nicht belastet. Ihr Chef hatte beiden Frauen ein Klärungsgespräch mit ihm oder mit einem externen Berater angeboten. Die betroffene Kollegin hatte dies empört abgelehnt, und daraufhin hatte Frau E ihren Chef gefragt, ob sie auch allein ein Coaching in Anspruch nehmen könne. Zum Zeitpunkt, an dem der Gesprächsausschnitt einsetzt, habe ich noch nicht erfahren, worum es bei dem Konflikt eigentlich geht. Frau E hat darüber von selbst noch nichts erzählt und ich habe auch nicht nachgefragt. Kurze Pausen im Dialog sind jeweils mit ... markiert.

Coach: Nur mal angenommen, wir wären schon ein bisschen weiter. Ich treffe Sie in einem halben Jahr zufällig in irgendeinem Café, wo Sie entspannt den Nachmittag genießen ... und Sie erzählen mir, Sie haben das Thema mit Ihrer Kollegin aufgelöst ... die Zusammenarbeit ist jetzt genau so, wie es für Sie stimmt. Sie haben sich nicht überfordert und nicht unterfordert, sondern es ist jetzt genau so, wie's angemessen für Sie beide und die Situation ist. Und ich würde Sie bitten, mir genauer zu beschreiben, wie es dann ist – was würden Sie mir erzählen, wie die Zusammenarbeit inzwischen aussieht? (Fragen zur hypothetischen Lösung)

Frau E: Soll ich Ihnen das jetzt erzählen? (Klingt ungläubig und unsicher über diesen Einstieg)

Coach: Ja! Was wir machen werden: Wir schauen uns das Ganze mal aus einem möglichen Zielzustand an. Mal angenommen, das Problem ist gelöst, auch wenn wir das Ziel jetzt noch gar nicht so genau kennen ... mal angenommen ... malen Sie sich das doch mal aus ... wie wäre es dann?

Frau E: Also dann wäre es so, dass ich ein ganz entspanntes Verhältnis habe zu Renee.

Coach: Mal angenommen, Sie hätten also dieses entspannte Verhältnis zu Ihrer Kollegin, was hätten Sie damit für sich und Ihr Leben gewonnen? (Zielkriterium: attraktiv-motivierend)

Frau E: Na ja ... dann käme ich morgens schon entspannter und ohne Bauchschmerzen ins Büro und müsste ihr nicht ständig aus dem Weg gehen, und ich könnte auch wieder mehr von ihrem Wissen profitieren, sie ist fachlich topfit und hat viel Erfahrung ... aber menschlich ist sie einfach schwierig, das finden auch die meisten anderen Kollegen ... sie kann sehr heftig und verletzend werden und man versteht dann oft gar nicht, was jetzt wieder passiert ist! (Klientin wechselt in Problembeschreibung.)

Coach: O.k., aber mal angenommen, Sie hätten jetzt schon dieses entspannte Verhältnis zu Ihrer Kollegin und könnten sich also wieder frei bewegen und auch wieder mehr von der Kompetenz der Kollegin profitieren, können Sie mal genauer beschreiben, wie es dann im Alltag wäre? (Zielkriterium: konkret-messbar)

Frau E: Ja ... also ... nicht übermäßig dicht, so viel Distanz wie ich brauche. Gelegentlich kommt es auf ihrer Seite darüber zu Irritationen, aber wir würden dann immer gleich miteinander über diese Irritationen reden, sodass wir dann wieder ... äh ... dass ich dann wieder auf meinen Platz gehen kann und sagen kann: O.k., das haben wir jetzt abgehakt und sind beide gut im Kontakt, aber nicht so doll ... längere Pause ...

Coach: Gibt's sonst noch was, was man beobachten könnte, wenn wir einen Film darüber drehen würden, wie's jetzt ist? Könnten Ihre Kollegen das noch an irgendwas anderem erkennen? (Zielkriterium: konkret-messbar)

Frau E: Hm, die Kollegen erkennen es daran, dass schon häufiger wieder Gespräche zwischen uns stattfinden.

Coach: Mhm ...

Frau E: Also, nicht nur wenn wir irgendwie Krach hatten und deswegen miteinander reden, sondern wir sind lockerer im Kontakt miteinander, reden mehr übers Wetter oder über – na ja – wie blöde unser Chef jetzt reagiert hat ... was auch immer.

Coach: Und wenn Sie das als Regisseurin in einem Film verdeutlichen wollten ... wie würden Sie die Szene gestalten?

Frau E: Dann würde ich ... hmm ... eine Szene wählen, wo wir im Büro sitzen und ... hmm ... und sagen wir mal, das Telefon klingelt, und sie ruft freundlich rüber: «Könntest du rangehen, ich bin hier grad am Computer!»

Coach: Und was würden Sie dann tun? (Zielkriterium: selbst-erreichbar)

Frau E: Sagen: «Ja, klar, mach ich!» Das wäre dann kein Problem.

Coach: Könnten Sie auch noch eine Szene kreieren, wo die Aktion nicht von der Kollegin ausgeht, sondern wo Sie selbst was anders machen … als Erste? (Zielkriterium: selbst-erreichbar)

Frau E: Ich würde sagen: «Renee, kannst du mir nochmal den neuen Ablauf für die Einstellungsinterviews erklären, ich war in der letzten Fortbildung nicht dabei. Kannst du das nochmal raussuchen für mich und mir das nochmal erklären?»

Coach: … Und wie würde Ihre Kollegin antworten … wie ginge es dann weiter …?

Frau E: Dann geht sie an ihren Ordner und kommt mit dem Ordner und erklärt mir das. (Lächelt)

Coach: Mhm. Das fühlt sich gut an?

Frau E: Ja.

Damit steht die Filmszene. Bisher haben wir die Attraktivität des Zieles geprüft und positive, konkrete Zwischenziele entwickelt. Während die weiteren Qualitätskriterien für Ziele geprüft werden, entwickelt die Klientin ihren persönlichen Lösungsfilm:

Coach: Wenn Sie zurückschauen … konnten Sie diese Veränderungen selbst erreichen? Lag es in Ihrer Macht, dass diese Veränderungen möglich wurden? (Zielkriterium: selbst-erreichbar)

Frau E: Ja.

Coach: Wodurch haben Sie das hinbekommen? Wie haben Sie das geschafft? (Zielkriterium: selbst-erreichbar)

Frau E: Das habe ich gemacht, indem ich immer wieder auf sie zugegangen bin. Und immer wieder signalisiert habe, Renee, lass jetzt mal die Vergangenheit ruhen, oder … Nein, ich habe gesagt: «Ich lass jetzt die Vergangenheit ruhen – wenn du noch mit mir reden möchtest, über Dinge, die ich dir damals angetan habe, können wir das tun … aber von mir aus ist das jetzt so lange her, dass ich gar nicht mehr genau weiß, was alles gewesen ist.» (Pause) Das hab ich immer wieder gemacht … 200-mal, und irgendwann hat sie aufgehört, mit mir gram zu sein.

Coach: Wie haben Sie es damals geschafft, diesen Weg einzuschlagen? ... Wie haben Sie sich selbst auf diesen Weg gebracht? (Zielkriterium: selbst-erreichbar)

Frau E: Also genutzt hat mir, wirklich zu sehen, dass es mir nicht gut tut, in so einer Spannung mit ihr zu sein, und zu erkennen, wie ich immer wieder selber zu dieser Spannung beitrage ... egal ob ich das will oder nicht, wenn ich auf sie reagiere, bin ich immer wieder Teil der Spannung und produziere das Problem wieder selber neu mit. Also als Beispiel: Sie kommt rein und sagt nicht guten Morgen. O.k., dann denk ich, wenn sie mir nicht guten Morgen sagt, das ist ihr Problem, mach ich dann auch nicht. Und dadurch bin ich schon immer wieder mit dringehangen.

Coach: Und wie haben Sie es jetzt stattdessen gemacht? (Zielkriterium: konkret und selbst erreichbar)

Frau E: Jetzt sag ich: «Guten Morgen Renee, bist du aus dem Stau gut rausgekommen?»

Coach: Also, was ich höre, ist, dass Ihnen die Analyse genutzt hat und der Entschluss, aus diesem Teufelskreis auszusteigen. (Spiegeln der persönlichen Stärke)

Frau E: Ja.

Coach: Und das dann auch 200-mal so zu tun ...

Frau E: Ja, und durchzuhalten, obwohl ich keine Resonanz bekomme oder immer wieder merke, da knatscht sie noch ... O.k., macht nix, ich bleibe dabei.

Coach: Wenn Sie jetzt nochmal zurückschauen auf diesen Weg ... was war der Preis ... was hat es Sie gekostet ...? (Zielkriterium: ökologisch)

Frau E: Der Preis war ... ach, es hat mich schon Energie gekostet, ja, ich fand es manchmal auch eine Zumutung, das machen zu müssen ... ja ... und manchmal habe ich neue Kränkungen erfahren ... (Schmunzelt.)

Coach: Sie schmunzeln dabei ... haben Sie grade die Vorstellung, wie Ihnen das immer wieder passiert?

Frau E: Ja ... also es fällt mir sehr, sehr schwer ... eigentlich auch immer, wenn ich abgelehnt werde und offen signalisiert bekomme: «Ach bleib mir vom Hals», dann immer wieder dranzubleiben, das fällt mir schon sehr schwer … (Wechselt in Problembeschreibung.)

Coach: Aber Sie konnten es. (Zielkriterium: selbst-erreichbar, Betonung der Ressourcen)

Frau E: Ja.

Coach: Welche innere oder auch äußere Stärke hat Ihnen dabei geholfen? (Zielkriterium: selbst-erreichbar, Betonung der Ressourcen)

Frau E: Es hat mir geholfen, eine Entscheidung zu treffen … Wenn ich mich entschieden habe, dann mache ich solche Dinge!

Coach: Die Analyse als Erstes und dann die Entscheidung … und so, wie Sie gebaut sind, wenn Sie sich mal entschieden haben? (Zielkriterium: selbst-erreichbar, Betonung der Ressourcen)

Frau E: … Dann mach ich es auch!

Coach: … Dann ziehen Sie es durch …

Frau E: Ja!

Coach: Gibt's noch irgendwas, was dagegen sprach, diese Veränderung einzuleiten? (Zielkriterium: ökologisch)

Frau E: Nein, also da hat nichts dagegen gesprochen, außer eben meine innere Gefühlsgemengelage … die eben nicht so eindeutig war … ich hatte immer das Gefühl, ich vergebe mir was, weil ich eigentlich im Recht war.

Coach: … Davon mussten Sie sich lösen …

Frau E: Hmm … es war so, dass sie mir die Schuld gegeben hat an diesem Konflikt, und da bin ich drauf eingestiegen. Und da habe ich gesagt: «Nee, ich bin nicht schuld, wir haben beide dazu beigetragen.» Auf der Ebene konnte ich es aber nicht mit ihr lösen, und dann war ich gefangen darin. Ich musste diese Idee, dass eigentlich sie schuld war, aufgeben und mir sagen: Das ist sowieso alles Quatsch … wie sie denkt, spielt auch gar keine Rolle … wie du denkst, ist wichtig! Jetzt lass mal diesen Versuch von Schuld und Sühne weg und lös dich davon und sei pragmatisch!

Coach: Sie haben sich also irgendwann unterwegs von dem Gedanken an Schuld und Sühne gelöst ... das klingt gut! Mal angenommen, Sie würden das heute schon tun und jetzt und hier schon damit anfangen, sich auf diesen Weg gut einzustimmen. Was könnten Sie jetzt schon anders machen ... oder wie könnten Sie jetzt schon anders mit sich umgehen oder mit sich sprechen? (Hier und jetzt auf dem Weg zum Ziel)

Frau E: Also, zu mir würde ich dann sagen: So, Carla, jetzt lass mal das Warten, dass Renee doch noch die Erkenntnis bekommt, dass du ja so daneben gar nicht bist ... lass das einfach alles weg, warte auch nicht darauf, dass sie dich rehabilitiert.

Coach: ... und mach stattdessen? (Zielkriterium: positiv)

Frau E: ... Und stattdessen mach jetzt mal das, was dir gut tut. Geh diesen Weg und sei dir bewusst, dass es lange dauert, bis sie irgendwann anbeißt ... aber leg ihr jeden Tag wieder drei Köder aus.

Coach: O.k., so geht das also?

Frau E: Ja, gut, das war's.

Die Chancen und Gefahren beim Formulieren von Zielen sind im Kapitel 4.2.2 ausführlich beschrieben.

2.4 Rollen und Aufgaben klären

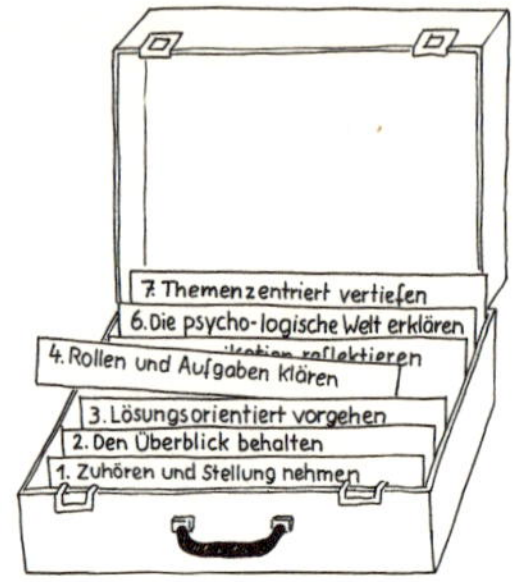

Viele Fragestellungen im Coaching ranken sich um ungeklärte Rollen und Aufgaben, die mit einer Position oder Tätigkeit verbunden sind. Mit Rolle ist hier die Summe der Verhaltenserwartungen gemeint, die das relevante Umfeld an eine Person beziehungsweise an eine Funktion oder Position hat. So wird zum Beispiel von einem Politiker erwartet, dass er seinen politischen Einfluss nicht zur persönlichen Bereicherung nutzt, sein Privatleben im Griff hat und bestimmte Positionen vertritt. In der Arbeitswelt wird üblicherweise ein Teil der Rollenerwartungen in Form von Aufgabenbeschreibungen festgelegt. Der weitaus größere Teil der Rollenerwartungen führt aber so lange ein stilles Eigenleben, bis eine an die Rolle gebundene Erwartung nachhaltig nicht erfüllt wurde. «In Ihrer Position hätten Sie sich niemals so verhalten dürfen», heißt es dann.

Die Klärung von Rollen und Aufgaben gibt dem Klienten eine normative Orientierung, was getan oder auch unterlassen werden muss. Die Betrachtung einer Rolle und der in ihrem Rahmen festgelegten Aufgaben ist entindividualisiert. Es geht nicht um die Frage, was man tun will, sondern was man in dieser Rolle zu tun hat. Die Erfüllung bestimmter Aufgaben oder ein bestimmtes Handeln ergibt sich aus der Rollenperspektive als Notwendigkeit und nicht als Resultat von persönlichen Empfindungen wie Spaß, Motivation oder Angst. Ob eine Rolle angemessen und verantwortungsvoll ausgefüllt wird, zeigt sich besonders in krisenhaften Situationen. Wenn ein Personalleiter nicht akzeptiert, dass er in Unternehmenskrisen auch harte Entscheidungen zu vertreten hat, die dem Einzelnen zum Beispiel bei Entlassungen unter Umständen individuellen Schaden zufügen, kann er diese Position nicht ausfüllen. Wenn ein Verteidigungsminister bei einem militärisch brisanten Einsatz von Soldaten nicht bereit ist, seinen Urlaub abzubrechen, wird er den Erwartungen an seine Rolle nicht gerecht.

Selbstverständlich ist die Übernahme einer Rolle oder einer bestimmten Position nicht gleichbedeutend mit dem Versprechen, die damit verbundenen Erwartungen blind zu erfüllen. Nachdem der Inhaber einer Rolle oder einer bestimmten Position erkannt hat, was von ihm erwartet wird, muss er die Erwartungen jeweils in Einklang bringen mit seinen persönlichen Überzeugungen und Fähigkeiten. Der Coach hilft dem Klienten, diese Fragen für sich zu klären und **Souveränität** in der Rolle zu gewinnen. Manchmal zeigt sich bei der persönlichen Klärung allerdings auch, dass die Ziele und Werte des Klienten mit den Erwartungen, die an seine Rolle gerichtet werden, nicht zu vereinbaren sind. Dann geht es im Coaching darum, wie man den geordneten Rückzug antreten kann und die Position oder das übernommene Amt auf angemessene Weise wieder abgibt.

Wenn man Klienten bei einer klaren und angemessenen Rollengestaltung unterstützen will, sind vor allem drei Aspekte bedeutsam:

- Ist sich der Klient seiner Aufgaben und der mit seiner Position verbundenen Rollenerwartungen bewusst?
- Ist er in der Lage, Konflikte auch unter Rollengesichtspunkten zu analysieren?
- Kann er die Handlungskonsequenzen, die sich aus seinen Aufgaben und seiner Rolle ergeben, angemessen nach außen vermitteln?

Sich der Rolle und Aufgaben bewusst sein

Viele im Coaching behandelte Konflikte entstehen dadurch, dass Klienten nicht genau wissen, was von ihnen erwartet wird, und auch selbst keine klare Vorstellung von ihren Aufgaben oder ihrer Rolle haben. Dies gilt besonders für Führungskräfte.

Aufgaben und Erwartungen klären

Oft geht es zunächst darum, noch einmal genauer die Aufgaben und die damit verbundenen Erwartungen zu klären, zum Beispiel mit dem eigenen Vorgesetzten: «Welche Erwartungen haben Sie genau? Welche Aufgaben gehören im Einzelnen zu meiner Rolle? Was ist mit bestimmten Aufgaben eigentlich konkret gemeint?» Führungskräfte müssen die gleichen Fragen mit ihren Mitarbeitern aushandeln: «Worin sehen Sie meine Aufgabe? Worin sehe ich meine Aufgabe in der Leitungsfunktion und worin auch nicht?» Die Zusammenarbeit wird erst störungsfrei laufen können, wenn das Verständnis der Rolle und Aufgaben auf beiden Seiten übereinstimmt. Führungskräfte haben aber nicht nur ihre eigene Rolle zu klären, sondern auch zur Rollenklarheit ihrer Mitarbeiter beizutragen, indem sie ihre Erwartungen klar benennen und sich über diese Erwartungen auch mit ihren Mitarbeitern auseinander setzen.

Manche Führungskräfte kennen elementare Anforderungen, die in nahezu jedem Unternehmen an jede Leitungsfunktion gestellt sind, nicht. Wenn ich bemerke, dass Klienten sich der Gesamtheit ihrer Aufgaben nicht bewusst sind und sich nur auf Teilbereiche konzentrieren, spreche ich das an und nehme damit die Expertenrolle ein. «Es gehört zu Ihrer Rolle als Führungskraft, klärend einzugreifen.» Oder: «Die Mitarbeiter fordern zu Recht eine Orientierung über die strategische Ausrichtung. Es ist Ihre Aufgabe, entweder für eine Klärung im Führungskreis zu sorgen oder zu vermitteln, was Sie im Moment hindert, vorwärts zu gehen.» Wenn der Klient den normativen Aspekt der Rolle erkennt, erhöht dies entweder seine Bereitschaft, auch ungeliebte Anforderungen anzugehen, oder es führt zur Überprüfung, ob die Rolle eigentlich zu ihm passt und er sie wirklich füllen will. Zur Übernahme von Leitungsverantwortung gehört zum Beispiel die Bereitschaft, ständig mit verschiedensten Formen von Konflikten umzugehen. Wer keine Freude beim Angehen und Lösen von Konflikten empfindet, wird sich mit diesem Teil der Führungsfunktion immer schwer tun. Wenn man Konflikten eher aus dem Weg gehen möchte, hilft das Wissen, dass Konfliktklärung zur Rolle als Führungskraft gehört und von einem erwartet wird.

Zur Klärung von Aufgaben gehört auch die Frage der **Prioritäten**: Wie viel Zeit und Energie wird auf die verschiedenen Aufgaben verwandt? Stimmt diese Verteilung mit den Erwartungen an die Rolle überein? Ist sie sinnvoll? Verausgabt sich ein Unternehmer mit delegierbaren Kontroll- und Hausmeistertätigkeiten und vernachlässigt darüber seine strategischen Aufgaben? Oder sieht er sich umgekehrt als Visionär und Akquisiteur und vernachlässigt darüber die Innensteuerung?

Rollen klären

Rollenerwartungen beziehen sich aber nicht ausschließlich auf zu erfüllende Aufgaben, sondern auch auf den Umgang mit Macht und

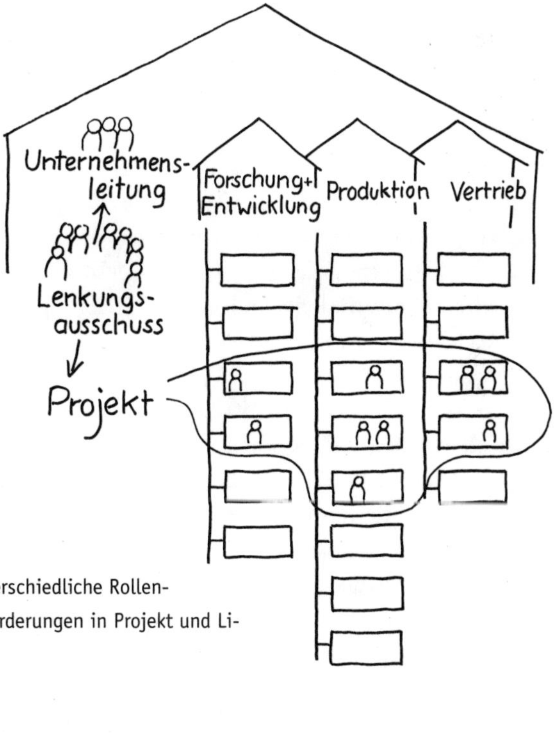

Unterschiedliche Rollenanforderungen in Projekt und Linie

Einfluss. Ich möchte das am Beispiel des Rollenkonflikts eines Projektleiters verdeutlichen. Projektstrukturen erhöhen die Rollenkomplexität, weil sich die Beteiligten gleichzeitig in ihren Projektrollen wie auch in den angestammten Linien-Rollen befinden. Beide Strukturen liegen übereinander, und es ist dann für den Einzelnen manchmal schwer zu unterscheiden, wer gerade welchen «Rollenhut» auf dem Kopf hat (vgl. Abbildung S. 87).

Der Vertriebsmitarbeiter Herr F ist als Projektleiter zu 100 Prozent für ein Projekt freigestellt. Auftraggeber ist der Vertriebsvorstand. Außer Herrn F sind auch zwei Kollegen aus seiner Vertriebsabteilung dem Projekt zu jeweils 50 Prozent zugeordnet. Für die Projektsteuerung wurde ein Lenkungsausschuss eingerichtet, in dem diejenigen Linienvorgesetzten vertreten sind, welche dem Projekt Mitarbeiter zur Verfügung gestellt haben. Herr F berichtet nun im Coaching von Schwierigkeiten im Umgang mit seinem Chef, dem Abteilungsleiter Vertrieb. Dieser habe ihm zu verstehen gegeben, dass er die beiden anderen Kollegen für wichtige Arbeiten im Vertrieb einsetzen wolle und sie daher dem Projekt in den nächsten zwei Monaten nicht mehr zur Verfügung stellen könne. Auf den Einwand von Herrn F, dass sich dann das Projekt verzögern würde, habe der Vorgesetzte geantwortet: «Darüber machen Sie sich mal keine Sorgen, das geht schon in Ordnung.» Herr F erlebt seinen Chef als überheblich und bevormundend und will im Coaching klären, wie er sich in dieser Angelegenheit sinnvoll verhalten kann.

Der Kern des entstehenden Konflikts sind nicht klar verstandene Rollen zwischen Chef und Mitarbeiter. Die Rolle des Mitarbeiters hat sich durch die Übernahme der Projektverantwortung verändert. Das Chef-Mitarbeiter-Rollenverständnis wird der momentanen Situation nicht mehr gerecht, obwohl die personelle Unterstellung nach wie vor besteht.

Was ist genau geschehen?

Der Abteilungsleiter Vertrieb hat seine Routineaufgaben in der Abteilung zu bewältigen und benötigt dazu die volle Mitarbeit sei-

Herr F im Rollenkonflikt

ner beiden Mitarbeiter, die er eigentlich für die nächste Zeit zu 50 Prozent für das Projekt zugesagt hat. Diese Zusage hat er jetzt qua Amt als Abteilungsleiter rückgängig gemacht. So etwas ist in Projekten häufig der Fall, und es ist die grundsätzliche Aufgabe des Projektleiters, um die zugesagten Ressourcen zu kämpfen, nötigenfalls auch mit Druck über den Lenkungsausschuss. Das Problem von Herrn F ist in diesem Fall, dass der Abteilungsleiter, der seine Zusage nicht einhalten will, sein eigener Vorgesetzter ist. Herr F fühlt sich ohnmächtig und meint, keine Möglichkeit und vor allem kein Recht zu haben, sich gegenüber seinem Chef durchzusetzen. Wenn er sich so verhält, wie er es als untergeordneter Mitarbeiter gewohnt war, wird er damit allerdings seiner Rolle als Projektleiter nicht gerecht. Hier müsste er gegenüber einem Abteilungsleiter, der seine Zusagen nicht einhält, Position beziehen. Er könnte zum Beispiel sagen: «Es fällt mir schwer, Ihnen dies zu sagen, weil Sie mein Chef sind. In meiner Rolle als Projektleiter bin ich allerdings für die Einhaltung der Termine zuständig und es ist meine Aufgabe, die Projektmitarbeiter im Projekt zu halten. Mir ist wichtig, dass wir die beiden Rollen, die ich habe – Ihr Mitarbeiter einerseits und Projektleiter andererseits – auseinander halten. Und als Projektleiter muss ich in diesem Fall dem Lenkungsausschuss mitteilen, dass wir die Projekttermine so nicht einhalten können.»

Der Chef meint vermutlich, über seine Mitarbeiter frei verfügen zu können. Wenn er gegenüber dem Projektleiter etwas großspurig sagt, er solle sich wegen der Verschiebung des Endtermins keine Sorgen machen, überschreitet er eindeutig seine Kompetenzen. Er tut dies vermutlich aus der Rolle des Vorgesetzten, der gewohnt ist, dem Projektleiter (der ja ansonsten sein Mitarbeiter ist) als Chef gegenüberzutreten und sich mit ähnlichen Entscheidungen durchzusetzen.

Chef wie auch Mitarbeiter hätten zu lernen, dass durch das Projektgeschehen neue Rollen entstehen und damit auch andere Regeln gelten müssen. Wenn das nicht von beiden erkannt und akzeptiert wird, kann der Projektleiter seiner Verantwortung (zum Beispiel für die Einhaltung von Terminen zu sorgen) nicht gerecht werden. Die Steuerung von Projekten wird zum Nervenkrieg, wenn die Rollenanforderungen, die von der Unternehmensleitung an Projektleiter gestellt werden, in der Linie nicht bekannt, akzeptiert und mitgetragen sind. Dann sind Konflikte vorprogrammiert. Derartige Konflikte gibt es im Projektalltag häufig, und die Schwierigkeit liegt sehr oft darin, die verschiedenen Rollenanforderungen bewusst zu differenzieren und unter einen Hut zu bekommen.

Konflikte unter Rollengesichtspunkten analysieren

Klienten sollten in der Lage sein, Konflikte aus der Rollenperspektive zu analysieren. Wenn man das Verhalten von Konfliktgegnern aus ihren Rollenanforderungen erklären kann, nimmt man es weniger persönlich. Erst dann lassen sich sinnvolle Lösungen entwickeln.

Um im Coaching für unterschiedliche Rollenanforderungen zu sensibilisieren, eignet sich methodisch der innere Rollentausch. Ich bitte den Klienten, nacheinander die verschiedenen Rollen der am Konflikt Beteiligten einzunehmen und aus deren Sicht über Motive und Ziele ihres Verhaltens zu sprechen. Die Fähigkeit, sich in andere Personen einzudenken und einzufühlen, erfordert eine innere Distanzierung und ist Voraussetzung für rollenbewusstes Handeln. Ein innerer Rollentausch kann im ersten methodischen Schritt mit zirkulären Fragen eingeleitet werden:

- Wenn ich Ihren Vorstand (Mitarbeiter/Kunden) fragen würde, was er in dieser Situation von Ihnen erwartet, was würde er antworten?
- Wenn ich die Projektmitarbeiter fragen würde, was sie an einem guten Projektleiter schätzen ...?
- Wenn ich Ihren Vorgesetzten fragen würde, was er von Ihnen in Ihrer Doppelrolle erwartet ...?

Diese Fragen ermöglichen einen spielerischen Einstieg. Bei komplexeren Anforderungen ist es jedoch sinnvoll, die Rollenerwartungen des relevanten Umfelds aus den verschiedenen Perspektiven sorgfältig und systematisch zu erarbeiten. Zum Beispiel, indem man den Klienten zu den verschiedenen Perspektiven ausführlich interviewt und die wichtigsten Aussagen am Flipchart notiert (genauer beschrieben im Kapitel 2.7.1). Wenn ich merke, dass Klienten in naiven oder unangemessenen Vorstellungen ihrer Rolle gefangen sind, formuliere ich selbst die Erwartungen, die sich vermutlich an ihre Rolle richten. Ich spreche auch an, wenn ein Klient das Verhalten eines anderen ausschließlich psychologisch deutet, obwohl es mir aus dessen Rolle plausibel erscheint: «Ich finde es kein Zeichen von Zwanghaftigkeit, wenn Ihre Kollegin die Ergebnisse in diesem Punkt gründlich kontrolliert – im Gegenteil: In der Situation ihrer Abteilung und in ihrer Rolle als Koordinatorin finde ich es sinnvoll und notwendig.»

Handlungskonsequenzen aus der Rolle angemessen nach außen vermitteln

Manchmal entstehen Störungen dadurch, dass eine Person sich zwar rollen- und aufgabenangemessen verhält, dieses Verhalten aber für die übrigen Beteiligten nicht verständlich und einsichtig wird. Es ist besonders in brisanten Situationen wichtig, das eigene Verhalten zu erklären und als Rollenanforderung und damit als Notwendigkeit durchschaubar zu machen. Wenn Herr F nach dem ärgerlichen Gesprächsausschnitt mit seinem Chef ohne weitere Ankündigung Beschwerde beim Vorstand oder beim Lenkungssausschuss einlegen würde, wäre das zwar im Sinne seiner Aufgabe formal berechtigt, aber doch ziemlich unvermittelt und auch nicht unbedingt taktisch klug.

Herr F muss sich also entscheiden, welchen Weg er gehen und wie er sich dabei konkret ausdrücken will. Vielleicht will er die Absage schlucken, den nächsten Termin des Lenkungsausschusses abwarten und für eine Klärung nutzen. Vielleicht will er aber auch einen neuen Versuch der direkten Klärung mit seinem Vorgesetzten unternehmen. An diesem Punkt geht die Rollenklärung dann über in eine konkrete Gesprächsvorbereitung. Es gibt viele Möglichkeiten, sich auszudrücken.

Zum Beispiel könnte er seinem Chef sagen: «Nein, ich muss das nochmal ansprechen, so möchte ich das nicht stehen lassen. In meiner Rolle als Projektleiter muss ich mir Gedanken machen, wenn die Einhaltung der Termine gefährdet ist – und das wäre sie, wenn Sie wirklich die Kollegen aus dem Projekt abziehen. Es ist meine erklärte Aufgabe, die Projektmitarbeiter im Projekt zu halten. Mir ist wichtig, dass wir meine beiden Rollen – als Ihr Mitarbeiter und als Projektleiter – auseinander halten. Und als Projektleiter möchte ich Sie dringend bitten, Ihre Entscheidung noch einmal zu überprüfen. Sonst muss ich dem Lenkungsausschuss mitteilen, dass wir die Projekttermine so nicht einhalten können.»

Manche Fragen sind auch banaler: Ein Klient berichtete im Coaching, dass sein Mitarbeiter sich von ihm nicht ausreichend akzeptiert fühlt, weil er als Vorgesetzter alle zwei Wochen einen Zwischenbericht von ihm verlangt. Er hatte versäumt, dem Mitarbeiter zu erklären, dass es zu seiner eigenen unbedingten Rollenanforderung gehört, im Führungskreis über den Fortgang des Projektes zeitnah zu berichten.

Ein anderer Klient weiß nicht, wie er mit dem Wunsch seiner Mitarbeiter nach sofortiger und vollständiger Information über eine anstehende Umorganisation umgehen soll. Hier könnte die Erklärung lauten: «Ich habe Verständnis für Ihren Wunsch nach Information. Wir haben im Führungskreis allerdings vereinbart, Veränderungen erst dann zu veröffentlichen, wenn sie wirklich beschlossen und damit spruchreif sind. Meine Zurückhaltung hat mit dieser Absprache zu tun und nicht damit, dass ich Ihnen persönlich nicht vertraue.» Der Coach hilft also, ein Verhalten verbindlich aus der Rollenperspektive zu begründen.

2.5 Kommunikation reflektieren

2.5.1 Vier Kernanforderungen unterscheiden

Wenn es um Kommunikation geht, arbeite ich im Coaching oft mit dem Nachrichtenquadrat (Schulz von Thun, 1981). Dieses Kommunikationsmodell kennen viele Klienten aus internen Schulungen oder Workshops, wenden es aber leider viel zu selten an. Die Kernaussage lautet: Wenn Menschen zusammenarbeiten oder überhaupt miteinander reden, sind immer vier Aspekte gleichzeitig im Spiel. Während man sich über Inhalte austauscht, laufen – für den Empfänger oft nur nonverbal entschlüsselbar – noch drei weitere Filme mit: Der Sender zeigt etwas von sich selbst (Selbstkundgabe), er gestaltet die Beziehung, das heißt, er drückt – meist nonverbal – aus, was er vom Gesprächspartner hält (Beziehungshinweis), und sagt oder zeigt mehr oder minder eindeutig, wozu er den Empfänger veranlassen möchte (Appell).

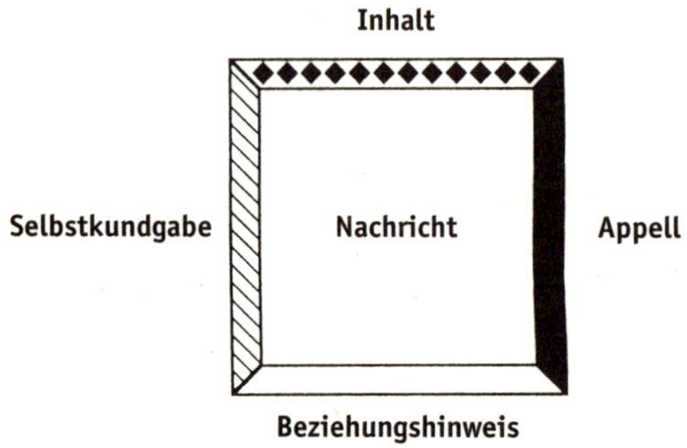

Vier Seiten einer Nachricht nach Schulz von Thun, 1981

Im Coaching nutze ich das Vier-Seiten-Modell in drei Anwendungszusammenhängen:

- zur Analyse schwieriger Kommunikationssequenzen,
- zur Gesprächsvorbereitung,
- zur Analyse des eigenen Kommunikationsverhaltens.

Analyse schwieriger Kommunikationssequenzen

Kommunikationssituationen, die zu Missverständnissen oder zu Verstimmungen geführt haben, lassen sich mit dem Vier-Seiten-Modell gut analysieren: Was wollte der Klient zu den vier Aspekten vermitteln, und wie könnte der Empfänger das gehört haben? Oder:

Was hat der andere gesagt, und was hat der Klient vier-seitig verstanden?

Wenn ich bei der Schilderung einer Interaktion den Eindruck gewinne, dass die Beteiligten eine Seite übersteigert heraushören, meist die Beziehungsbotschaft, oder wenn der Klient zum Beispiel eine Seite ganz überhört, dann ist eine Analyse mit dem Nachrichtenquadrat sinnvoll. Zunächst muss man einen markanten Satz finden, mit dem sich das Problem auf den Punkt bringen lässt. Es gibt Situationen, in denen der Klient selbst einen prägnanten Satz benennen kann, an dem ein Gespräch eskaliert ist. Sehr oft schildern Klienten jedoch eine komplette, unübersichtliche Gesprächssituation. Dann könnte der Coach fragen:

- Gibt es eine markante Stelle in dem Gespräch, die Ihnen für den weiteren Verlauf besonders wichtig erscheint, an der die Stimmung umgeschlagen ist oder sich etwas verschärft hat?

Das folgende Beispiel beginnt mit der Analyse des «Gehörten»: Frau G, Chefsekretärin in einem Vorstandsbüro, berichtete über eine komplizierte und misslungene Auseinandersetzung mit ihrer Urlaubsvertretung. Die Kollegin hatte sie im Urlaub angerufen und nach einigen Details gefragt. Das Gespräch war nach kurzer Zeit heftig eskaliert, und Frau G hatte entnervt und grußlos aufgelegt. Frau G wollte nun einerseits klären, «wie man sinnvoll reagieren kann, wenn man mit diesem hochnäsigen Unterton angesprochen wird». Andererseits stand ihr die nächste Begegnung mit der Kollegin bevor.

Frau G machte den Beginn der kurzen Auseinandersetzung an einem Satz der Kollegin fest, die unter anderem gesagt hatte: «Ich wurschtel mich hier durch Ihre Sachen durch und komme mit dem System X nicht zurecht.» Die prompte und anscheinend beleidigte Antwort der Klientin war gewesen: «Dann sollten Sie sich erst mal in Ruhe damit beschäftigen, bevor Sie mich in meinen Ferien anrufen.» Im Fall von Frau G habe ich bei der Analyse mit der Appell-

Seite begonnen und dann nacheinander die verschiedenen Seiten am Flipchart aufgeschrieben:

Coach: Was glauben Sie, wollte Ihre Kollegin erreichen, als sie diesen Satz sagte?

Frau G: Dass ich ihr helfe.

Coach: Ja, das ist möglich. Es ist also so, als würde sie gleichzeitig zu dem Satz: «Ich wurschtel mich hier durch» noch sagen: «Hilf mir!» (Schreibt den Appell aufs Flipchart.)

Coach: Und was glauben Sie, drückt die Kollegin über sich selbst aus, wenn sie sagt: «Ich wurschtel mich hier durch»?

Frau G: Dass sie nicht alleine klarkommt.

Coach: Noch mehr?

Frau G: Dass sie im Stress ist.

Coach: Ich schreibe das mal als Ich-Aussage auf ... Jetzt kommt die vierte Seite, die Beziehungsseite. Was drückt Ihre Kollegin darüber aus, wie sie Sie sieht, wie sie zu Ihnen steht und was sie von Ihnen hält, wenn sie sagt: «Ich wurschtel mich hier durch Ihre Sachen durch»?

Frau G: ... dass ich chaotisch bin und dass sie mich für faul hält.

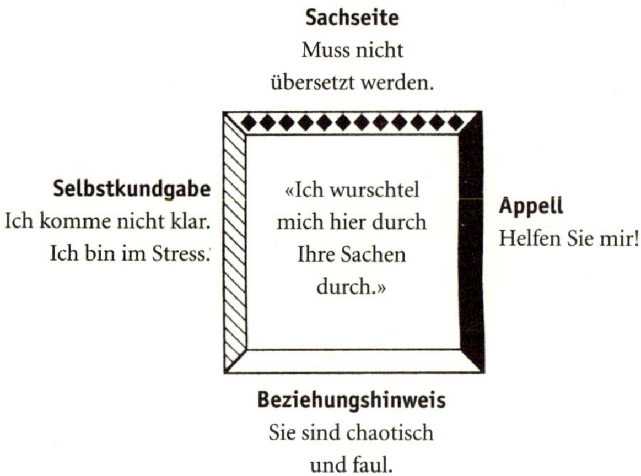

Coach: (Schreibt den Beziehungshinweis «Sie sind chaotisch und faul» aufs Flipchart.)

Wenn das Nachrichtenquadrat komplett am Flipchart steht, frage ich weiter:

Coach: Auf welche dieser Aspekte haben Sie hauptsächlich reagiert, als Sie sagten: «Dann sollten Sie sich erst mal in Ruhe damit beschäftigen, bevor Sie mich in meinen Ferien anrufen?»

Frau G: Dass ich chaotisch und faul bin ...

Coach: Wie hätten Sie reagiert, wenn sie hauptsächlich herausgehört hätten, dass die Kollegin im Stress ist und alleine nicht klar kommt?

Frau G: Dann fällt meine Reaktion schon milder aus.

Coach: Ja, das ist auch eine der Aussagen, die in dem Modell stecken. Wenn es gelingt, die Seite der Selbstkundgabe herauszuhören – in diesem Fall, dass die Kollegin im Stress ist und Hilfe braucht –, kann man ohne Verletzung reagieren. Je mehr man mit dem Beziehungsohr hört und die Botschaft nur auf sich bezieht, desto gekränkter reagiert man ... Nun zu Ihrer Antwort: «Dann sollten Sie sich erst mal in Ruhe damit beschäftigen, bevor Sie mich in meinen Ferien anrufen.» Kann ich den darin enthaltenen Appell so zusammenfassen: «Strengen Sie Sich an und stören Sie mich nicht!»

Frau G: (lacht): Ja, genau!

Bei der weiteren Analyse der Antwort von Frau G entstand dann folgendes Nachrichtenquadrat:

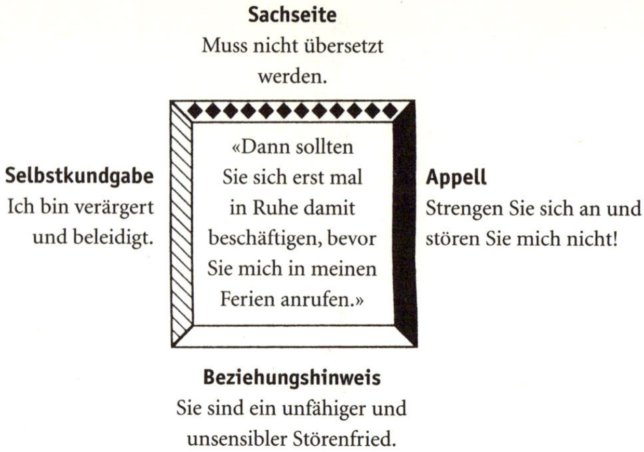

Frau G kam zu dem Schluss, dass in dem Telefonat etwas eskaliert war, was als unterschwellige Missstimmung schon länger bestanden hatte. Sie entschied sich, dies in einem Gespräch mit der Kollegin direkt zu klären.

Gesprächsvorbereitung

Wenn Klienten wichtige oder schwierige Gespräche führen wollen, wie im Beispiel von Frau G, nutze ich das Modell zunächst für die gedankliche Vorbereitung anhand der vier Aspekte und frage den Klienten:

- Was wollen Sie mit diesem Gespräch – maximal und minimal – erreichen? (Appell-Seite)
- Was wollen Sie sachlich-inhaltlich vermitteln? (Sach-Seite)
- Wie wollen Sie die Beziehung gestalten? Was können Sie Wertschätzendes über den anderen sagen – ohne lügen oder sich verbiegen zu müssen? Was finden Sie kritisch? Was von beidem wollen Sie wie ansprechen? (Beziehungsseite)

- Wie geht es Ihnen persönlich mit dieser Situation/mit diesem Gesprächspartner? Was davon wollen Sie mitteilen und auf welche Weise? (Selbstkundgabe)

Im zweiten Schritt schlage ich dem Klienten vor, den Gesprächseinstieg in einem kurzen Rollenspiel auszuprobieren. Ich bin dann in der Rolle des Gesprächspartners, gebe Feedback und spreche aus, was Mitarbeiter oder Kollegen vermutlich nicht sagen würden.

Analyse des eigenen Kommunikationsverhaltens

Für Führungskräfte und Personen, die qua Amt oder zugeschriebener Rollenerwartung verantwortlich mit Menschen umgehen, resultieren aus dem Nachrichtenquadrat vier Kernanforderungen an ihr Kommunikationsverhalten (Abb. S. 98):

- sich sachlich präzise und verständlich auszudrücken (**Verständlichkeit**);
- sich als Person glaubwürdig und ausreichend transparent zu zeigen (**persönliche Transparenz**);
- sich gegenüber anderen Menschen wertschätzend und konstruktiv zu verhalten – auch im Konfliktfall (**wertschätzende Beziehungsgestaltung**);
- klar und eindeutig zu vermitteln, welche Ziele man verfolgt und welche (Rollen-)Erwartungen man an den anderen hat (**Ziel- und Lösungsorientierung**).

Wenn ich den Eindruck gewinne, dass ein Klient die Bedeutung der vier Aspekte in der Kommunikation für seine Rollengestaltung noch nicht wirklich verstanden oder akzeptiert hat, definiere ich mit ihm die Anforderungen an Kommunikation für sein konkretes Arbeitsfeld und lasse ihn dann eine Selbsteinschätzung seiner Kompetenz vornehmen und Entwicklungsziele formulieren.

Vier Kernanforderungen in der Kommunikation

Chancen und Gefahren

Bei der Analyse von schwierigen Kommunikationssituationen oder von Missverständnissen ist es manchmal nicht ganz einfach, präzise auseinander zu halten, was gesagt, gemeint oder was verstanden wurde.

Wenn wir im Beispiel von Frau G den Satz ihrer nicht anwesenden Kollegin in die vier Aspekte zerlegt haben, muss zu jedem Zeitpunkt klar bleiben, dass der Kollegin Worte in den Mund gelegt werden, die sie so nie gesagt hat («Sie sind chaotisch und faul»). Die Klientin interpretiert nur, dass die Kollegin es so gemeint haben könnte.

Unkomplizierter ist die Analyse der Äußerung der Klientin. Hier kann sie als Autorin selbst sagen, was sie in den vier Aspekten ausdrücken wollte. Die Interpretation beginnt allerdings wieder, wenn man sich Gedanken macht, wie die Mitarbeiterin die eigene Äußerung nun verstanden haben könnte.

Hier besteht die Gefahr, dass die Grenzen zwischen Interpretation und Wirklichkeit verschwimmen. Mit dieser Gefahr ist grundsätzlich bei jeder einfühlenden Identifikation und bei jedem Rollentausch zu rechnen. Ich versuche deshalb, das Hypothetische in den Formulierungen zu betonen: «Was *glauben Sie*, wollte die Mitarbeiterin erreichen? «Was *glauben Sie*, drückt die Mitarbeiterin über sich selbst aus?», etc. Wenn dem nicht anwesenden Dritten eine allzu böse Absicht oder eine destruktive Einstellung unterstellt wird, hinterfrage ich die Interpretationen und mache deutlich, dass wir uns im Bereich der Spekulationen befinden:

- Gibt es noch andere, vielleicht harmlose Varianten, die diese Äußerung auf der Beziehungsebene bedeuten könnte?
- Mal angenommen, Ihre Kollegin wäre Ihnen wohl gesonnen: Wie könnte dann die Beziehungsaussage lauten?
- Wenn wir eine dritte, nicht verwickelte Person fragen würden, was würde die sagen, wie hier der Beziehungshinweis lautet?

2.5.2 Verhalten dialektisch betrachten

So wie man ein Haus von verschiedenen Seiten betrachtet und dadurch erst eine ganzheitliche Anschauung bekommt, sollte man auch bei Verhaltensfähigkeiten überprüfen, wie die andere Seite aussieht: Hat der flexible Bewerber genügend Standfestigkeit und Rückgrat? Ist die kommunikative Kollegin auch ausreichend verschwiegen? Findet der engagierte Mitarbeiter auch seine Grenzen, um sich nicht zu schnell zu verausgaben? Besitzt der humorvolle Kollege gleichzeitig auch genügend Ernst?

Alle Eigenschaften, alle Werte und jede Verhaltensstärke entfalten nur dann eine konstruktive Wirkung, wenn sie durch einen Gegenpol ausbalanciert werden. Erst wenn man auch über gegensätzliche Verhaltensalternativen verfügt, wird man flexibel reagieren und das eigene Verhalten situationsangemessen dosieren können. Wenn die ergänzende Verhaltensalternative nicht zur Verfügung steht, kann eine Eigenschaft schnell ins Negative umschlagen. Wer sich durchsetzen kann, braucht als Potenzial auch die Fähigkeit, Rücksicht zu nehmen und auf die Bedürfnisse anderer einzugehen. In der Überdosis verkommt die Durchsetzungsfähigkeit zur rücksichtslosen Machtausübung. Und natürlich kann auch die Fähigkeit zur Rücksichtnahme so weit übertrieben werden, dass sie zur Anpassung bis hin zur Selbstaufgabe führt. Dieser Zusammenhang gilt für jeden Wert, für jede Eigenschaft und für jede Fähigkeit. Er lässt sich graphisch übersichtlich in Form eines *Werte- und Entwicklungsquadrates* darstellen (Schulz von Thun, 1998, S. 38ff.):

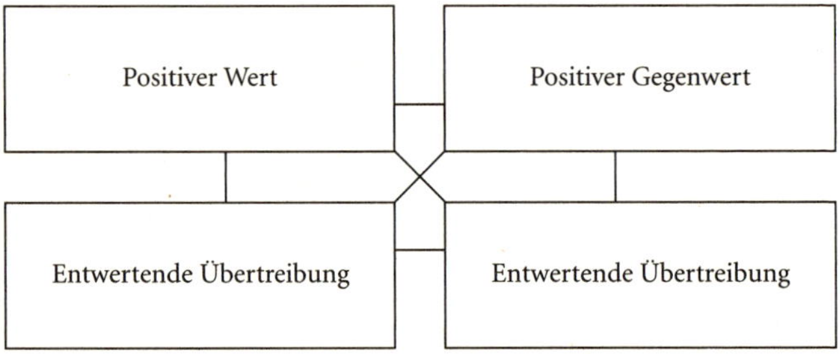

Das Wertequadrat lässt sich im Coaching vielfach verwenden. Besonders nützlich ist es in drei Anwendungszusammenhängen:

- zum Auflösen von gegenseitigen Entwertungen in Konflikten,
- zur Vorbereitung auf schwierige Gespräche und
- zur Formulierung von Entwicklungszielen.

Entwertungen auflösen

Der Fachbereichsleiter Herr H leitet gemeinsam mit seinem Kollegen aus der DV-Abteilung, Herrn J, ein Projekt. Beide haben unterschiedliche Auffassungen über Führung und streiten sich über das richtige Maß von Durchsetzung gegenüber den Projekt-Mitarbeitern.

Herr H möchte herausfinden, wie er die Zusammenarbeit mit diesem Kollegen verbessern kann. Er wirft Herrn J vor, sich rücksichtslos durchzusetzen. Herr J wiederum wirft Herrn H vor, sich den Wünschen der Mitarbeiter bis zur Selbstaufgabe anzupassen, keine Orientierung zu geben und jegliche Autorität zu verlieren.

Im Coaching ist es wichtig, zu zeigen, dass in beiden Vorwürfen jeweils ein positiver Kern steckt: Bei Herrn H die Fähigkeit, die Bedürfnisse der Mitarbeiter zu berücksichtigen, und bei seinem Kollegen J die Fähigkeit, sich durchzusetzen. Das störende Verhalten von Herrn J enthält nur zu viel des Guten, nämlich einer Fähigkeit, die der eher harmoniebedürftige Herr H manchmal etwas mehr gebrauchen könnte:

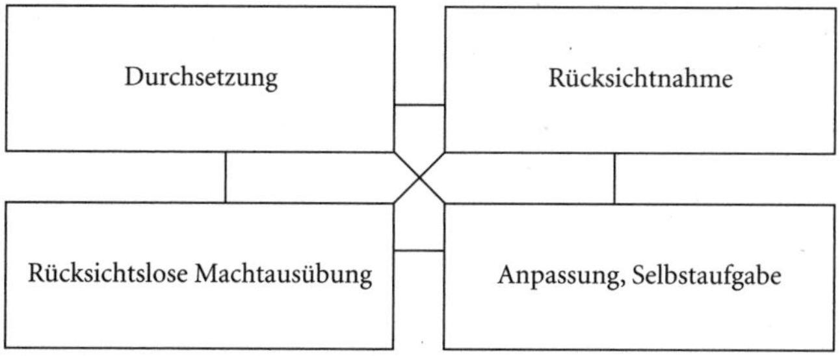

Es ist in jedem Fall sinnvoll, das Wertequadrat am Flipchart zu entwickeln. Wenn deutlich wird, dass sich beide Kollegen mit ihren Fähigkeiten eigentlich ergänzen und voneinander lernen könnten, wird eine Annäherung möglich. Es geht dann nicht mehr um den richtigen oder falschen Leitungsstil, sondern darum, wie man beide Fähigkeiten in der Projektsteuerung angemessen einsetzen kann.

Schwierige Gespräche vorbereiten

Wer andere Menschen dazu bringen möchte, sich anders zu verhalten, wird erfolgreicher sein, wenn er konstruktiv und wertschätzend vorgeht. Die Konfrontation mit Kritik muss mit Akzeptanz verknüpft sein, wenn sie nicht kränken oder verletzen, sondern im Gegenteil Entwicklung fördern soll. In der psychologischen Formel A + K = E wird dieser Zusammenhang auf den Punkt gebracht: **Akzeptanz und Konfrontation fördern Entwicklung**, wenn sie miteinander verbunden werden (Thomann, zitiert nach Schulz von Thun, 1989, S. 47).

Ich übertrage diese Formel wie eine Gebrauchsanweisung auf das Wertequadrat:

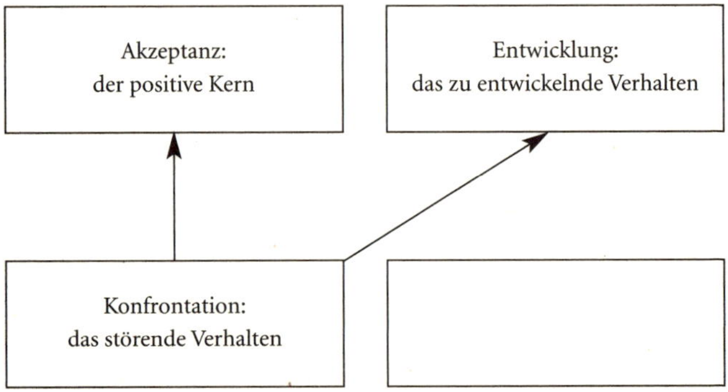

Frau K leitet ein Vertriebsteam. Sie stört sich daran, dass ihr Mitarbeiter Herr L zu Kundengesprächen immer wieder nicht adäquat gekleidet erscheint. Zunächst erkläre ich das Modell am Flipchart und male zusätzlich ein leeres Wertequadrat auf. Dann trage ich das störende Verhalten unten links ein (Konfrontation) und frage die Klientin, welcher positive Kern in dem störenden Verhalten steckt bzw. welche Fähigkeit man braucht, um sich so verhalten zu können. Damit wird dann der Kasten oben links ausgefüllt (Akzeptanz). Dann frage ich, welches Verhalten Herr L stattdessen entwickeln soll, und trage es in den Kasten oben rechts ein.

Im Fall von Frau K entsteht also folgendes Bild:

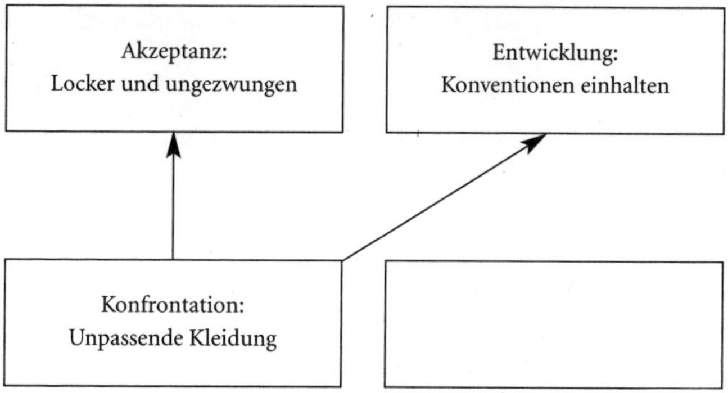

Nun kann die Klientin das Modell in drei Schritten für einen konstruktiven Gesprächseinstieg nutzen:

1. Schritt: Zunächst ist es wichtig, das störende Verhalten möglichst phänomenologisch und ohne Wertungen zu beschreiben. Zum Beispiel: «Mir ist aufgefallen, dass Sie bei den letzten Kundengesprächen in Jeans und Pullover gekleidet waren.» (Konfrontation)

2. Schritt: Wenn man den positiven Kern des Verhaltens entdeckt hat und ihn wertschätzen kann, ist es sinnvoll, dies auch zu äußern, zum Beispiel: «Ich schätze Ihre lockere und ungezwungene Art, die sich auch in Ihrer Kleidung ausdrückt. Bei Kundenbesuchen ist mir allerdings wichtig, die Form zu wahren, weil ich nicht einschätzen kann, wie unsere Kunden das auffassen.» (Akzeptanz und Selbstkundgabe)

3. Schritt: Dann sollte man als dritten Punkt möglichst klar benennen, welches Verhalten man sich zukünftig wünscht. Zum Beispiel könnte Frau K sagen: «Ich möchte, dass Sie in diesen Situationen künftig konventionell im Anzug mit Krawatte erscheinen.» (Entwicklung)

Besonders Führungskräfte greifen diesen Dreischritt sehr schnell auf, weil er eine einfache Orientierung gibt für eine schwer zu bewältigende alltägliche Situation: Mitarbeitern kritische Rückmeldungen zu geben, dies mit einer klaren Zielsetzung zu verbinden und die Beziehung zum Mitarbeiter dabei nicht zu belasten.

Entwicklungsziele formulieren

Wenn man Entwicklungsziele formulieren will, kann man das Wertequadrat ebenso als Gebrauchsanweisung benutzen: Man definiert zu jedem erwünschten Lern- und Entwicklungsziel die ergänzende Kompetenz und sucht zu diesen beiden positiven Werten jeweils die negativen Übertreibungen. Auf diese Weise entsteht ein ganzheitlicher Maßstab für die persönliche Entwicklung. Hier einige Beispiele zum Kommunikationsverhalten:

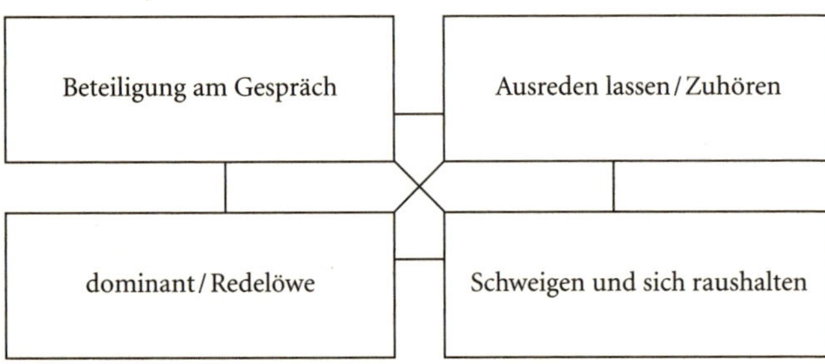

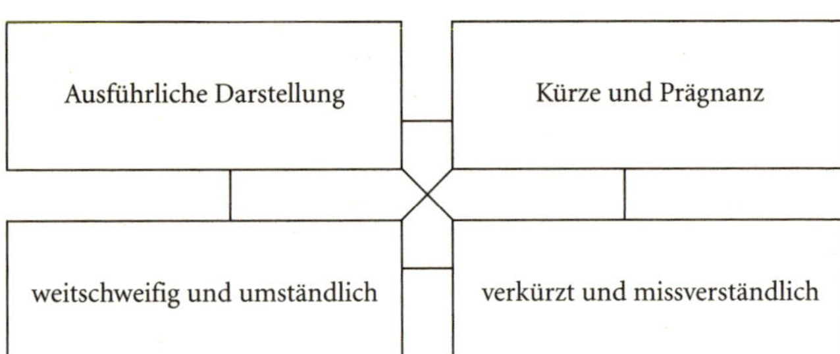

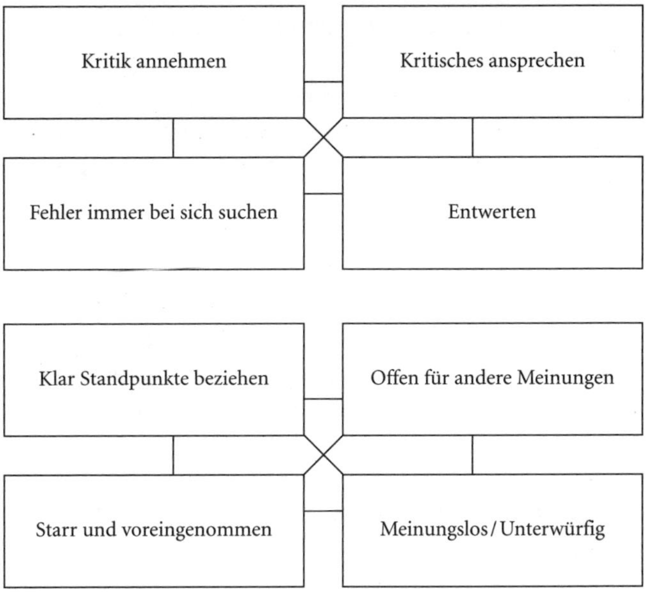

Beispiele für Entwicklungsquadrate zum Kommunikationsverhalten

Chancen und Gefahren

Der Umgang mit Wertequadraten ist für Klienten plausibel und äußerst nützlich. Die präzise Formulierung erfordert aber ein gewisses Maß an Übung. Als Coach muss man hier aktiv Vorschläge machen. Besonders bei der Analyse von Konflikten muss der Coach zusammengehörige Polarisierungen schnell erkennen und sie als Wertequadrat formulieren können.

Wie jede Form der positiven Umdeutung können allerdings auch Wertequadrate Widerstand auslösen, zum Beispiel, wenn sie zu früh eingesetzt werden, während der Klient noch voller Ärger ist und sich vom Coach noch nicht ausreichend verstanden fühlt.

2.5.3 Teufelskreise erkennen und auflösen

Das Modell vom Teufelskreis hilft bei der Analyse verfestigter Konfliktstrukturen. Wenn zwischenmenschliche Verwicklungen eskalieren, neigen die Beteiligten dazu, sich vorrangig als Reagierende zu erleben (Thomann/Schulz von Thun, 1988, S. 226 ff.).

Frau M, die Leiterin einer Expertengruppe, schildert ihre Schwierigkeiten mit einem Mitarbeiter, der ihrer Meinung nach nur noch Dienst nach Vorschrift macht und sie damit unter Druck bringt: «Herr O lässt mich immer wieder mit wichtigen Aufgaben hängen. Inzwischen gehe ich ihm eher aus dem Weg. An und für sich bin ich ein sehr kontaktfreudiger und umgänglicher Mensch. Aber mit so einem Mitarbeiter hat man auf die Dauer nicht mehr Kontakt als unbedingt nötig. Ich ärger mich einfach zu sehr über seine Unzuverlässigkeit. Andererseits bin ich fachlich auf ihn angewiesen.» Herr O erlebt die Situation ganz anders und denkt sich vielleicht: «Wenn ich meine Arbeit nur auf Sparflamme mache, dann ist das meine Reaktion auf Frau M. An und für sich bin ich ein sehr engagierter Mensch, und meine Fachkompetenz ist hier sehr gefragt. Aber ich habe keine Lust, mich krumm zu legen, wenn ich für meine Arbeit nicht die geringste Anerkennung bekomme.»

Beide fühlen sich als Reagierende und sind davon überzeugt, dass der andere schuld ist an der schlechten Zusammenarbeit: Je stärker Frau M ihren Mitarbeiter ignoriert, desto weniger wird er sich für sie engagieren. Je weniger er sich engagiert, desto stärker wird sie ihn ignorieren, irgendwann vielleicht auch aktiv ausgrenzen. Das Teufelskreismodell hilft nun bei der Analyse, aus welcher inneren Verfassung die Beteiligten das Interaktionsmuster entwickeln und aufrechterhalten. Es unterscheidet zwischen konkretem Verhalten und innerer Gefühlslage. Das Verhalten des einen löst beim anderen ein Gefühl aus. Entsprechend verhält er sich. Dies löst beim anderen wiederum ein Gefühl aus und fordert dadurch ein bestimmtes Verhalten heraus: Frau M ist ärgerlich und enttäuscht. Sie zieht sich innerlich zurück und ignoriert Herrn O. Sie straft ihn durch Nichtachtung. Das ist ihre Art, damit umzugehen. Ihr konkretes Verhalten: Sie gibt ihm bestimmte interessante Aufgaben nicht mehr, geht auf seine Beiträge in Teamsitzungen weniger ein als auf andere, grüßt ihn nur noch, wenn es nicht zu vermeiden ist. Während sie sich bei anderen Mitarbeitern bedankt und ihre Anerkennung für eine gute Arbeit zum Ausdruck bringt, kommentiert sie gute Arbeitsergebnisse von Herrn O nur noch mit einem mürrischen: «Ja, gut, legen Sie's mir ins Fach.» Herr O fühlt sich übergangen und fachlich wie menschlich nicht gewürdigt. Sein konkretes Verhalten: Er liefert seine Beiträge später ab als vereinbart. Entsprechende Hinweise, dass er einen Termin nicht halten kann, gibt er so spät, dass dadurch wiederum Frau M nicht mehr umdisponieren kann und im nächsten Führungsmeeting eine schlechte Figur macht. Dieser Kreislauf geht dann immer weiter und verstärkt sich: Die Gefühle und auch das Verhalten eskalieren. Teufelskreise entstehen vor allem dann, wenn Menschen mit gegensätzlichen Werten und Verhaltensstilen aufeinander treffen.

In der Darstellungsform hat der Teufelskreis vier Stationen:

Das Verhalten wird jeweils in eckige Kästchen geschrieben, die Gefühle in Kreise (vgl. Abbildung S. 110).

Mit der Visualisierung des Teufelskreises werden beide Teilwahrheiten in einer systemischen Betrachtungsweise zusammengeführt. Wenn das Interaktionsmuster und die dahinter liegenden Motive verstanden werden, kommt man aus der Schuldzuschreibung und der moralisierenden Bewertung heraus. Es gibt dann nicht mehr das arme Opfer und den bösen Täter. Die Analyse hilft, die Gesamtübersicht zu behalten und wieder Verantwortung für das eigene Verhalten zu übernehmen.

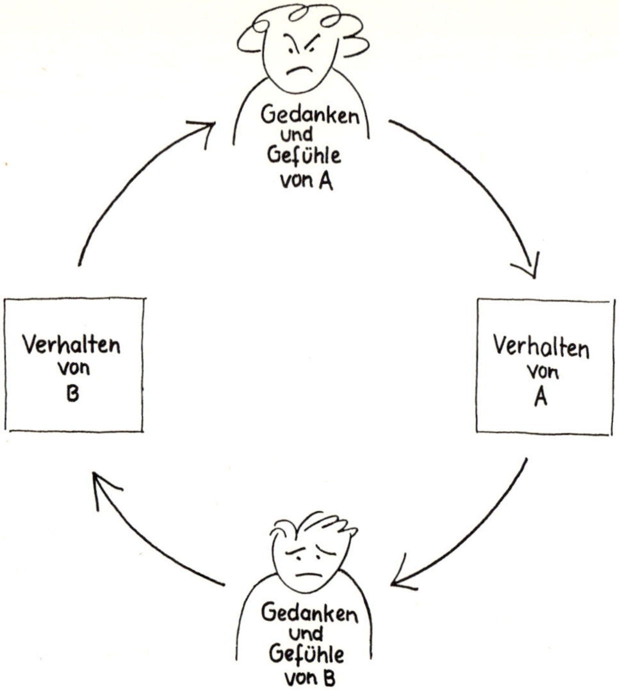

Der Teufelskreis im Modell

Ich nutze das Teufelskreismodell im Coaching immer dann, wenn der Klient sich nicht darüber im Klaren ist, wie er selbst zur Aufrechterhaltung eines schwelenden Konfliktes beiträgt und nach welchem Muster dieser Konflikt abläuft.

Wie vorgehen?

Zunächst erkläre ich das Modell kurz am Flipchart und schlage vor, den Konflikt nach diesem Schema zu analysieren. Dann beginne ich mit dem leichtesten Teil, dem Verhalten des anderen. Im oben beschriebenen Beispiel würde ich also Frau M fragen, welches konkrete Verhalten von Herrn O sie denn besonders stört. Auf diese Weise kann die Klientin erst einmal ihre Empörung über den Mitarbeiter ausdrücken. Dann frage ich, welche Gedanken und Gefühle dieses Verhalten bei ihr selbst hervorruft. Die Antworten schreibe ich jeweils verdichtet in das Modell am Flipchart. Bei der Frage nach dem Gefühlshintergrund braucht man manchmal etwas Geduld. Die meisten Menschen sind nicht darin geübt, ihre Gefühle wahrzunehmen, geschweige denn, sie präzise benennen zu können. Die ersten Auskünfte lauten dann zum Beispiel: «Ich finde es unpassend, und da bin ich nicht die Einzige! Ich denke, Herr O begreift einfach nicht …» Als Coach muss ich die Klientin dann vorsichtig wieder zu ihrem eigenen Erleben zurückbringen, zum Beispiel, indem ich das mitschwingende Gefühl ausdrücke: «Und Sie selbst ärgern sich über dieses Verhalten – oder sind Sie eher enttäuscht?»

Wenn der Teufelskreis verstanden werden soll, muss die innere Verfassung ebenso beschrieben und gewürdigt werden wie das äußere Verhalten. Dann kommt der Moment der Wahrheit: Ich befrage die Klientin genauer nach ihrem konkreten Verhalten, das ja in solchen Konflikten nicht immer besonders souverän ist. Auch hier hilft die Verknüpfung mit dem zugrunde liegenden Gefühl: «Zu welchem konkreten Verhalten treibt Sie Ihr Ärger und Ihre Enttäuschung? Was würde Herr O sagen, wie er das zu spüren kriegt?» Wenn diese drei Etappen der Analyse am Flipchart festgehalten sind, fehlt noch die Gefühlslage von Herrn O, über die wir in seiner Abwesenheit nur spekulieren können: «Wie könnte man sich behandelt fühlen, wenn man dieses Verhalten von Frau M erlebt? Und wenn man dann noch so gestrickt und gebaut ist wie Herr O!?» Als Coach muss ich Frau M dazu bringen, dass sie sich möglichst intensiv in die Lage des Mitarbeiters versetzt und seine Motive nachvollzieht. Dabei helfen zirkuläre Fragen oder ein Interview im Rollentausch (vgl. Abschnitt 2.7.1).

Am Flipchart sieht der Teufelskreis dann zum Beispiel so aus:

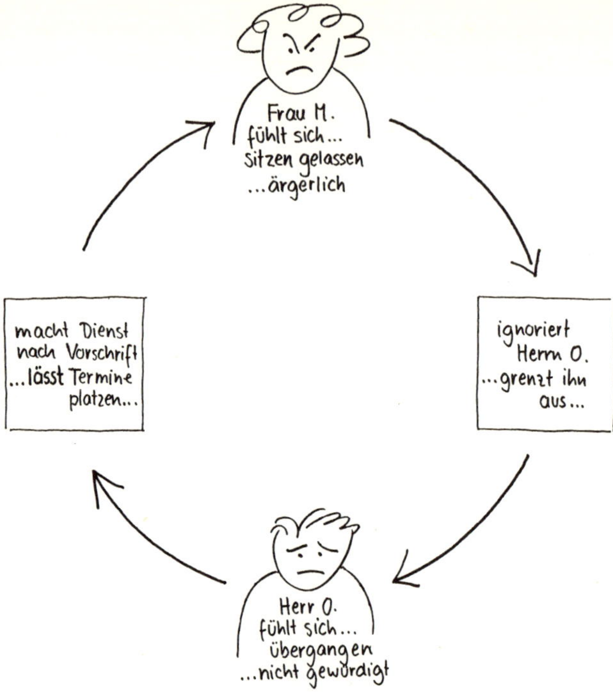

Der Teufelskreis zwischen Frau M und Herrn O

Wenn der Konflikt mit dieser Systematik analysiert ist, kann es weitergehen mit der Frage, was man unternehmen (oder lassen) will, um aus dem Interaktionsmuster auszusteigen. An diesem Punkt erkläre ich dem Klienten, dass es drei Möglichkeiten des Ausstiegs gibt nach dem Motto: *Love it, change it or leave it.* Man kann also entweder

- die innere Einstellung und Bewertung verändern,
- das eigene Verhalten oder die Situation ändern
- oder das Spielfeld ganz verlassen.

Eine erste Einstellungsänderung geschieht bereits bei der Analyse. Durch den Perspektivenwechsel werden neue Deutungen und Bewertungen möglich (Reframing).

Das eigene Verhalten ändern könnte heißen, etwas Neues auszuprobieren, das den Kreislauf positiv durchbricht. Vielleicht entscheidet sich Frau M dafür, Herrn O eine anspruchsvolle Aufgabe anzuvertrauen, seine Arbeit in engeren Abständen zu würdigen und von sich aus einen Zeitpuffer für den Abgabetermin einzuplanen. Oder sie entschließt sich zu einem klärenden Gespräch und sucht mit ihm gemeinsam nach Lösungen.

Vielleicht führt die Analyse aber auch zu der Erkenntnis, dass man seine Energien in einem aussichtslosen Machtkampf verpulvert und sich langfristig zurückziehen oder ein anderes Spielfeld suchen will.

Je nachdem, wofür sich ein Klient entscheidet, geht es dann im Coaching unterschiedlich weiter.

Chancen und Gefahren

Mit der Analyse des Teufelskreises fördert man sowohl die Einfühlung in beide Konfliktgegner als auch Distanz und Überblick. Der Coach braucht etwas Übung und Erfahrung, um mit dem Modell erfolgreich zu arbeiten. Wenn es um einen Teufelskreis geht, muss man ihn frühzeitig heraushören. Nicht alle Konflikte verlaufen nach diesem selbst verstärkenden Muster. In jedem Fall ist aber die getrennte Analyse von Gefühlen und Verhalten bei Konflikten sinnvoll.

2.6 Die psycho-logische Welt erklären

2.6.1 Fragen zu Persönlichkeit und Lernen beantworten

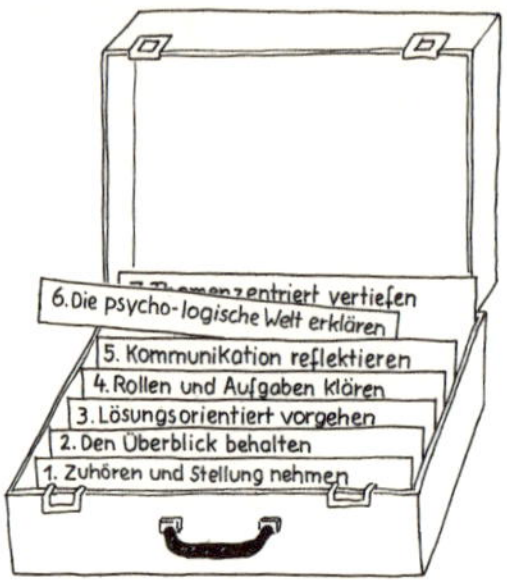

Menschen, die sich für ein Coaching entscheiden, wollen oder sollen etwas lernen. Als Coach ist man gefordert, persönliches Lernen zu ermöglichen, zu erleichtern und zu gestalten, andererseits aber auch den Klienten auf Grenzen hinzuweisen. Man braucht also eine Vorstellung davon, wie Lernen geschieht und wie man Klienten, die mutlos oder mit dem eigenen Lernfortschritt unzufrieden sind, informieren, entlasten und ermutigen kann.

Ich möchte dieses Kapitel an drei Fragen ausrichten, die von vielen Klienten irgendwann im Coaching so – oder so ähnlich – gestellt werden:

- Warum ist es so schwer, eigenes Verhalten zu verändern, auch wenn ich es mir ausdrücklich vornehme? Warum verfalle ich immer wieder in alte Gewohnheiten?
- Kann man sich in wesentlichen Persönlichkeitsaspekten überhaupt verändern? Kann ich so etwas (in meinem Alter) überhaupt noch lernen?
- Wie kann man Gefühle beeinflussen?

Warum ist es so schwer, eigenes Verhalten zu verändern?

Um diese Frage zu beantworten, ist ein kleiner Exkurs über Lernen notwendig.

Unsere Fähigkeit, Dinge mit bewusster Aufmerksamkeit zu tun, ist äußerst begrenzt. Wenn ein Fahrlehrer sagt: «Schauen Sie vor dem Losfahren in den Rückspiegel, lösen Sie die Handbremse, lassen die Kupplung kommen und geben Sie Gas!», ist ein Anfänger damit meist hoffnungslos überfordert. Seine Fähigkeit, aufmerksam zu sein, reicht nicht aus, und er erlebt, dass er sich nicht auf vier Dinge gleichzeitig konzentrieren kann: Der Bewusstseinsspeicher, dem RAM-Speicher im Computer vergleichbar, ist für diese Anforderung zu klein.

Stellen Sie sich vor, Sie sitzen in einem Zug und lesen ein Buch. Währenddessen läuft die Unterhaltung der anderen Fahrgäste weiter. Wenn Sie in Ihren Roman vertieft sind, werden Sie von dem Gespräch nicht viel bemerken. Wenn nun aber zufällig in der Unterhaltung Ihr Name fällt, horchen Sie sofort auf. Sie haben also durchaus etwas von der Unterhaltung mitbekommen, aber anscheinend auf eine nicht bewusste Weise.

Wir nehmen also viel mehr wahr, als wir bewusst verarbeiten können. Das Gleiche gilt für unser Verhalten: Viele unserer Handlungen sind nicht mit Bewusstsein gesteuert. Stellen Sie sich den Lichtkegel einer Taschenlampe auf einem großen dunklen Fußballfeld vor. Das dunkle Feld ist dabei die Gesamtheit der Gehirnvorgänge, die in uns ablaufen, der kleine Lichtkegel ist der Teil, der uns davon in der jeweiligen Situation bewusst wird.

Dass wir trotz dieser begrenzten Aufmerksamkeit im Alltag zurechtkommen, liegt vor allem an der Fähigkeit des Menschen, Verhalten und Wahrnehmungsprozesse zu automatisieren. Wie wir wahrnehmen, fühlen, gehen, stehen, sprechen, uns bewegen, Auto fahren, uns die Haare kämmen oder die Zähne putzen – wir tun es meistens, ohne diesen Vorgängen bewusste Aufmerksamkeit zu schenken. Wir setzen uns am Ende eines Arbeitstages ins Auto und kommen «wie von selbst» später zu Hause an, ohne bewusst auf den Weg, die Bedienung des Autos oder den Verkehr geachtet zu haben.

Neurophysiologisch lässt sich die Automatisierung folgendermaßen erklären: Jede Wahrnehmung zieht ein Gefühl, eine Vorstellung, einen Gedanken, eine Handlung nach sich. Die dabei im Gehirn beteiligten Nervenzellen verknüpfen sich miteinander – eine Gedächtnisspur wird angelegt. Durch Wiederholungen wird diese Verknüpfung fester, die Gedächtnisspur also eingeschliffener. Zukünftig neigt das Gehirn dazu, bei der gleichen oder bei ähnlichen Wahrnehmungen das verknüpfte Gefühl, die verknüpfte Vorstellung, den verknüpften Gedanken, die verknüpfte Handlung zu aktivieren.

Wenn man eine Person zum ersten Mal sieht, muss man bewusste Wahrnehmungsenergie darauf verwenden, sich ein Gesicht zu merken. Je öfter man dieser Person begegnet, desto weniger genau muss man hinschauen, um sie wieder zu erkennen. Nach einiger Zeit reicht ein flüchtiger Blick. Anders ausgedrückt: Nur wenige Reize reichen aus, um ein komplexes neuronales Netz zu aktivieren. Je öfter Nervenzellen gemeinsam erregt werden, desto leichter werden sie in Zukunft gemeinsam aktiviert. Es ist so, als würden die Synapsen an den Nervenenden geölt: Ein einmal gedachter Gedanke wird beim zweiten Mal leichter gedacht. Ein mehrfach empfundenes Gefühl bewirkt, dass es beim nächsten Mal leichter und schneller aktiviert wird, bis der Vorgang schließlich wie von selbst abläuft. Auf diese Weise entstehen bevorzugte Bahnungen, etwa wie Datenautobahnen im Gehirn, die dazu einladen, immer wieder benutzt zu werden. Erleben und Verhalten ist also ein weitgehend automatisierter Ablauf von Sequenzen in unserem Gehirn. Das gilt ebenso für das Einstudieren eines Klavierstücks wie für das innere Erleben. Besonders fatal ist diese Automatisierungsbereitschaft beim Schmerzempfinden: Ein über längere Zeit oder immer wieder gefühlter Schmerz bewirkt, dass er oft schon bei kleinsten Reizen aufflammt und das Schmerzerleben auf diese Weise chronisch werden kann.

Der gleiche Mechanismus gilt auch für komplexe soziale Zusammenhänge. Stellen Sie sich einen Mitarbeiter vor, der immer wieder erlebt, dass es negative Folgen hat, seinem Chef zu widersprechen. Wenn er diese Folgen vermeiden möchte, wird er sich mit der eigenen Meinung bewusst zurückhalten und sich anpassen. Irgendwann ist dieses Verhalten automatisiert und zu einem Verhaltensschema generalisiert, das auch bei einem neuen Chef abläuft, der vielleicht ganz andere Erwartungen an ihn hat.

Manchmal sind Klienten frustriert von ihrem eigenen eingefahrenen Verhalten. Sie sagen dann vielleicht: «Ich verstehe gar nicht, warum ich mich immer wieder zurückziehe, wenn es eigentlich darum geht, mal Flagge zu zeigen. Ich nehme mir was anderes vor – aber im entscheidenden Moment mach ich es dann doch immer wieder so.»

Um Klienten diese oder ähnliche Fragen zu beantworten, benutze ich folgende Geschichte:

Stellen Sie sich eine ungemähte große Wiese vor, die Sie überqueren wollen. Zunächst bahnen Sie sich mühselig den ersten Weg, Sie treten das hohe Gras platt. Es entsteht ein kleiner Trampelpfad quer über die Wiese. Dieser verläuft möglicherweise nicht einmal ganz gerade, aber immerhin, er verläuft von einem Ende zum anderen. Beim nächsten Mal stehen Sie erneut vor der Wiese und müssen nicht lange überlegen. Sie wählen den gleichen Weg, und allmählich wird der kleine Pfad bequemer. Ohne nachzudenken und ohne großen Energieaufwand entstehen auf diese Weise gangbare Wege. Auf die Dauer stellt sich vielleicht heraus, dass der Weg zwar bequem zu benutzen ist, sich aber Ihr Ziel verändert hat und der Weg immer einen kleinen Umweg für Sie bedeutet. Was geschieht, wenn Sie einen neuen Weg probieren möchten? Es ist zunächst unbequem, Sie legen wieder einen kleinen Trampelpfad an, der am Anfang Energie und Aufmerksamkeit fordert. Genauso ist es auch im Alltag: Man verhält sich so, wie man es gewohnt ist. Jede Veränderung kostet Kraft und kann unangenehm sein. Man fühlt sich dabei vielleicht hilflos, schwach, ungeübt oder inkompetent. Durch diese Phase muss man sich jedoch durchkämpfen, wenn man allmählich neues Verhalten lernen und am Ende automatisieren will. Lernen heißt immer, die eingefahrenen (Auto-)Bahnen zu verlassen und neue Wege anzulegen. Im Alltag bedeutet das: Man probiert etwas Neues aus und ist dabei noch ungeübt. Man bewegt sich durch unwegsames Gelände, strengt sich dabei an, ist mit Aufmerksamkeit und Bewusstsein dabei und bahnt sich einen ersten Trampelpfad. Allmählich wird der Trampelpfad zu einem Weg, zu einer Straße, zu einer neuen Autobahn. Wenn das neue Verhalten dann erst einmal eingeübt ist, geht es irgendwann wie von selbst und ohne bewusste Aufmerksamkeit von der Hand.

Lernen durch Vorstellungen

Lernen geschieht nicht nur dadurch, dass man neue Erfahrungen macht und neue Handlungen ausprobiert. Beim «mentalen Training» im Sport werden zum Beispiel Bewegungsabläufe über die bloße Vorstellung eingeübt. Wer so trainiert, kann in der Regel die Bewegungen in der Realität schneller umsetzen. Manche Klavierspieler machen es ebenso: Sie lesen die Noten, hören das Stück im Geist und stellen sich vor, wie sie dabei ihre Finger zu bewegen haben.

Mentales Training

Was geschieht da? Neuronale Netzwerke («Trampelpfade») werden im Gehirn auch durch bloße Vorstellungen ebenso wie durch Denken und Sprechen angelegt, verändert bzw. fester verknüpft. Die Erkenntnis, dass Lernen auch durch bloße Vorstellungen, durch Denken und Sprechen angeregt werden kann, wird in Beratung, Therapie und Erwachsenenpädagogik auf verschiedenste Weise genutzt. Die Idee des «positiven Denkens» beruht darauf ebenso wie jede andere Form von Selbstsuggestion oder Hypnose. Wenn Sie sich vor einem Vortrag oder einer wichtigen Präsentation vorstellen, wie es Ihnen hinterher gehen wird, wenn alles hervorragend gelaufen ist, wenn die Zuhörer begeistert und Sie selbst stolz und zufrieden sind, stellt sich vermutlich ein angenehm selbstbewusstes Empfinden ein, mit dem Sie dann vor Ihr Publikum treten. Vielleicht haben Sie auch schon durchgespielt, welche Schwierigkeiten auftreten könnten und wie Sie darauf reagieren werden. Natürlich steigt auf diese Weise Ihre Chance, erfolgreich zu sein.

Lernen mit Kopf, Herz und Hand
Um ein neues Verhalten dauerhaft zu festigen, müssen noch zwei Faktoren hinzukommen: Die Erfahrung muss uns emotional berühren, und sie braucht Wiederholung. Was uns berührt oder begeistert, vergessen wir nicht so schnell. Was wir mehrfach denken, erleben oder ausführen, graviert sich tiefer ein. Diese Erkenntnisse machen wir uns als Coach zunutze. Mit dem aktiven Zuhören und mit erlebnisaktivierenden Methoden versuchen wir, den Klienten auch emotional zu erreichen. Ziele werden positiv und motivierend formuliert, damit sie ausreichend emotionale Ladung besitzen und der Klient sich auch auf unbequeme Schritte einlässt (vgl. 2.2.3).

Die Bedeutung von Wiederholungen fürs Neu-Lernen oder Um-Lernen muss der Coach dem ungeduldigen Klienten erklären und vielleicht immer wieder auf Situationen hinweisen, wo das neue Verhalten geübt werden kann oder unbemerkt schon eingesetzt wurde.

Kann man sich in wesentlichen Persönlichkeitsaspekten verändern?

Die Antwort auf diese Frage erfordert einen kleinen Exkurs über Persönlichkeit. Unter Persönlichkeit kann man die überdauernden Merkmale verstehen, die einen Menschen unverwechselbar von anderen unterscheiden. Damit sind sowohl das Erleben (Wahrnehmungen, Gefühle, Phantasie, Gedächtnis, Denken, Erwartungen) wie auch das Verhalten gemeint.

Ganz sicher sind bestimmte Aspekte des Erlebens und Verhaltens angeboren. Das lässt sich mit der vergleichenden Zwillingsforschung eindeutig belegen. Ganz sicher ist aber auch, dass sich Persönlichkeit, also das wiederkehrende charakteristische Erleben und Verhalten, im Lauf des Lebens formt. Sie entwickelt sich erfahrungsabhängig, wir könnten auch sagen in Lernprozessen. Insofern ist Persönlichkeit nur unter einer entwicklungspsychologischen Perspektive zu verstehen.

In Lernprozessen, wie ich sie oben beschrieben haben, entstehen Erlebens- und Verhaltensstrukturen, die man auch als Persönlichkeitsstrukturen bezeichnen kann.

Wir haben in unzähligen Situationen gelernt, wie wir uns in Konfliktsituationen verhalten, wie wir mit Kritik umgehen, wie wir zu eigenen Fehlern stehen oder nicht, wie wir Autorität gewinnen und mit Autoritäten umgehen, wie wir uns schwierigen Herausforderungen stellen oder Entscheidungen treffen. Wenn dieses Verhalten in unterschiedlichen Situationen immer wieder auf ähnliche Weise abläuft, weil es generalisiert und automatisiert wurde, schreibt man es der Persönlichkeit zu.

Es gibt keine klare Grenze, wann man ein Verhalten als Ausdruck der Persönlichkeit oder als Reaktion auf eine aktuelle Situation deuten kann. Wenn man über jemanden sagt, er sei ein sehr fröhlicher Mitarbeiter, meint man damit, dass diese Person unabhängig von bestimmten Situationen immer wieder fröhlich ist – vielleicht nicht in jedem Moment, aber doch, verglichen mit anderen Menschen, ziemlich oft. Wenn jemand bei Kritik immer wieder mit Kränkung und Rückzug reagiert, schreibt man dieses Verhalten eher der Persönlichkeit zu und damit den Erfahrungen, die diese Person in ihrem bisherigen Leben gemacht und auf eine bestimmte Weise verarbeitet hat. Je stärker ein Erleben oder Verhalten aus dauerhaften oder wiederkehrenden Erfahrungen resultiert, desto schwieriger ist es, sich in diesen Aspekten zu verändern. Je eingefahrener die Gleise sind, auf denen jemand fährt, desto schwieriger ist es, neue Wege anzulegen.

Das gilt ebenso für Gedanken, die wir uns über uns selbst machen. Wer mit dem Bild von sich lebt, immer hilfreich und gut sein zu müssen, wird es schwer haben, in Konflikten Position zu beziehen oder unliebsame Entscheidungen zu treffen. Wer von sich glaubt, immer siegen zu müssen, wird bestimmte Formen der Kooperation nur schwer lernen können. Wenn Klienten fragen, ob man sich in wesentlichen Persönlichkeitsaspekten verändern kann, bedeutet diese Frage im Grunde: Kann man automatisiert ablaufendes Erleben und Verhalten und die damit verbundenen inneren Glaubenssätze verändern? Die Antwort lautet eindeutig: «Ja!» Es gelten dabei aber die gleichen Erkenntnisse, die ich oben bereits beschrieben habe: Es kann mühsam sein, neue Wege zu gehen.

Ich möchte das an einem Beispiel zeigen: Stellen Sie sich einen Klienten vor, von dem Sie sagen würden, er ist schüchtern – und zwar nicht nur in einer spezifischen, verständlichen Situation, sondern immer wieder. Er hat vermutlich keine oder nur wenig alternative Wahrnehmungs- und Handlungsmuster ausgebildet. Wenn seine Schüchternheit mit negativ erlebten Erfahrungen oder mit einschränkenden Gedanken verknüpft ist, fällt es besonders schwer, Alternativen zu entwickeln. Wenn der Klient sich nun vornimmt, vermehrt auf andere Menschen zuzugehen, erlebt er vielleicht dieselbe Unsicherheit und Angst, abgewiesen zu werden, die er schon in der Schulzeit oft empfunden hat. Vielleicht gibt es auch noch ein inneres Verbot, fremde Leute anzusprechen, und der Klient schämt sich. Es wäre wenig erfolgversprechend, diesem Menschen zu sagen: «Sie müssen es nur probieren und neue Erfahrungen machen. Gehen Sie einfach auf Ihren Chef zu und sprechen Sie ihn an.» Manchmal ist die aktive Auseinandersetzung mit den Ängsten und Bedenken notwendig, die – als Schemata – mit dem neuen Verhalten verknüpft sind. Auseinandersetzung bedeutet: darüber sprechen, die dabei entstehenden Gefühle reflektieren, neue Bewertungen vornehmen und immer wieder Alternativen erfinden und ausprobieren.

Der Coach sollte eine Vorstellung davon haben, inwieweit das Erleben oder Verhalten, das der Klient verändern möchte, bereits über lange Zeit besteht und zur Gewohnheit geworden oder eher situativ zu betrachten ist.

Je persönlichkeitsnäher die Themen sind, desto wichtiger ist es,

- mit dem Klienten genau zu prüfen, ob das angestrebte Ziel wirklich motivierend und angemessen ist,
- zu verstehen, was zur Strukturbildung beigetragen hat und welche Glaubenssätze dieses Verhalten verstärken,
- den Klienten zu entlasten, wenn er merkt, dass Veränderungen schwieriger sind bzw. länger dauern als erhofft, und
- erlebnisaktivierende und übungszentrierte Methoden zu nutzen und nicht rein kognitiv zu arbeiten.

Je situativer und persönlichkeitsunabhängiger das Erleben oder Verhalten ist, das der Klient verändern möchte, desto erfolgversprechender ist eine rein kognitive Bearbeitung. Die fundierte Einsicht reicht dann oft für eine Verhaltensänderung aus. Oft sind es aber gerade die überdauernden und persönlichkeitsnahen Fragen, die zu einem Coaching führen.

Es gibt drei Themenfelder, die im Arbeitsleben und daher auch im Coaching besonders relevant sind und die sehr eng mit der Persönlichkeit des Klienten und seiner Identität in der (Leitungs-)Rolle verknüpft sind:

- der Umgang mit **Hierarchie**, **Macht** und **Verantwortung**,
- das Erleben und Verhalten in **Konflikt**situationen,
- die persönliche **Motivation** und Leistungsbereitschaft.

Im Kapitel 2.7.4 sind Möglichkeiten beschrieben, wie man im Coaching diese persönlichkeitsnahen Themen erlebnisaktivierend behandeln kann. Eine ausführliche Darstellung dieser Themen finden Sie in Fischer-Epe und Epe 2004.

Wie kann man Gefühle beeinflussen?

Gefühle sind Bewertungen unserer Wahrnehmungen, die weitgehend ohne bewusste Steuerung entstehen und ablaufen. Man kann Gefühle auch als Begleitmusik unseres Erlebens bezeichnen. Wenn wir unsere Gefühle direkt beeinflussen wollen, geht es meistens darum, etwas nicht mehr zu fühlen oder das Gegenteil zu erleben: «Ich will nicht mehr aufgeregt sein.» «Ich will nicht mehr traurig sein.» «Ich möchte keine Angst haben.»

Gefühle sind nicht unabhängig von Gedanken, Wahrnehmungen und unserer Aufmerksamkeit. Ein Kleinkind, das hingefallen ist und vor Unglück bitter weint, lässt sich durch ein Spielangebot relativ leicht ablenken und lacht nach kurzer Zeit wieder. Aufmerksamkeit und Erleben richten sich auf etwas Neues.

Wann immer es gelingt, die Welt aus einer anderen Perspektive und mit anderen Augen zu betrachten, sich anderen Einflüssen auszusetzen, etwas anderes zu denken, sich an andere Dinge zu erinnern, können wir unsere Gefühle beeinflussen – zumindest kurzfristig und situativ. Aber jeder weiß aus eigener Erfahrung, dass dies gewisse Grenzen hat. Manchmal haben nicht wir die Gefühle, sondern «die Gefühle haben uns». Wenn Klienten von Gefühlen überschwemmt sind, hat es keinen Sinn, dagegen anzugehen. Als Coach sollte man vielmehr die Gefühlsreaktion des Klienten wertschätzend und undramatisch kommentieren: So ist es im Moment, und offensichtlich gehören diese Gefühle dazu.

Meistens sind mit der Frage, ob und wie man Gefühle beeinflussen kann, persönliche Grundgefühle und Grundstimmungen oder Gefühlsreaktionsmuster gemeint – sodass man es hier mit Aspekten von Persönlichkeit zu tun hat: Kann man grundsätzlich selbstbewusster werden? Kann man Ängste, Zweifel und Hemmungen loswerden? Kann man seinen Zorn dauerhaft in den Griff kriegen?, etc. Hier lautet die Antwort: «Ja, man kann. Es geht aber nicht auf Knopfdruck. Man wird selbstbewusster, wenn man viele bestätigende Erfahrungen macht und diese allmählich ein Gegengewicht bilden zum bisherigen Selbstbild. Neue Gefühle müssen genauso gelernt werden wie ein neues Verhalten.»

Wenn Gefühle dauerhaft verändert werden sollen, ist das immer persönlichkeitsnah, eine rein kognitive Bearbeitung ist hier meistens sinnlos (siehe oben).

Wenn ich Klienten die psychologischen und hirnphysiologischen Zusammenhänge von Lernen und Persönlichkeit erkläre, verfolge ich zwei Ziele: Ich will als Coach einerseits Mut machen und gleichzeitig helfen, Veränderungsaufwände realistisch einzuschätzen. Der Klient soll prüfen können, ob das Ziel motivierend genug ist und den Aufwand wirklich lohnt: «Es hängt sehr davon ab, welche Bedeutung das Ziel für Sie hat. Je wichtiger die Sache für Sie ist, desto mehr Energie werden Sie bereit sein zu investieren. Viele Menschen unterschätzen, was sie mittel- und langfristig alles lernen können. Grundsätzlich bin ich sicher, dass Sie das lernen können. Im ersten Schritt sollten wir jedoch noch einmal ausloten, welches Gewicht dieses Anliegen für Sie persönlich hat, wieweit es wirklich zu Ihren persönlichen Zielen und Werten passt und was Sie bereit sind zu investieren.»

Der Kern der Botschaft lautet: «Sie können das schaffen, wenn Sie es wirklich wollen und es Ihnen persönlich wichtig ist.» Die Verantwortung liegt ganz beim Klienten. Es hängt von seiner Entscheidung, seinem Willen und seiner Bereitschaft ab, etwas zu investieren. Der Berater sollte in jedem Fall prüfen, ob die Skepsis des Klienten sich tatsächlich auf die eigene Lern- und Umsetzungsfähigkeit bezieht, oder ob es um ganz andere, möglicherweise tiefer liegende Zweifel an dem Vorhaben geht. Dies lässt sich am leichtesten klären, wenn man den Zielzustand noch einmal gemeinsam auslotet (vgl. 2.3.3):

- Stellen Sie sich vor, das Ziel ist erreicht, der gewünschte Zustand ist hergestellt. Was wären die Konsequenzen?

- Mit welchen – unerwünschten – Nebenwirkungen müssten Sie möglicherweise rechnen? Was wäre der Preis?

Gegebenenfalls muss dann das Ziel neu formuliert werden.

Wenn sich ein Manager fragt: «Wie kann ich dazu beitragen, dass mein Mitarbeiter selbstbewusster wird, weniger Angst hat oder konfliktfähiger wird?», sollte der Coach darüber aufklären, dass man für diese Veränderung als Vorgesetzter lediglich günstige Rahmenbedingungen schaffen kann, der Erfolg aber wesentlich von der inneren Verfassung des Mitarbeiters abhängt. Manche Manager glauben oder haben in Führungstrainings gelernt, sie müssten Mitarbeiter nur genügend anerkennen, um das gewünschte Selbstbewusstsein zu erzielen. Anerkennung kann zwar dazu beitragen, dass sich Menschen verändern. Der Schlüssel zur Veränderung liegt aber im Mitarbeiter selbst: Er muss die Anerkennung akzeptieren und verarbeiten können.

2.6.2 Mit Krisen umgehen

Das Wort Krise kommt vom griechischen «krisis» und bedeutet Scheidung, Trennung, Entscheidung. Eine Krise markiert damit einen Wendepunkt. Als persönliche Krisen bezeichnet man emotional belastende Situationen, die mit dem üblichen Handlungs- und Reaktionsrepertoire nicht ausreichend bewältigt werden können. Meistens gibt es einen akuten Auslöser, zum Beispiel eine gravierende Kritik, ein schweres Misserfolgserlebnis, einen emotional bedeutenden Verlust oder eine Krankheit. Solche Situationen werden im Alltag jedoch in der Regel bewältigt. Erst wenn die belastenden Ereignisse auf eine bereits unsichere persönliche Situation treffen und die eigenen Reaktionsmöglichkeiten übersteigen, geraten die Betroffenen in eine Krise. Man fühlt sich dann von Gefühlen überschwemmt, im Denken festgefahren und in der Handlungsfähigkeit stark eingeschränkt. Sehr oft haben Krisen mehrere Ursachen, das heißt, die Person kämpft an mehreren Fronten gleichzeitig und ist damit überfordert.

Es gehört zum Alltagswissen, dass Krisen Auslöser für produktive Entwicklungen sein können. Viele Krisen sind entwicklungsbedingt und bleiben niemandem erspart: Pubertät, Einschulung, Umzüge, Partnerschaft, Eintritt in die Arbeitswelt, Trennungen, Erwachsenwerden der Kinder, Pensionierung, Altern, Krankheit und Umgehen mit dem Tod – all das sind Lebensanforderungen, die zu Labilisierungen führen und Krisen auslösen können, wenn die individuellen Bewältigungs- und Lösungsstrategien nicht ausreichen. Jeder kennt aus der eigenen Biographie schwierige Zeiten, die sich im Nachhinein als lehrreich und wichtig erwiesen haben. Gerade in den Momenten, in denen Menschen selbst in eine Krise geraten, verblasst dieses Wissen jedoch und ist zur Bewältigung nicht mehr verfügbar. Das einzig Bedeutsame scheint im Moment einer Krise die Krise selbst zu sein. Der Fokus verengt sich auf das Negative, auf das, was schlimm und schwer aushaltbar ist. Es entsteht ein Tunnelblick.

Krisen sind gekennzeichnet durch das Erleben von Ohnmacht. Das Gefühl, Einfluss nehmen zu können und handlungsfähig zu sein, geht verloren. Man fühlt sich ausgeliefert und sieht keine geeigneten Auswege.

Für den Coach wie für den Klienten ist es gleichermaßen wichtig, sich in Krisen zurechtzufinden. Dabei sind drei Fragen interessant:

- Wie entstehen Krisen?
- Wie verlaufen Krisen?
- Wie kann man Menschen in Krisen sinnvoll unterstützen?

Wenn man diese drei Fragen für sich und vor allem für den Klienten beantworten kann, hat man als Coach das kleine Krisenhandwerkszeug schon beisammen.

Wie entstehen Krisen?

Wenn eine schwere Krankheit, ein Verlust, ein großer Misserfolg oder eine anhaltende Überforderung zu einer Krise führen, ist unser Identitätserleben durch diese Situation beeinträchtigt. Man könnte auch sagen: Je stärker unser Identitätserleben beeinträchtigt wird, desto schwerwiegender empfinden wir die Krise. Insofern ist zur Frage der Entstehung von Krisen ein kleiner Exkurs über Identität notwendig.

Der Begriff der **Identität** wird in der Psychologie nicht einheitlich verwandt. Das Wort stammt vom lateinischen «idem» (derselbe / dasselbe). Ich verstehe unter Identität das Bild, das man in wesentlichen Aspekten seines Lebens von sich selbst hat. Dass wir in der Lage sind, ein **Selbstbild** zu schaffen, hängt mit unserer Fähigkeit zusammen, innerlich Abstand zu nehmen und über uns selbst zu reflektieren. Das Selbstbild nimmt seinen Ausgang in den vielfältigen Zuschreibungen, die wir von anderen Menschen bekommen. Das sind freundliche Blicke, Zuwendung, Ablehnung, Bewertungen, Schulzensuren etc., die uns auf direkte oder indirekte Weise vermitteln, wie andere uns sehen. Mit einigen solcher Zuschreibungen identifizieren wir uns, andere verneinen wir und sortieren sie aus. Im Lauf der Zeit entsteht so ein Selbstbild, das mit dem, wie unsere Umwelt uns sieht, übereinstimmt, aber auch davon abweichen kann.

Identität ist das Selbstbild und Selbsterleben in den Lebensbereichen, die so bedeutsam für uns sind, dass man sagen könnte: «Das bin ich, das macht mich als Person aus.» Diese Lebensbereiche kann man als Säulen der Identität bezeichnen (vgl. Heinl und Petzold, 1985, S. 178 ff.).

Jede Säule der Identität bietet, wenn sie gut ausgebildet ist, Rückhalt und Ressourcen, um auch schwierige Situationen durchzustehen. Andererseits kann man mit dem Bild von den Säulen der Identität auch anschaulich erklären, wie Krisen in den fünf zentralen Lebensbereichen entstehen können.

Das Selbstbild entsteht durch Zuschreibungen und Selbstreflexion

Krisenauslöser: Körper/Leiblichkeit

Der Körper ist die materielle Grundlage des eigenen Lebens. Wir fühlen uns gesund, krank, alt, jung, fit oder gebrechlich, dick, dünn, groß, klein, schwer oder leicht. Wir erleben uns als widerstandsfähig, anfällig, kräftig oder schwach. Wir fühlen uns in unserem Körper zu Hause, oder er ist uns fremd und gleichgültig. Die Säule der Leiblichkeit gibt uns in Zeiten von Gesundheit Halt und Sicherheit. Krankheiten, Unfälle und natürlich jede andere Form von körperlicher Beschädigung wie Misshandlung oder Folter können uns aus der (Identitäts-)Bahn werfen. Man sagt dann auch: «Ich habe es am eigenen Leibe erfahren.» Wenn Menschen ihr Selbstwertgefühl besonders an ihre körperliche Leistungsfähigkeit gebunden haben, wie es bei den meisten Managern und Managerinnen der Fall ist, reicht manchmal schon das normale, altersbedingte Nachlassen der körperlichen Kräfte, um eine Identitätskrise auszulösen. Besonders anschaulich wird dieser Zusammenhang auch bei Hochleistungssport-

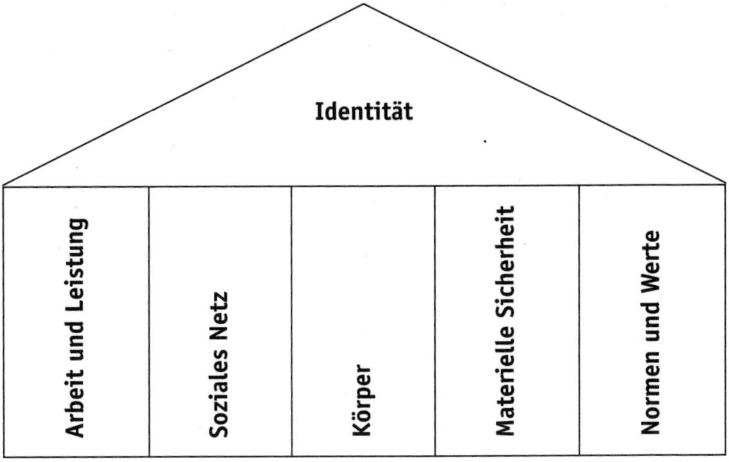

Säulen der Identität

lern oder Models, die sich manchmal mit 30 schon uralt und verbraucht fühlen und dann ihre Identität auf völlig neue Füße stellen müssen. Um in unserem Bild der Säule zu bleiben, könnte man auch sagen, sie müssen die anderen Säulen aktivieren oder ausbauen.

Krisenauslöser: Arbeit und Leistung

Ein wesentlicher Teil des Identitätserlebens ist durch die Säule der eigenen Leistungsfähigkeit bestimmt, die sich im Beruf, aber auch in der Freizeit äußert. Hier geht es um Fragen von Erfolg und Misserfolg, um geistige Herausforderungen und Perspektiven. In diesem Bereich sind die meisten Krisen angesiedelt, mit denen man im Coaching zu tun hat. Krisenauslöser können dann Überforderungen, Versetzungen, kritische Beurteilungen, Misserfolge, Kränkungen und Konflikte etc. sein. Wenn die Bedeutung der eigenen Arbeit stark an das Selbsterleben und das Selbstwertgefühl gekoppelt ist, führt eine Entlassung oder der Verlust der Arbeit zur inneren Katastrophe, auch wenn für den Außenstehenden noch vieles im Leben des Betroffenen stabil zu sein scheint. Die plötzliche, massenhafte Entlassung von Führungskräften im Zug der Unternehmenskonzentrationen in den letzten Jahren hat zu einer Flut von Krisen geführt, die in ihrem Ausmaß oft nur aus der besonderen Bedeutung dieses Themas für das Selbstwertgefühl der Klienten nachzuvollziehen waren.

Krisenauslöser: soziales Netz

Die Art und Weise, wie wir unsere Kontakte und Beziehungen gestalten, macht die dritte Säule der Identität aus: Haben wir ein gut gepflegtes Netz von Freundschaften und nahen Beziehungen? Können wir den Menschen in unserer nahen Umwelt vertrauen, oder müssen wir vorsichtig und misstrauisch sein? Erleben wir wichtige Beziehungen als partnerschaftlich oder in einem Macht-Ohnmacht-Gefälle? Welchen Halt und welche Stabilität bekommen wir durch unser soziales Netz? Zu den vorherrschenden Krisenauslösern gehören Trennungen oder der Tod von nahen Bezugspersonen. Für viele Führungskräfte ist die Familie der sichere Hafen, den sie jeweils für kurze Zeit aufsuchen, um aufzutanken und wieder für den Arbeitsalltag fit zu sein. Sie merken oft erst durch eine Trennung, dass sie sich von Partnern, Kindern und Freunden entfremdet haben. Wenn das Selbsterleben stark auf dem Gefühl gründet, im sozialen Umfeld sicher eingebunden zu sein, führen Trennungen oder Gefährdungen des Familienlebens zu heftigen Krisen.

Krisenauslöser: materielle Sicherheit

Für viele Menschen ist die Säule der materiellen Sicherheit ein wesentlicher Faktor ihres Identitätserlebens. Das Ausmaß von materieller Sicherheit, das der Einzelne benötigt, ist sehr unterschiedlich: Während es manchen Menschen genügt, wenn sie mit einem Wohnmobil und etwas Geld auf Weltreise gehen, finden andere keine Ruhe, ehe sie nicht Kinder und Enkelkinder auf lange Zeit abgesichert wissen. Die Stabilität dieser Identitätssäule hängt stark davon ab, wie weit die persönlichen Erwartungen und materiellen Ansprüche mit der Realität übereinstimmen. Wenn man materielle Werte wichtig nimmt, können finanzielle Sorgen, misslungene Spekulationen, schlecht gehende Geschäfte, unsicheres Einkommen, Schulden, Insolvenz etc. Auslöser für persönliche Krisen sein. In der Beratung von selbständigen Unternehmern, die um die Existenz ihrer Firma fürchten, ist oft die identitätsbedrohende Spannung spürbar, unter der die Betreffenden auch aufgrund materieller Sorgen stehen. Im Coaching spielt das Thema der materiellen Sicherheit immer dann eine Rolle, wenn größere persönliche Veränderungen oder Entscheidungen anstehen. Die Frage ist dann: Wie viel materielle Absicherung braucht ein Klient, um sich auf die Veränderung einlassen zu können?

Krisenauslöser: Normen und Werte

Das eigene Normengerüst, die persönliche Wertorientierung, Ethik und Religion bieten ebenfalls inneren Halt und sind Bestandteil des Identitätserlebens. Besonders belastend sind Zusammenbrüche ganzer Normensysteme. Der Zusammenbruch des Sozialismus hat zum Beispiel viele Menschen in Identitätskrisen geführt, die mit verlorenen Werten und verlorenem Sinn zu tun hatten.

Normen und Werte werden auch bei Verbrechen oder in Kriegen erschüttert, wenn Menschen mit einer Wirklichkeit konfrontiert sind, die zu ihrer bisherigen Weltsicht nicht passt. Die Besichtigungen der Konzentrationslager nach dem Zweiten Weltkrieg haben bei vielen Deutschen erhebliche Identitätskrisen ausgelöst. Aber auch weniger traumatische Erlebnisse können die Identität gefährden: In Familienunternehmen, die jahrzehntelang patriarchalisch-fürsorglich geführt wurden, erleben die Mitarbeiter erste harte Kündigungen und den Einzug schärferer Managementmethoden als Verrat an den Werten, an die sie geglaubt hatten. Man hört dann oft Sätze wie: «Wenn der alte X das noch miterlebt hätte, der würde sich im Grab umdrehen vor Schande!»

Das Modell der Identitätssäulen lässt sich im Coaching immer dann gut nutzen, wenn man einen Überblick über das ganze Leben gewinnen will:

- zur Diagnostik und Ressourcenanalyse in kritischen Lebenssituationen,
- zur Ökologieprüfung bei Entscheidungen,
- zur ganzheitlichen Ausrichtung von Zukunftsentwürfen.

Bis jetzt haben wir die Identitätssäulen vor allem unter dem Aspekt der Diagnose betrachtet: Was hat die Krise ausgelöst, und wie ist es um die verschiedenen anderen Säulen bestellt? Ebenso kann man die Säulen als Raster für eine ganzheitliche Ressourcenanalyse nutzen. Ich möchte das an einem Beispiel verdeutlichen, bei dem ich gebeten wurde, eine Prognose über die Stabilität eines Klienten abzugeben.

Herr P hatte als Regisseur bereits viele erfolgreiche Filmproduktionen hinter sich, als er während der Vorbereitung eines neuen Films in eine Krise geriet und die Produktion für mehrere Wochen unterbrochen werden musste. Die Versicherung, die den Schaden für den Produktionsausfall beglichen hatte, wollte nun wissen, ob sie das Risiko eingehen konnte, den Klienten beim nächsten Projekt – zwei Monate später – erneut zu versichern. Herr P selbst fühlte sich wieder fit und traute sich die Aufgabe zu, war aber einverstanden, noch ein Gespräch mit einem Coach zu führen. Mein Kontraktangebot war: «Wir analysieren anhand verschiedener Kriterien systematisch, worauf sich Ihre Zuversicht gründet, und ich gebe Ihnen ein Feedback, ob ich das als Außenstehende unter einer diagnostisch-psychologischen Perspektive nachvollziehbar und realistisch finde.»

Mit der Versicherung, die das Coaching bezahlen wollte, traf ich die Verabredung: «Ich gebe Herrn P einige Kriterien an die Hand, mit denen er seine Selbsteinschätzung überprüfen kann, und werde ihm nach einer gründlichen Analyse der Situation meine Einschätzung zurückmelden. Alles andere müssen Sie dann mit ihm selbst besprechen und entscheiden.»

Ich habe dem Klienten zunächst meine Sicht von Krisen und das Modell der Identitätssäulen erklärt und ihm vorgeschlagen, dass wir zunächst analysieren könnten, wie und in welchen Säulen es zu seiner Krise gekommen sei, wie er sie verarbeitet habe und wie es mit seinen Ressourcen in den verschiedenen Säulen der Identität heute bestellt sei. Herr P ließ sich auf dieses Vorgehen ein, und nach der ausführlichen Exploration und Ressourcenanalyse musste ich ihm Recht geben: Es gab keinen Anlass, an seiner wiedergewonnenen Stabilität zu zweifeln.

Das hatte Herr P zwar schon vorher angenommen, aber jetzt konnte er es auch detailliert und überzeugend begründen.

Das Bild der Identitätssäulen bietet nicht nur bei der Diagnose und Ressourcenanalyse in Krisen einen guten Überblick über das ganze Leben. Es kann auch bei existenziellen persönlichen Veränderungen und in Entscheidungssituationen helfen. Die Säulen dienen dann als Kriterien zur Ökologieprüfung und damit zur Krisenprophylaxe (vl. 2.3.3).

Ein Klient, der überlegt, ob er das Angebot annehmen soll, in Usbekistan in verantwortlicher Position ein neues Werk zu betreuen, tut gut daran, diese Frage vor dem Hintergrund seines ganzen Lebens zu betrachten. Die Fragen zu den Säulen der Identität wären dann zum Beispiel:

- **Körper/Leiblichkeit**: Bin ich gesund genug für dieses Vorhaben? Wie fit fühle ich mich? Was bedeutet das für meine Ernährung? Wie bin ich ärztlich versorgt?
- **Arbeit und Leistung**: Ist die Aufgabe interessant? Werde ich sie bewältigen? Was bedeutet das für meine spätere Karriere, wenn ich zurück nach Deutschland komme? Bekomme ich neue Entwicklungen noch mit?

- **Soziales Netz**: Was bedeutet dieser Schritt für meine Familie und für meine Beziehungen zu Freunden, Kollegen, Vorgesetzten, wichtigen Bezugspersonen etc.?
- **Materielle Sicherheit**: Wie hoch ist der materielle Anreiz? Gebe ich Haus/Wohnung auf? Was bedeutet das für mich?
- **Normen und Werte**: Ist das, was ich dort tun werde, sinnvoll und sinnstiftend? Verträgt es sich mit meinen übergeordneten Zielen, meinen Werten und Moralvorstellungen?

Die Säulen der Identität ausgewogen und gleichermaßen stabil im Leben zu erhalten, ist eine Aufgabe für jeden Menschen. Gerade Menschen mit verantwortungsvollen Aufgaben oder starkem inhaltlichem Engagement binden aber häufig ihr Selbsterleben einseitig an eine Säule und verlieren dann wichtige andere Bereiche ihres Lebens aus dem Blick. So gehen zum Beispiel Erfolg im Beruf und materieller Wohlstand oft auf Kosten von Gesundheit und Familie oder tragfähigen sozialen Beziehungen. Der Coach sollte hierauf aufmerksam machen und helfen, dass die langfristigen Kosten solcher Lebensführung vermieden oder zumindest bewusst in Kauf genommen werden. Um Klienten ihre Verantwortung für alle Identitätsbereiche anschaulich zu vermitteln, benutze ich das Bild vom «inneren Unternehmen» mit verschiedenen «Abteilungen», die gut geführt, entwickelt und in ihrer Zusammenarbeit unterstützt werden müssen (vgl. 2.7.2).

Wann immer eine oder mehrere Säulen nachhaltig angegriffen bzw. beschädigt sind, ist die Gefahr einer Krise gegeben. Je stabiler und tragender die verbleibenden Säulen sind, desto besser wird die Krise vermutlich bewältigt. In der Zeit nach der Wiedervereinigung haben viele Menschen in den neuen Bundesländern Destabilisierungen mehrerer Säulen ihrer Identität erleben müssen: Viele mussten Arbeitslosigkeit, Abwanderung von Freunden, finanzielle Unsicherheiten sowie den Zusammenbruch ihrer Wertvorstellungen gleichzeitig verarbeiten. Nach der Wende haben sich die Angstkrankheiten in den neuen Bundesländern in wenigen Jahren vervielfacht, vermutlich eine Folge unbewältigter Krisen.

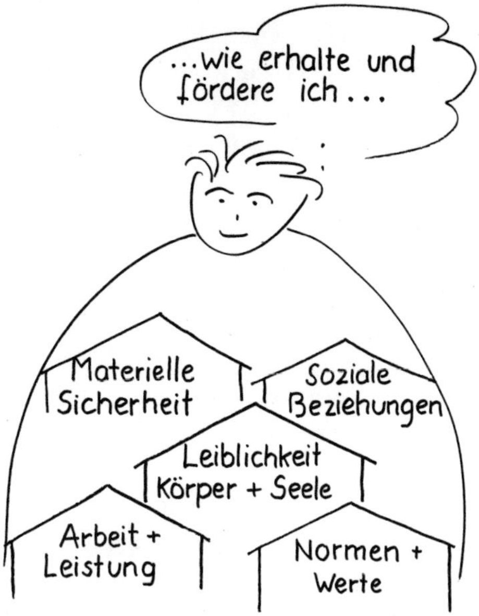

Als Firmenchef die Identitätsabteilungen und ihre Zusammenarbeit entwickeln und pflegen

Wie verlaufen Krisen?

Krisenverläufe sind so unterschiedlich wie die Menschen selbst. Dennoch lassen sich drei Phasen unterscheiden, mit denen man Klienten in der Krise Strukturen und Erklärungshilfen anbieten kann.

Weiter wie bisher: Erprobte Lösungsstrategien einsetzen
In schwierigen Situationen verwenden Menschen zunächst ihre gewohnten Reaktionsmuster und Lösungsstrategien. Wenn ein Mitarbeiter in einer insgesamt schon labilen Verfassung überraschend seine Kündigung auf den Tisch bekommt, reagiert er zunächst so, wie es zu ihm persönlich passt. Seine vertraute Umwelt würde sagen:

«Das ist typisch für ihn, so kennen wir ihn.» In diesem Sinne würde der eine als Erstes seinen Chef zur Rede stellen, ein anderer fragt seine Kollegen um Rat, der Dritte brüllt seine Ehefrau zu Hause an, der Vierte betrinkt sich, der Fünfte liest Stellenanzeigen, der Sechste geht ins Bett und schläft sich erst mal aus, der Siebte räumt sofort seinen Schreibtisch aus.

In der ersten Phase der Krise äußern sich also die individuell erprobten Notfallreaktionen. Das Gefühl von Selbstwirksamkeit ist noch vorhanden. Man hat die Erwartung, mit Bordmitteln noch sinnvoll und erfolgreich reagieren zu können. Wenn dies gelingt, ist eine schwierige Situation gemeistert, und die Krise ist abgewendet, bevor sie richtig ausgebrochen ist.

Ausweglosigkeit: Die Krise wahrnehmen und annehmen
Erst wenn die Lösungsversuche und Bewältigungsstrategien scheitern, entstehen Gefühle von Ohnmacht, Hilflosigkeit und Perspektivlosigkeit. Die Situation wird dann als Krise oder Ausnahmezustand erlebt. Diese Phase ist für viele Menschen besonders unangenehm, weil sie von starken – oft als negativ erlebten – **Emotionen** begleitet ist. Der Mitarbeiter, der seine Kündigung erhalten hat, erlebt nun vielleicht Wut, Verzweiflung, Scham oder Trauer auf eine quälende Weise. Nachdem der Klient die Schwere der Situation akzeptiert und durchlebt, ist der Boden erreicht, auf dem etwas Neues wachsen kann. Vor jeder Neuausrichtung liegt jedoch ein Abschied. Man muss akzeptiert haben, dass die alte Situation wirklich vorbei ist: Ich bin wirklich krank und muss meine Lebensführung ändern, mir wurde wirklich gekündigt, ich habe die neue Position wirklich nicht bekommen, die Umorganisation ist unvermeidlich, oder mein jetziges Team wird es wirklich nicht mehr geben. Wenn die Situation und die damit verbundenen Gefühle angenommen werden, kann eine konstruktive Verarbeitung der Krise gelingen.

Manchmal ist es aber zu schmerzhaft oder für das Selbsterleben zu bedrohlich, einen Verlust und die damit verbundenen Gefühle von Enttäuschung, Wut, Angst oder auch Scham anzunehmen.

Dann besteht die Gefahr, dass Krisen verleugnet oder destruktiv verarbeitet werden.

Bei der **Verleugnung** leben die Personen so weiter, als sei nichts Besonderes geschehen. Der Dauerstreit mit der Ehefrau und die Entfremdung von den Kindern wird bagatellisiert. Nach dem Herzinfarkt wird weitergearbeitet wie bisher. Der drohende Verlust des Arbeitsplatzes wird ignoriert. Finanzielle Sorgen werden in Arbeit erstickt. Die männliche Sozialisation mit Klischee-Aussagen wie «Jungen weinen nicht» oder «Der Indianer kennt keinen Schmerz» befördert diese Verdrängungs- und Verleugnungshaltung. Die Betroffenen mobilisieren ihren noch vorhandenen Reservetank, bis auch dieser leer ist und die Krise dann in vermutlich schwererer und unausweichlicherer Form ausbricht. Für aufmerksame Außenstehende kann die Verleugnungshaltung bizarr wirken, weil die Krise unterschwellig schon wahrnehmbar ist. Der Coach braucht in diesen Situationen Feingefühl und Verantwortung, um mit sanfter, aber bestimmter Hand einzuschreiten und zum Beispiel eine Auszeit zu empfehlen.

Eine zweite Form, die letztlich zu einer destruktiven Verarbeitung der Krise führt, ist das **Hängenbleiben** in isolierten Gefühlen oder Gedanken. Dann warten die Personen zum Beispiel noch Jahre, nachdem ihnen Unrecht geschehen ist, in einer verbitterten Haltung auf Wiedergutmachung. Oder sie machen ihren Lehrherrn noch mit 50 dafür verantwortlich, dass sie keine Karriere gemacht haben. Manchmal wird der Schmerz auch auf eine (selbst)destruktive Weise nach außen gewandt, zum Beispiel wenn Karrierewünsche und -erwartungen sich nicht erfüllt haben und der Betroffene darauf beharrt, dass ihm der Aufstieg zusteht, und sich fortan in einem Kleinkrieg gegen seinen Vorgesetzten oder den vermeintlichen Konkurrenten aufreibt, statt sich selbst verantwortlich um seine beruflichen Entwicklungsmöglichkeiten zu kümmern. Es scheint dann leichter zu sein, die Energie in Rachepläne zu leiten, als die Trauer um den Verlust zuzulassen und zu akzeptieren, dass man für eine bestimmte Position nicht erwünscht ist. Solange man glaubt oder dafür kämpft, dass die ungewollte Entwicklung sich noch abwenden oder rückgängig machen lässt, ist man nicht wirklich bereit für den nächsten Schritt zur Neuorientierung.

Wie intensiv und wie lange man eine Krise durchlebt, ist sehr unterschiedlich. Der Volksmund spricht beim Verlust von nahen Bezugspersonen von einem Trauerjahr und sagt damit, dass es lange dauern kann, bis man solche Verluste emotional verarbeitet hat und zu einer Neuausrichtung findet. Manche Menschen scheinen Verluste jedoch bedeutend schneller zu bewältigen und heiraten zum Beispiel nach dem Tod des Ehepartners bereits nach kurzer Zeit wieder. Vielleicht bewältigen sie aber auch die Krise besser, indem sie sich früher wieder binden.

Ich halte es für wichtig, im Coaching keine Vorstellung von richtiger Krisenbewältigung zu haben, besonders was die Zeitabläufe und die Intensität angeht, mit der sich der Klient seiner emotionalen Situation stellt. Man sollte als Coach aber wachsam dafür bleiben, ob die Verarbeitung der Krise gelingt oder ob der Klient in Gefahr ist, in dieser Phase hängen zu bleiben.

Neuausrichtung: Neue Perspektiven und Ziele finden

Die produktive Bewältigung einer Krise hat immer damit zu tun, dass eine Situation identitätsverträglich neu bewertet wird und neue Perspektiven entstehen, die wieder hoffen lassen. Der gekündigte Mitarbeiter erkennt jetzt vielleicht, dass er selbst auch schon länger unzufrieden war und man ihm mit der Kündigung nur zuvorgekommen ist. Der Mitarbeiter, der eine Führungsposition nicht bekommen hat, merkt vielleicht, dass ihn diese Situation nun dazu bringt, sich noch einmal umzuorientieren und etwas Neues auszuprobieren, ehe er in seinem alten Umfeld weiter versauert. Oder dass er seine Energien auf neue, inhaltliche Herausforderungen richten kann und in seinem Selbstwerterleben nicht auf eine Führungsposition angewiesen ist. Vielleicht muss er dafür einige Werte und persönliche Glaubenssätze aufgeben oder umformulieren, gewinnt aber

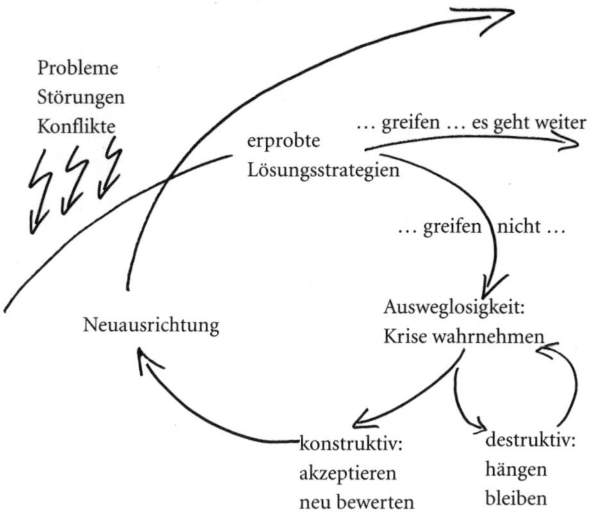

Phasen im Krisenverlauf

neue Fähigkeiten und Freiheiten dazu. Erst wenn neue Ziele gefunden werden, die sinnvoll und vor allem mit Hilfe eigener Anstrengungen erreichbar erscheinen, entsteht wieder Zuversicht und neue Energie.

Wie kann man Menschen in Krisen sinnvoll unterstützen?

Auch wenn Coaching grundsätzlich keine Therapie ist und Krisen im Coaching selten direkt und offen angesprochen werden, kann es vorkommen, dass Klienten den Coach mit ihrer (manchmal verdeckten) Krise konfrontieren. Als Berater muss ich dann abwägen, ob meine Kompetenz und das zeitlich begrenzte Setting im Coaching ausreichen, um den Klienten begleiten zu können. Man braucht diagnostische Sicherheit und manchmal auch starke Nerven, um sich nicht von der Dynamik einer Krise erfassen zu lassen. Berater, die wenig eigene Selbsterfahrung und keine therapeutische

Ausbildung haben, sind hier manchmal überfordert. Sie sollten sich nicht scheuen, sich bei einem erfahrenen Therapeuten Supervision zu holen oder den Klienten an einen Therapeuten zu überweisen.

Wenn die Beziehung zwischen Coach und Klient gut ist und der Klient ausreichend Fähigkeiten zur Selbststeuerung mitbringt, reicht es aber meistens, einige Anregungen und Grundsätze zu beherzigen:

Individuelles Umgehen mit der Krise akzeptieren

Da sowohl die ersten Bewältigungsstrategien als auch die Intensität und Dauer, mit der Emotionen erlebt werden, sehr unterschiedlich sind, ist es notwendig, die Individualität des Klienten im Umgang mit seiner Situation zu respektieren (aktiv zuhören!).

Emotionalität akzeptieren und begleiten

Besonders die zweite Krisenphase kann von heftigen Emotionen begleitet sein. Hier darf der Coach keine Angst bekommen. Natürlich erscheinen manche Gefühle dem Coach, der ja (hoffentlich!) Abstand zu der Situation des Klienten hat, irrational, übertrieben und kontraproduktiv. Dennoch gilt hier: Gefühle sind eine subjektive Realität und müssen akzeptiert werden. Manchmal ist es sinnvoll, Klienten, die sich ihrer Emotionen schämen, zu beruhigen: «Das ist doch normal und ganz nachvollziehbar, dass einen das jetzt mitnimmt.»

Bisherige Lösungsversuche erfragen

Um die Bewältigungsstrategien des Klienten kennen zu lernen und zu vermeiden, dass die gleichen erfolglosen Schritte mehrfach eingeschlagen werden, lasse ich mir relativ früh erzählen, was der Klient bisher schon alles unternommen hat.

Krisenverläufe erklären

Da Klienten ihre Krisensituation, besonders wenn sie über längere Zeit andauert, oft nur schwer aushalten können, erkläre ich ihnen den typischen Verlauf von Krisen und das Modell der Identitätssäulen in Kurzform, um ihnen etwas Orientierung zu vermitteln.

Ganzheitliche Ressourcenanalyse
Da sich in der Krise der Blick auf das Schlimme verengt, ist jede Perspektivenerweiterung hilfreich. Das Modell der Identitätssäulen eignet sich hervorragend, um das Leben als Ganzes in den Blick zu nehmen, dadurch Ressourcen zu erkennen und gleichzeitig die Fixierung auf das Krisenhafte zu relativieren:

«Ich glaube, ich kann nachvollziehen, wie schwer Ihre jetzige Situation auszuhalten ist. Ich würde jetzt gerne einmal mit Ihnen überprüfen, wie es insgesamt um Ihre Ressourcen bestellt ist, diese Krise zu bewältigen ...»

Rückblick auf frühere Erfolge und erfolgreiche Bewältigungsstrategien
In ausweglos erscheinenden Situationen ist es sinnvoll, wenn man sich daran erinnert, bereits verschiedene ähnlich schwierige Situationen im Leben bewältigt zu haben:

«Gibt es Situationen, in denen es Ihnen ähnlich gegangen ist wie im Moment? – Wie ist das damals weitergegangen? – Wie haben Sie das damals gelöst?»

Hier geht es weniger darum, die Lösungswege aus der Vergangenheit direkt zu nutzen – sie könnten in der aktuellen Situation durchaus ungeeignet sein. Vielmehr soll das Kompetenzerleben des Klienten gestärkt werden, indem er sich seiner generellen Fähigkeiten zur Krisenbewältigung bewusst wird.

Die Krise würdigen
Um Krisen aus einer anderen Perspektive zu sehen und ihnen eine neue Bewertung zu geben, eignet sich ein Reframing, das die Situation in einem größeren Lebenszusammenhang würdigt, zum Beispiel die Frage nach der «Weisheit für die Enkelkinder»:

«Stellen Sie sich mal einen Moment lang vor, Sie sind 70 und schauen zurück auf Ihr Leben und erinnern sich, wie es Ihnen damals ging. – Was könnten Sie Ihren Enkeln darüber erzählen, wozu diese Krise nützlich war und was Sie dabei gelernt haben für Ihr Leben?» (Vgl. 2.3.2)

Hypothetische Lösungen aus der Zukunftsperspektive
Da die Situation in einer Krise ausweglos erscheint, kann es nützlich sein, aus der Zukunft, in der die Krise bewältigt sein wird, auf die jetzige Situation zurückzublicken:

«Mal angenommen, es sind viele Jahre vergangen ... es geht Ihnen gut und Sie blicken zurück: Wie haben Sie es damals geschafft, die Krise zu bewältigen?» (Vgl. 2.3.1)

Mit dem Hebel-Thema beginnen
Bei der Suche nach Lösungen sollte man mit dem Thema beginnen, dem der Klient die größte Bedeutung beimisst:

«Was hätte, wenn es gelöst wäre, die größte Auswirkung auf Ihr gesamtes Erleben? – So, wie Sie sich kennen, mit welchem Thema müssten Sie beginnen, wenn Sie mit möglichst geringem Energieaufwand möglichst viel bewirken wollen?»

Ressourcen im aktuellen Umfeld aktivieren
In emotional belastenden Situationen ist es wichtig, mit dem Klienten gemeinsam zu überlegen, wo – abgesehen vom Coaching selbst – weitere Hilfsmöglichkeiten liegen. Hierzu gehören Fragen wie:

- Wenn Sie jetzt nach Hause kommen, wem können Sie sich anvertrauen?
- Mit wem könnten Sie ein tägliches Telefonat arrangieren, wo Sie berichten und wieder auftanken können?
- Wer in Ihrem Umfeld hat schon mal etwas Ähnliches erlebt und könnte Sie jetzt ein bisschen unterstützen?

Dieser Punkt ist für viele Führungskräfte ebenso heikel wie wichtig. Für die meisten bedeutet das Anfragen und Annehmen von Hilfe ein Eingeständnis der eigenen Schwäche, das sie mit ihrem Selbstverständnis – «Ich kann alles – und zwar alleine!» – nicht gut vereinbaren können. Andererseits bietet sich hier eine wichtige Lernerfahrung. Wie sollen sich viel beschworene Werte wie Teamfähigkeit, Kooperation und Offenheit in Unternehmen denn entwickeln lassen, wenn diejenigen, die hierfür Modell stehen müssten, schon selber nicht um Unterstützung bitten können?

2.6.3 Grundmotive und Verhaltensstile erkennen

Ein weiteres psychologisches Thema betrifft die unterschiedlichen Verhaltensmotive von Menschen. Besonders in Konflikten fragt man sich häufig, wie es kommt, dass sich andere so «unmöglich» verhalten. Wenn ein schwierig erlebtes Verhalten weder aus der Situation noch aus der Rolle des anderen erklärbar ist, besteht die Gefahr der Fehldeutung oder Entwertung.

Um die Unterschiedlichkeit von persönlichem Verhalten zu erklären, braucht man als Coach ein plausibles Modell. Ich nutze das

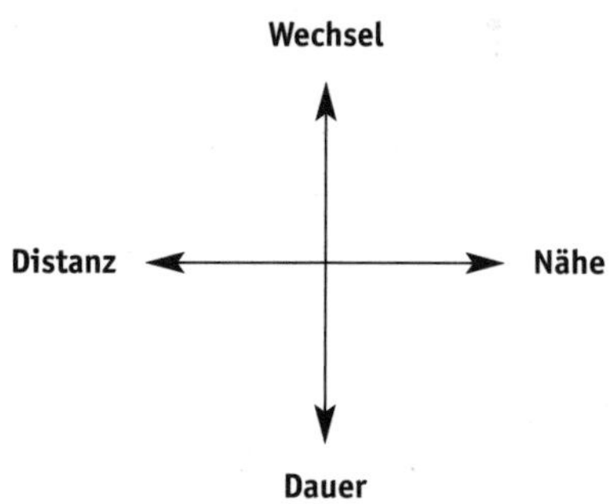

Modell der vier Grundstrebungen der Persönlichkeit

Modell von den vier Grundstrebungen der Persönlichkeit. Danach hat jeder Mensch vier früh entwickelte Grundstrebungen, die individuell unterschiedlich ausgeprägt sind: das Bedürfnis nach Nähe, nach Distanz, nach Dauer und nach Wechsel. (Riemann, 1969, und Thomann/Schulz von Thun, 1988, S. 146ff.)

Konflikte und Spannungen zwischen Menschen erklären sich oft durch unterschiedliche Ausprägungen dieser Bedürfnisse. Ein besseres Verständnis der verschiedenen Strebungen hilft, Konflikte zu entpersonalisieren und Unterschiede begreiflich zu machen.

Das Bedürfnis nach **Nähe** erfüllt sich im beruflichen Umfeld durch freundlichen und offenen Umgang, durch gegenseitige Hilfestellung, persönliches Interesse, vertrauensvolle und verbindliche Zusammenarbeit. Mit einem stark ausgeprägten Nähebedürfnis ist häufig eine Tendenz zur Konfliktvermeidung verbunden.

Das Bedürfnis nach **Distanz** äußert sich in Wünschen oder Forderungen nach Abgrenzung, Unabhängigkeit, eigenen Aufgabenbereichen und Entscheidungsspielräumen. Menschen mit einem stark ausgeprägten Distanzbedürfnis brauchen einen Sicherheitsabstand, den man nicht ohne Eintrittskarte überschreiten darf. Von Kollegen mit ausgeprägten Nähebedürfnissen fühlen sie sich schnell bedrängt. Jede Form von Bevormundung, Kontrolle und Unfreiheit läuft dem Distanzbedürfnis zuwider.

Das Bedürfnis nach **Dauer** bezieht sich auf das Sicherheitserleben. Es erfüllt sich durch Ordnung, Struktur, Überschaubarkeit und Verlässlichkeit. Menschen mit stark ausgeprägtem Sicherheitsbedürfnis fühlen sich wohl, wenn sie wissen, woran sie sind und was auf sie zukommt. Auf Veränderungen reagieren sie mit einer gewissen Starre und Skepsis.

Das Bedürfnis nach **Wechsel** und Veränderung erfüllt sich im beruflichen Umfeld durch neue Aufgaben und Herausforderungen. Menschen mit stark ausgeprägten Bedürfnissen nach Veränderung lieben es, wenn neue Kollegen ins Team kommen, neue Projekte, Umstrukturierungen, Firmenwechsel oder Auslandsaufenthalte anstehen. Bei ihrem Streben nach Veränderung haben sie in der Regel gelernt, flexibel zu reagieren und zu improvisieren. Sie leiden aber schnell unter Monotonie, Langeweile und unter allen Arbeiten, die Geduld, Routine oder Ausdauer erfordern. Von Kollegen mit starkem Ordnungsbedürfnis werden diese Menschen schnell als unzuverlässig und sprunghaft erlebt.

Die vier Grundbedürfnisse nach Beziehungen (Nähe), Autonomie (Distanz), Sicherheit (Dauer) und Erkundung (Wechsel) sind von Geburt an beobachtbar. Daher kann man sagen, dass sie angeboren sind. Wer auf das eigene Leben schaut, stellt jedoch ebenso fest, dass die Bedürfnisse nicht konstant sind. Wieweit sie unser Leben bestimmen, ist abhängig von der persönlichen Erfahrung und der Lebenssituation. Daher gilt gleichermaßen: Die Bedürfnisse sind erlernt. Man spricht deshalb von angeborenen Dispositionen, die sich je nach Umwelterfahrung in unterschiedlichem Ausmaß gestalten.

Das Modell der vier Grundbedürfnisse eignet sich im Coaching zur Erklärung von Verhaltensunterschieden in Konflikten und als Raster zur Selbstreflexion.

Man erklärt die vier Persönlichkeitsstrebungen mit einer Zeichnung am Flipchart. Die entlastende Grundbotschaft für den Klienten lautet: *Menschen sind verschieden, und das ist normal.* Die Reaktion des anderen ist erklärbar aus seinem individuellen Erleben und aus seiner persönlichen Bedürfnisstruktur.

Wenn man den Klienten bittet, auf dem Flipchart einzutragen, wie er sich selbst erlebt und wo er seinen Kontrahenten einordnen würde, werden Konflikte oft unmittelbar sichtbar durch große Entfernungen der Positionen im Modell der vier Grundstrebungen. Das vorher oft nur diffus empfundene Gefühl von Ärger oder Unverständnis kann jetzt eingeordnet werden: Aha, wir verstehen uns auch deshalb nicht, weil wir so unterschiedliche Grundbedürfnisse haben in Hinblick auf Nähe, Distanz, Dauer und Wechsel.

Frau R leidet darunter, dass sie von ihrem Chef, Herrn Q, zu wenig Aufmerksamkeit für ihre Leistungen und zu wenig Feedback bekommt. Sie ist ständig verunsichert. Wenn sie nachfragt, sagt Herr Q: «Alles o. k.», und er drückt im Tonfall gleichzeitig aus, dass man ihn nicht weiter behelligen solle. Die vorgeschriebenen Mitarbeitergespräche schiebt er oft monatelang vor sich her. Im letzten Mitarbeitergespräch war die Bewertung ihrer Leistungen dann aber besser, als sie erwartet hatte. Frau R hatte den Eindruck, dass der Vorgesetzte dieses Gespräch eher ungern und möglichst schnell führte, während sie selbst sich auf ein ausführliches Feedback gefreut hatte. Sie nimmt Herrn Q übel, dass dieser so wenig persönliches Interesse an ihr hat. In der weiteren Exploration bestätigt sich der Eindruck, dass der Vorgesetzte mit allen Mitarbeitern so umgeht und es nicht um eine grundsätzliche inhaltliche Kritik an Frau R geht. Hier ist es sinnvoll, die offensichtlich unterschiedlichen Bedürfnisse nach Nähe und Distanz mit Hilfe des Riemann-Modells abzubilden und zu erklären:

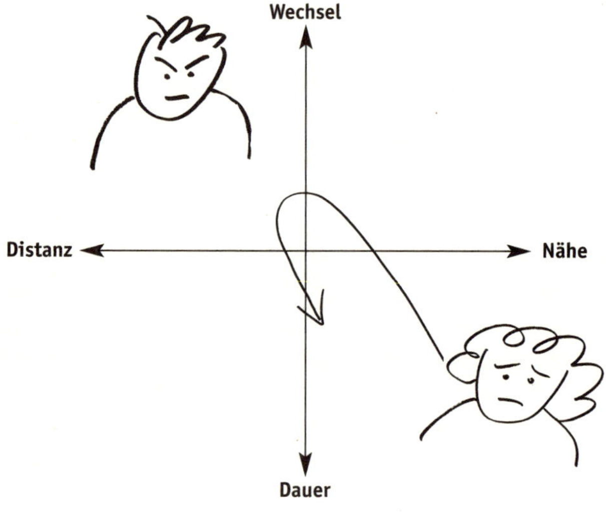

Die vier Grundstrebungen als Erklärungshilfe bei Konflikten

Dadurch wird zunächst ein akzeptierendes Verständnis der Persönlichkeit des anderen gefördert: «Aha, so funktioniert der also, so erlebt der das …» Gleichzeitig bewirkt der analytische Abstand, dass die Klientin das Verhalten des Chefs nicht auf sich persönlich beziehen muss. Da es im Coaching um Rollenanforderungen geht, sollte es allerdings nicht bei einer rein psychologischen Erklärung bleiben. Im nächsten Schritt wäre mit Frau R zu erarbeiten, wie sie ihre berechtigte Forderung nach Feedback und Anerkennung ihrer Leistungen dem Vorgesetzten so vermitteln kann, dass dieser auf seine Weise darauf reagieren kann. Zum Beispiel könnte sie ihm eine schriftliche Selbsteinschätzung geben und ihn bitten, ihr nur dort, wo er nicht übereinstimmt, oder besonders zu zwei Punkten eine genaue Rückmeldung zu geben.

Man kann die vier Grundstrebungen im Coaching auch als grundsätzliche Anforderungen betrachten und sich fragen, wieweit man bereit und in der Lage ist,

- Nähe einzugehen und Beziehungen zu gestalten,
- Distanz zu halten und autonom zu handeln,
- strukturiert und verbindlich vorzugehen,
- flexibel und (geistig) beweglich zu reagieren.

Besonders Menschen in Leitungsfunktionen sollten sich über ihre persönlichen Stärken und Grenzen im Umgang mit Nähe, Distanz, Dauer und Wechsel bewusst sein und die Konsequenzen reflektieren können: Wenn zum Beispiel ein stark sicherheitsbedürftiger Abteilungsleiter sein Team von Forschern und Entwicklern allzu formal kontrolliert, sollte er sich klar machen, was sein Arbeitstil bei Menschen mit anderer Bedürfnisstruktur bewirken könnte. Wenn im Coaching deutlich wird, wie hier zwei Bedürfniswelten und Verhaltenskulturen aufeinander prallen, ist das eine gute Basis, um im nächsten Schritt nach Lösungen zu suchen.

Das Modell der vier Grundstrebungen hilft dabei, Verhalten zu verstehen und sich besser auf die Bedürfnisse anderer Menschen einzustellen. Es trägt zur Entindividualisierung von Konflikten bei, indem Verhalten aus übergeordneten menschlichen Grundbedürfnissen erklärt wird. Die vier Ausprägungen der Persönlichkeit beschreiben etwas Grundlegendes und im zwischenmenschlichen Alltag Bedeutsames. Sie helfen auf schnelle und strukturierte Weise, sich in den anderen einzufühlen oder einzudenken.

Wenn man mit dem Riemann/Thomann-Modell arbeitet, sollte man sich aber auch über die Grenzen eines solchen Instrumentes klar sein: Kein Mensch ist mit vier Bedürfnis- oder Verhaltensausprägungen auf zwei Achsen vollständig beschrieben. Menschen sind komplexer, ein Modell ist immer eine Vereinfachung. Außerdem gibt es natürlich noch andere, im Arbeitsleben relevante Bedürfnisse, die mit diesem Modell nicht abgebildet werden, zum Beispiel Bedürfnisse nach Macht, Einfluss und Dominanz oder nach Bestätigung des Selbstwertgefühls.

2.7 Themenzentriert vertiefen

In diesem Kapitel sind vier methodische Vorgehensweisen beschrieben, die man im Coaching einsetzen kann, wenn man die Selbstreflexion des Klienten zu einer bestimmten Fragestellung gezielt vertiefen will. Diese Methoden erfordern mehr Vorbereitung, Zeit und Ruhe als einfache Fragen oder die schnelle Erklärung eines Modells.

2.7.1 Die Welt mit den Augen der anderen sehen

Wenn man Klienten gezielt dazu auffordert, sich gründlich in die Lage eines anderen zu versetzen, spricht man von **Rollentausch** und **Identifikationstechniken.** Im Rollentausch identifiziert man sich mit einer anderen Person und erlebt die Welt aus deren Perspektive. Wie hilfreich das Einnehmen anderer Rollen und Perspektiven zum Training sozialer Kompetenzen sein kann, lässt sich bei Kindern gut beobachten. Im Spiel können Dinge ausgesprochen oder ausprobiert werden, die für die Zukunft gelernt werden sollen.

Im Coaching lassen sich Rollentausch und Identifikationstechniken für drei Ziele nutzen:

- zum besseren Verständnis einer Situation aus verschiedenen Perspektiven,
- zur Klärung von Erwartungen, die an die berufliche Rolle gebunden sind (vgl. Kapitel 2.4),
- zur Vorbereitung auf schwierige Gespräche.

Wenn die persönliche Sichtweise des Klienten seiner Gesamtsituation nicht gerecht wird, sollte man die Perspektive der anderen Beteiligten einbeziehen. Besonders bei Sach- und Rollenfragen würde man dann zunächst empfehlen, mit diesen Personen in einen direkten Dialog zu treten. Ein direkter Austausch ist aber nicht immer sofort möglich und auch nicht immer sinnvoll. Gründe dafür können zum Beispiel sein:

- Die Personen, um die es geht, lehnen ein Gespräch ab.
- Der Klient möchte seine Fragestellung nicht veröffentlichen, weil es ihm peinlich ist oder weil er fürchtet, seine Lage zu verschlechtern.
- Der Klient rechnet nicht mit einer ehrlichen Antwort.

In diesen Fällen kann man durch einen inneren Rollentausch die Perspektiven der anderen Beteiligten erlebbar machen und für die Problemlösung nutzen. Der erste Schritt zur Identifikation mit anderen geschieht über **zirkuläre Fragen**: «Wenn ich Frau X fragen würde, was sie in dieser Angelegenheit von Ihnen erwartet, was würde sie mir antworten?» (Vgl. Kapitel 2.3.1) Manchmal reichen jedoch einzelne zirkuläre Fragen nicht aus, um sich wirklich auf die Welt des anderen einzulassen und mehr herauszufinden als das, was man sowieso schon zu wissen glaubt. Dann lohnt es sich, mehr Zeit aufzuwenden und den Klienten wie im folgenden Beispiel etwas systematischer beim Rollentausch zu unterstützen.

Herr S hatte das Angebot, die Nachfolge seines Abteilungsleiters anzutreten und somit Vorgesetzter seiner bisherigen Kollegen zu werden. Ihn beschäftigte die Frage, ob diese Kollegen ihn in der neuen Rolle akzeptieren und unterstützen – oder anfeinden und behindern würden. Das Angebot war ihm unter dem Mantel der Verschwiegenheit von seinem Chef unterbreitet worden. Dies ist eine typische Situation, in der sich ein Rollentausch mit den verschiedenen Beteiligten anbietet:

Um dem Klienten zu helfen, in die Haut eines anderen zu schlüpfen, führe ich mit den Personen, um die es geht, ein kleines Interview. Ich beginne mit einfachen allgemeinen Fragen, die der Klient, wenn er die Rolle des anderen einnimmt, in der Regel beantworten kann:

«Herr X, wie alt sind Sie jetzt? … Und wie lange sind Sie schon im Unternehmen? … Und in dieser Abteilung? … Was machen Sie da eigentlich genau? … Was können Sie besonders gut? … Was macht Ihnen besonders Spaß?»

Meistens befindet sich der Klient bereits nach wenigen Antworten so weit in der Rolle, dass er automatisch in Ichform spricht. Dann frage ich nach den Beziehungen und Bewertungen: «Und wie stehen Sie zu Herrn S? … Was ist das für einer – Ihrer Meinung nach? … Ich habe gehört, dass er die Abteilungsleitung übernehmen soll, wie finden Sie das? … Trauen Sie ihm das zu? ….Wären Sie selbst auch infrage gekommen? … Warum eigentlich nicht?»

Meine Gesprächshaltung in diesem fiktiven Interview ist einfühlsam und verständnisvoll wie beim aktiven Zuhören und absolut konfrontationsfrei. Es geht darum, den Klienten zu ermutigen, in der Rolle des anderen alles auszusprechen, was ihm in den Sinn kommt, auch Dinge, die die Person in der Realität vielleicht niemals sagen oder zugeben würde. Ich erkläre dazu, dass es bei der Identifikation im Rollenspiel nicht um tatsächliches Verhalten oder um die Wahrheit geht, sondern um Hypothesen über Einstellungen und Erwartungen des anderen. Die Kritik, die Herr S aus der Identifikation mit einem Gruppenleiter äußert, kann deutlich abweichen von dem, was dieser offen nach außen kommuniziert oder auf Nachfrage kommunizieren würde. Insofern ermutigt man in der Identifikation zu Interpretationen und Unterstellungen, allerdings im Dienst einer Erweiterung der Perspektiven. Das Ganze bleibt hypothetisch. Manchmal treten die Klienten deswegen im Interview aus ihrer Rolle und sagen: «Ich weiß nicht, wie er zu mir steht!» Meine Antwort ist dann: «Wie könnte er zu Ihnen stehen oder über Sie denken? Im Moment geht es erst mal darum, sich in den anderen hineinzuversetzen. Zum Beispiel, indem Sie sich fragen, wie es Ihnen an seiner Stelle gehen würde. Sie dürfen hier ohne Anspruch auf Wahrheit interpretieren. Wir prüfen dann später, was davon wichtig oder richtig sein könnte.»

Coach und Klient müssen die unterstellten Sichtweisen hinterher relativieren. Zunächst geht es aber darum, die Unterstellungen, die unterschwellig ohnehin vorhanden und emotional wirksam sind, ans Tageslicht zu fördern. Erst dann sind sie so konkret und greifbar, dass sie aus dem Rollenkontext reflektiert, verworfen oder auch als eigene Projektion erkannt werden können.

Es kommt vor, dass Klienten sich sehr intensiv auf einen Rollenwechsel einlassen und in der Identifikation Dinge erkennen und erleben, die ihnen vorher nicht zugänglich waren. Dann sollte man ihnen helfen, wieder aus der Rolle herauszufinden, zum Beispiel durch ein symbolisches Abschütteln der Rolle oder durch eine kurze Unterbrechung.

Wenn man den Klienten unterstützen will, zwischen verschiedenen Perspektiven deutlich zu unterscheiden, kann man auch mit verschiedenen Stühlen oder Plätzen im Raum arbeiten. Das erfordert allerdings vom Coach eigene Erfahrung im Umgang mit Rollenspielen und vom Klienten die Bereitschaft, sich auf diese spielerische Ebene auch einzulassen.

Chancen und Gefahren

Die Chance eines Rollentauschs liegt darin, die Perspektiven zu erweitern und zu einer ausgewogeneren Gesamtsicht zu finden. Voraussetzung für die Identifikation mit anderen ist die Fähigkeit, für eine gewisse Zeit von der eigenen Person Abstand zu nehmen. Während man – wie ein Schauspieler – in die Haut eines anderen schlüpft, verliert man mehr oder weniger den Kontakt zu sich selbst. Für die meisten Menschen ist das völlig unproblematisch. Kinder spielen schon im frühen Alter alle möglichen Rollen, ohne dass man es ihnen beibringen muss (Vater, Mutter, Kind, Polizist, Cowboy etc.).

Für Klienten, die momentan oder dauerhaft auf keinem festen Boden stehen, kann die vorübergehende Aufgabe der eigenen Identitätsperspektive beängstigend oder belastend sein. Aus diesem Grund sollte man niemanden zum Rollentausch drängen. In solchen Fällen kann man distanziertere Formen des Perspektivenwechsels wählen, indem man zum Beispiel zirkuläre Fragen stellt oder selbst die andere Perspektive einnimmt: «Wenn ich Ihr Kollege wäre, würde ich das Ganze skeptisch beäugen und sehr genau aufpassen, wie Sie mit Ihrer neuen Macht umgehen.»

Eine andere Form der Arbeit mit Identifikationstechniken finden Sie im nächsten Kapitel.

2.7.2 Mit Ambivalenzen umgehen

Viele Themen im Coaching drehen sich um Konflikte oder Entscheidungen, bei denen der Klient in einer inneren Ambivalenz gefangen ist: Soll er ein heikles Thema angehen oder besser nicht? Soll er den Schritt in die Selbständigkeit wagen oder eher auf Sicherheit bauen? Darf er eine leistungsschwache Mitarbeiterin versetzen, obwohl sie als allein erziehende Mutter dann weniger verdient? Darf er ein Aufstiegsangebot annehmen, das eigentlich einem Kollegen zustehen würde?

Um fundiert zu entscheiden, wie man vorgehen will, müssen oft mehrere innere Stimmen oder Seiten unter einen Hut gebracht werden. In der Führungsrolle kommt noch erschwerend dazu, dass auch widersprüchliche äußere Rollenanforderungen zur inneren Ambivalenz führen können. Als Coach braucht man dann eine Idee, wie man Klienten bei der inneren Klärung helfen kann.

Eine einfache und anschauliche Möglichkeit, innere Zwiespältigkeiten und Ungereimtheiten vorwurfsfrei anzuschauen, bietet die Metapher vom inneren Team.

Im Ambivalenzkonflikt

Zu Beginn der neunziger Jahre lief in Deutschland eine amerikanische Fernsehserie mit dem Titel «Viermal Herman». Immer, wenn der Titelheld Herman in Konflikte geriet – und das war regelmäßig der Fall –, wurden seine inneren Kämpfe und Auseinandersetzungen durch vier Schauspieler lautstark und detailreich zum Ausdruck gebracht, während Herman selbst mehr oder weniger ratlos zusah.

Die Schauspieler argumentierten aus den Perspektiven

- Lust und Genussfreude,
- Ehrgeiz und Leistungsbereitschaft,
- Angst und Scham sowie
- Bindungssehnsucht.

Damit brachte die Serie den Gedanken vom inneren Team auf den Punkt.

Die Idee, am Konflikt beteiligte innere Seiten der Persönlichkeit als inneres Team darzustellen, wurzelt in Identifikationstechniken aus Gestalttherapie und Psychodrama und ist inzwischen umfassend ausgearbeitet und dargestellt worden (Schulz von Thun 1998). Man kann natürlich auch andere Bilder wählen, um widersprüchliche innere Strebungen und Stimmungen zu beschreiben, zum Beispiel das Bild vom inneren Dialog, von der inneren Bühne oder Theatertruppe, von der inneren Konferenz oder Mannschaftsaufstellung. Im Coaching mit Führungskräften ist jedoch das Bild von einem inneren Team, das ebenso geführt werden muss wie das reale Mitarbeiterteam, besonders nahe liegend und plausibel. Auf diese Weise wird es zur Führungsaufgabe, die widersprüchlichen Seiten anzuhören und zu einer guten Kooperation zu bringen. Ebenso kann man vom inneren Unternehmen sprechen, in dem es verschiedene Abteilungen gibt, die gut kooperieren müssen. Dieses Bild habe ich bereits im Kapitel über Identität und Krisen benutzt (vgl. 2.6.2).

Identifikationstechniken wie die vom inneren Team sind im Coaching immer dann sinnvoll, wenn der Klient

- den inneren Hintergrund eines schwierigen eigenen Verhaltens besser verstehen,
- seine Position bei einer schwierige Entscheidungen finden oder
- sich auf eine schwierige Situation vorbereiten will.

Eigenes Verhalten besser verstehen

Wenn man ein eigenes Verhalten kritisch bewertet und sich der zugrunde liegenden Motive nicht bewusst ist, lohnt die Analyse mit dem inneren Team: Was treibt mich dazu, einen Auftrag anzunehmen, obwohl ich doch genau weiß, dass ich keine Zeit dafür habe? Wieso lege ich mich immer wieder mit Kollegen an, obwohl ich weiß, dass es mir hinterher Leid tun wird? Welche inneren Teammitglieder werden da aktiv und welche muss ich stärken, wenn ich zukünftig nicht weiter den gleichen Fehler machen will?

Nehmen wir wieder das Beispiel von Frau C: Sie leidet schon lange unter dem aggressiv-entwertenden Führungsstil ihrer Geschäftsführung und nimmt sich nun übel, dass sie zunehmend entnervt reagiert, statt wie gewohnt Angriffe und unterschwellige Entwertungen souverän zu kontern. Welche inneren Teammitglieder liegen hier im Streit?

Zunächst meldet sich eine «innere Preußin», die sagt: «Du musst dich zusammenreißen, es ist eben nicht immer alles Zuckerschlecken im Leben, da muss man sich ein dickes Fell zulegen und diszipliniert weitermachen!»

Als Nächstes meldet sich ein innerer Vertreter für Ehrgeiz und Erfolg: «Du hast es geschafft, in dieser männerdominierten Welt deinen Weg zu machen. Jetzt hast du eine spannende Position in einem renommierten Unternehmen, und endlich kannst du die Projekte durchführen, die du immer wolltest. Diese Position darf man nicht gefährden! So einen Job würdest du nie wieder bekommen! Sieh mal zu, wie du dich besser motivierst!»

Aufgefordert, doch auch die innere Abteilung für Motivation und Lebensfreude sprechen zu lassen, sagt Frau C: «Meine Energie ist verbraucht. Ich bin müde. In diesem Klima kann ich mich nicht erholen. Ich wünsche mir unkomplizierte Arbeitsbeziehungen und viel mehr Freizeit für mich und meine Familie. Das würde in diesem Unternehmen aber sowieso niemals akzeptiert. Wenn das so weitergeht, hab ich irgendwann gar keine Lust mehr, zu arbeiten.»

Auf die Frage, was denn die innere Stimme zu sagen hätte, die so genervt reagiert, sagt Frau C: «Ich bin es Leid, mich mit diesen Männern und ihren Machtspielen auseinander zu setzen. Ich bin empört, wie die mit mir – und mit Mitarbeitern überhaupt – umgehen. Und ich habe keine Lust mehr, mich zusammenzureißen und gute Miene zum bösen Spiel zu machen! Es reicht mir! Das hab ich doch nicht nötig!» Hier wird also, wenn auch zaghaft, die selbstbewusste Seite von Frau C deutlich.

Das innere Team von Frau C

Auf die Frage, ob es noch ein inneres Teammitglied gebe, das Frau C trotz ihres Ärgers und der schwindenden Lebensfreude an ihrer Position festhalten lässt, meldet sich noch ihre «Abteilung für materielle Sicherheit». «So viel wie hier wirst du nie wieder verdienen! In deinem Alter nimmt dich sowieso keine andere Firma! Wie willst du denn dein Alter absichern, zumal dein Mann grade ein sehr riskantes Geschäft aufbaut!»

Wenn die wichtigsten inneren Motive, die im Widerstreit liegen, gehört wurden und durch die Visualisierung am Flipchart auch sichtbar geworden sind, wächst das Verständnis für sich selbst. Der Coach kann dann in der Metapher vom inneren Team bleiben und fragen: «Was glauben Sie als Führungskraft, was hier passieren müsste, um zu einer besseren Kooperation im inneren Team zu kommen? Welche Mitarbeiter müssten Sie stärken? Wen in den Urlaub schicken oder mit neuen Aufgaben betrauen? Wen müssten Sie vielleicht auch neu einstellen oder aufbauen, damit dieses Team zu seiner Bestform auflaufen kann?»

Die eigene Position finden

Wenn Klienten in der Führungsrolle eine schwierige Entscheidung treffen müssen oder ihre Haltung in einer komplizierten Fragestellung klären wollen, verwende ich das Modell des inneren Teams in einer verdichteten Form, die sich stark an den Rollenanforderungen ausrichtet (in Anlehnung an Redlich, 2000).

Im folgenden Beispiel geht es um den Konflikt eines Abteilungsleiters mit einem altgedienten Kollegen. Herr T berichtet: «Ich leite eine DV-Abteilung. Dort steht der Wechsel zu einer hochkomplexen neuen Software an. Ich habe einen Mitarbeiter, der schon lange die alte Version verantwortlich betreut, der war früher Betriebswirt und ist als Autodidakt noch herausgewachsen aus der Lochkarten-Zeit. Dieser Mitarbeiter kommt jetzt an seine Grenzen. Wir wissen in der Abteilung alle, was die neue Software an Komplexität und Umorganisation mit sich bringen wird. Ich mag nicht einfach sagen: ‹Mach das›, weil ich weiß, er kann es nicht. Ich habe junge, kompetente Leute im Team, Informatiker, einen haben wir sogar von der Herstellerfirma abgeworben. Jetzt muss ich eine Entscheidung treffen, ob ich meinen altgedienten Mitarbeiter aus seiner Funktion herausnehme.»

Als Coach kann man hier die Idee des inneren Teams erklären und Herrn T bitten, zunächst mal vier «Standard-Teammitglieder» sprechen zu lassen, die in der Führungsrolle angelegt sind und daher unbedingt gehört werden müssen:

- den **Unternehmer**, der als Chef Leistung fordert und beurteilt und der Unternehmensinteressen durchsetzen muss,
- den **Teamcoach**, der die Entwicklung des ganzen Teams im Auge haben und dafür sorgen muss, dass die Bedingungen für die Entwicklung jedes einzelnen Mitarbeiters geschaffen werden und gerecht verteilt sind,
- den **Experten**, der die Situation fachlich beurteilt, und
- den **betroffenen Menschen**, der diese Rollenanforderungen umsetzen soll und dabei in einen Konflikt mit seinen persönlichen Werten, Wünschen und Interessen gerät.

Herr T. formulierte sein Erleben und seine Ziele aus den vier Perspektiven so:

«Als *Chef* hab ich einen Leistungsauftrag, dafür bin ich verantwortlich. Mir ist gleichgültig, wer die Arbeit macht, aber sie muss getan werden, und zwar richtig und in angemessener Zeit. Wenn der Mitarbeiter der Anforderung nicht gerecht wird, kann ich nicht verantworten, ihn in dieser Funktion zu lassen.

Als *Teamcoach* finde ich, jeder hat ein Recht auf Entwicklung. Auch er. Aber ich muss auch den anderen im Team gerecht werden. Die wollen sich weiterentwickeln und merken genau, dass dieser Mitarbeiter nicht mithalten kann. Die sehen genau, was passiert, die sind ja nicht blöd. Fürs Team ist es nicht gut, wenn einer, der nicht

Das innere Team im Führungskonflikt

die Leistung bringt, in der Funktion bleibt. Das macht den Leistungsstandard kaputt. Und für den Mitarbeiter selbst ist es ambivalent: Es kann ihn kränken, wenn ich ihn aus der Aufgabe nehme, aber es ist auch nicht gut für ihn, wenn er scheitert.

Als *Experte* ist die Sache für mich völlig klar: Es wird immense Anforderungen geben, wenn die neue Software mit den ganzen Umstrukturierungen kommt. Das schafft er nicht. Wir brauchen jemand, der schnell die Probleme, die ganz sicher kommen werden, in den Griff bekommt. Wir haben die Fachleute dafür.

Als *betroffener Mensch* ist es schwierig. Ich kenne diesen Mitarbeiter seit zehn Jahren. Früher waren wir Kollegen. Ich denke, dass ich ihn in den ersten Jahren als sein Chef vielleicht nicht genügend gefördert habe und auch nicht genügend konfrontiert, wenn er Leistungen nicht gebracht hat. Ich fühle mich schlecht und auch schuldig, wenn ich ihn da rausnehme. Am liebsten wäre mir, wenn er selbst merkt, dass er die Aufgabe abgeben muss. Andererseits möchte ich ihn auch davor bewahren, öffentlich zu scheitern. Lieber ihm jetzt wehtun, als ihn scheitern lassen.»

Nachdem die verschiedenen Seiten ausführlich zu Wort gekommen sind, ist es meistens leichter, sich für ein Vorgehen zu entscheiden und dieses Vorgehen dann auch zu begründen. Für Herrn T war nach dieser Sequenz klar, dass er den Mitarbeiter aus der Aufgabe nehmen wollte. Im nächsten Schritt konnte er sich auf das konkrete Gespräch vorbereiten.

Die Beschränkung auf diese vom Coach vorgeschlagenen inneren Teammitglieder ist für die meisten Klienten eine Erleichterung. Auf diese Weise muss auch der sachorientierte Distanzler nicht befürchten, plötzlich mit seinem ganzen Seelenleben konfrontiert zu werden. Manchmal ergeben sich allerdings noch weitere (Rollen-) Aspekte, die berücksichtigt werden müssen, und man braucht im inneren Team weitere Perspektiven, zum Beispiel den Ehepartner, das Familienoberhaupt, den Vereinsvorstand oder eine der inneren Identitätsabteilungen (Abteilungen für Gesundheit und Wohlergehen, für Beziehungen und Soziales, für Arbeit und Leistung, für Normen und Werte, für Finanzen und materielle Sicherheit, vgl. 2.6.2).

Wenn es einem Klienten schwer fällt, nach der Anhörung seiner verschiedenen inneren Stimmen ein Fazit zu ziehen, kann man auch einen inneren Teammoderator oder Berater einführen und fragen: «Wozu würde Ihr innerer Teammoderator / Berater denn nach dieser gründlichen Analyse raten? Wie sollen Sie jetzt weiter vorgehen?»

Wenn der Klient Arzt ist oder sich mit Medizin beschäftigt, würde man nach dem «inneren Arzt» fragen, einen Kapitän vielleicht nach dem «Lotsen», einen Schauspieler nach dem «Regisseur» etc. Ebenso sollten die oben beschriebenen Standard-Teammitglieder auf die Situation des Klienten bezogen formuliert werden.

Das Modell vom inneren Team bietet im Coaching viele Vorteile. Wenn man dabei Sprachbilder aus der Erfahrungswelt des Klienten benutzt, fällt es auch Menschen, die sonst wenig von sich preisgeben, erstaunlich leicht, sich mit ihren inneren Ambivalenzen zu befassen. Indem man sich mit seinen verschiedenen inneren Teamspielern identifiziert und sie wie eigenständige Personen ihre Nöte und Ziele erklären lässt, werden widersprüchliche innere Standpunkte gewürdigt, und es entsteht ein umfassendes Bild der Situation. Durch die Visualisierung am Flipchart wird gleichzeitig eine Distanzierungsmöglichkeit geschaffen.

Ähnlich wie ein Rollentausch setzt auch die Identifikation mit verschiedenen Aspekten der eigenen Person und Rolle voraus, dass man für eine gewisse Zeit spielerisch den Boden der faktischen Realität verlässt. Die Kunst des Beraters besteht darin, diese Momente angemessen kurz zu halten und immer wieder auf die Fragestellung zurückzuführen.

2.7.3 Die Zukunft entwerfen

Sie kennen vermutlich den Satz von Saint-Exupéry: «Wenn du ein Schiff bauen willst, lehre die Männer die Sehnsucht nach dem Meer.» Visionen sind motivierende, emotional stark geladene Vorstellungen von der Zukunft. Während Ziele schon Konzentrationspunkte für konkrete Anstrengungen darstellen, sind Visionen eher ganzheitliche, noch unscharfe Vorstellungen mit großer Anziehungskraft.

Die Idee, Menschen in Kontakt mit ihren Ressourcen zu bringen und aus diesem Zustand heraus motivierende Zielbilder zu entwickeln, hat in den letzten 20 Jahren auch einen triumphalen Einzug in die Konzepte der Unternehmensentwicklung gehalten. Ob für stra-

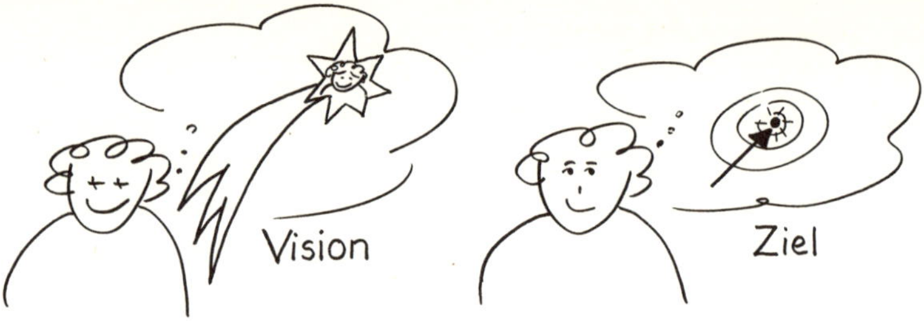

Vision und Ziel

tegische Ausrichtungen, Leitbilddiskussionen oder Kulturveränderungsprozesse – es ist üblich geworden, die motivierende Kraft von Zielbildern zu nutzen. Die Begeisterung, mit solchen Visionen zu arbeiten, schlägt allerdings in Frustration um, wenn der Zukunftsentwurf nicht in realistische Ziele und sinnvolle Handlungsschritte übersetzt wird, die dann auch in ihrer Umsetzung begleitet werden.

Visionsarbeit eignet sich im Coaching immer dann, wenn man aktuelle Fragen in einen weiter gefassten Sinn- und Zielzusammenhang einbetten will und eine neue Ausrichtung gefunden werden soll, zum Beispiel

- bei existenziellen Entscheidungen mit starker Ambivalenz,
- bei festgefahrenen Problemzuständen,
- bei Sinn- und Motivationsverlust,
- als Entwicklungsimpuls bei Fragen der Lebens- und Karriereplanung.

In diesen Fällen lohnt es sich, im Coaching einen Rahmen für die grundsätzlicheren Fragen zu schaffen:

- Wo will ich mittel- und langfristig hin?
- Wofür will ich mich einsetzen?

- Was will ich bewirken?
- Was will ich langfristig von der Arbeit, vom Leben haben?

Frau C, deren inneres Team Sie im letzten Kapitel kennen gelernt haben, war trotz beachtlicher äußerer Erfolge nicht mehr motiviert. Sie wollte im Coaching neue Strategien im Umgang mit ihrem Unternehmen entwickeln. In der Visionsarbeit malte sie sich eine Arbeits- und Lebenslandschaft aus, die mit ihrer aktuellen Realität – besonders mit den Erwartungen ihres Top-Managements – unmöglich zu vereinbaren war. Die Vision leitete einen Prozess ein, in dem sie sich mit ihren Verarmungsängsten auseinander setzte und nach einiger Zeit als Unternehmensberaterin selbständig machte. Eine Lösung, die für sie zu Beginn des Coaching völlig indiskutabel war. Die Visionsarbeit ermöglichte Frau C, ihre Kompetenzen und Ressourcen besser wahrzunehmen und Mut zu fassen, sich mit 44 Jahren eine passendere Arbeitssituation zu gestalten. Sie war entgegen ihren ursprünglichen Überzeugungen als Selbständige schnell äußerst erfolgreich.

Die Arbeit mit Visionen kann aber auch ohne aktuellen Problemdruck einen wichtigen Entwicklungsimpuls setzen.

Um einen motivierenden Zukunftsentwurf für eine längere Zeitperspektive zu entwickeln oder die aktuelle Situation aus einer längerfristigen Lebensperspektive zu betrachten, könnte man als Coach einfach hypothetisch fragen:

- Mal angenommen, wir treffen uns in fünf Jahren wieder ... Sie sind erfolgreich und zufrieden ... Was erzählen Sie mir über Ihr Leben und Ihre Arbeit?

Dann würde man aber nur erfahren, was im Bewusstsein des Klienten ohnehin obenauf liegt. Wenn der Entwurf kreativer, mutiger und auch näher an den unbewussten Motiven und Wünschen ausgerichtet werden soll, braucht es etwas Einstimmung und einen Rahmen, in dem der Klient sich auf diese Fragen einlassen kann: einen ungestörten Raum und ausreichend Zeit, die gefundene Vision dann auch zu verarbeiten. Nach meiner Erfahrung sollte man sich eineinhalb bis zwei Stunden Zeit für die Visionsarbeit nehmen und sicherstellen, dass sich der Klient anschließend noch eine «Verdauungspause» einrichten kann, bevor er ins nächste Meeting stürzt.

Wenn man für den notwendigen Rahmen gesorgt hat, erfordert der Arbeitsprozess vier Schritte:

1. Die Zukunft entwerfen.
2. Konkrete Ziele formulieren.
3. Entscheiden: Welche Ziele will ich wirklich verfolgen?
4. Die Umsetzung planen bzw. erste Schritte entwickeln.

1. Die Zukunft entwerfen

Die Anleitung, die man als Coach zur Entwicklung eines Zukunftsentwurfs gibt, soll dem Klienten helfen, gewohnte Denkmuster zu überwinden und Zugang zur eigenen Intuition zu finden. Der Entwurf sollte das ganze Leben einbeziehen und sich nicht nur auf das Thema Arbeit und Leistung konzentrieren. Es gibt viele Wege, um diese Vorgabe zu erreichen. Ich bevorzuge das folgende Vorgehen:

Zunächst bestimme ich mit dem Klienten die zeitliche Perspektive für den Zukunftsentwurf. Das können kurze Zeitspannen sein wie zum Beispiel ein bis zwei Jahre, mittlere Zeitspannen von fünf bis zehn Jahren, aber auch zwanzig Jahre und mehr.

In der Gedankenreise lasse ich durch Pausen und ruhige Stimmführung eine meditative Atmosphäre entstehen. Die Formulierungen wähle ich so, dass sie für den Klienten jederzeit nachvollziehbar bleiben und er sich aus verschiedenen Angeboten aussuchen kann, was für ihn passt.

Die Vision soll mit allen Sinnen erlebbar werden (Hören, Sehen, Fühlen, Riechen, Schmecken). Ich versuche, mich in der Anleitung zunächst sprachlich auf die Sinneswahrnehmung einzustellen, die der Klient bevorzugt benutzt, und im weiteren Verlauf der Anleitung dafür zu sorgen, dass die anderen Sinne auch einbezogen werden. Wenn ich zum Beispiel merke, dass Klienten Probleme haben, Bilder entstehen zu lassen, spreche ich zu Beginn eher vom Hören oder Fühlen. Bei der Anleitung zur Vision scheint mir wichtig, dass man als Coach die eigenen Worte findet und nicht einen fremden Text abspult. Hier ein Beispiel, wie diese Anleitung bei mir klingt. Pausen sind jeweils durch Punkte dargestellt:

«Um die Zukunft zu erschaffen, brauchen wir zunächst einen entspannten Zustand frei schwebender Aufmerksamkeit. Bitte versetzen Sie sich in eine Situation, die für Sie entspannend ist, egal ob das in der Badewanne ist, im Liegestuhl auf der Terrasse, am Kamin, auf einer Wanderung oder was sonst für Sie Entspannung bedeutet … (längere Pause) Jetzt stellen Sie sich vor, es sind zwei (5,10 …) Jahre vergangen … Wir befinden uns im Jahre (…). Sie sind zwei (5, 10) Jahre älter …, alles ist genau so geworden, wie Sie es sich gewünscht haben … Sie leben genau so, wie es für Sie stimmt … Sie tun genau das Richtige …, ohne sich zu überfordern – oder sich zu unterfordern … Ihre Kräfte und Kompetenzen, Ihre Stärken und Potenziale können sich voll entfalten … Sie fühlen sich sicher und lebensfroh …

Nun schauen Sie sich um … (hören Sie … nehmen Sie die Atmosphäre wahr …).

Welche Szenen … Farben … Bilder … Geräusche … Gerüche … Gefühle nehmen Sie wahr? …

Wie wohnen und leben Sie jetzt? …

Mit welchen Menschen sind Sie zusammen? …

Was gibt Ihrem Leben Sinn? …

Welche Werte leiten Ihr Handeln? …

Wie hat sich Ihre berufliche Situation verändert? …

Woran arbeiten Sie … und mit wem? …

Achten Sie auch auf Ihr körperliches und seelisches Befinden! … Wie tanken Sie Energie auf? …

Wie pflegen und erhalten Sie Ihre Gesundheit und Ihre Leistungsfähigkeit? …

Was tun Sie dafür, das Sie sich seelisch ausgeglichen und reich fühlen? …»

2. Konkrete Ziele formulieren

Nach der angeleiteten Selbstbesinnung bitte ich den Klienten, mir von seiner Reise zu erzählen und mit mir gemeinsam mögliche Ziele zu formulieren, die in der Vision enthalten sind. Die Ziele notiere ich auf dem Flipchart und achte darauf, dass sie in der Ich-Form, in der Sprache des Klienten, *selbst erreichbar* und *konkret-messbar* formuliert sind (vgl. 2.3.3).

3. Entscheiden

Wenn die Vision dann in eine Liste von konkreten Zielen übersetzt ist, bitte ich den Klienten, zu entscheiden, was davon er sich hier und jetzt konkret vornehmen will. Ich ermutige ihn, sich nur die Ziele wirklich vorzunehmen, die er mit Sicherheit auch in einem Jahr noch mit Energie verfolgen möchte, und alles andere zunächst lieber auf der Visions- und Wunschebene zu lassen und darauf zu vertrauen, dass motivierende innere Bilder und Wünsche auch von selbst ihre Kraft entfalten können.

4. Umsetzung sichern

Die Ziele, für die sich der Klient entscheidet, prüfen wir dann auf Wirkungen und Nebenwirkungen (Ökocheck) und beschreiben die Schritte zur Umsetzung. Beides geschieht aus der hypothetischen Rückschau: «Wenn Sie aus dem Jahr X auf die Situation heute zurückschauen …

Was waren die ersten Schritte auf dem Weg zu diesem Ziel?

Mit welchen Wirkungen und Nebenwirkungen mussten Sie rechnen und umgehen?

Wie haben Sie es geschafft, diesen Weg auszuprobieren und durchzuhalten?»

Aus den Ideen für die Umsetzung werden dann konkrete erste Schritte und die Art der Umsetzungsüberprüfung festgelegt.

Chancen und Gefahren

Wenn es gelingt, mit einem Zukunftsentwurf neue Ziele zu entdecken und eine neue Ausrichtung im Handeln zu finden, sind das oft bewegende Momente im Coaching. Die Bilder, die in diesen Prozessen entstehen, können wie eine Leitschnur für die weitere Beratung genutzt werden. Sie sind für den Klienten oft noch Jahre später bedeutsam und mit einer motivierenden Kraft aufgeladen.

Damit eine Vision entstehen kann, muss der Klient offen dafür sein, sich auf diese kreative und spekulative Arbeitsform einzulassen. Wer in vielschichtigen Problemen festhängt, ist aber nicht immer in der Lage, die Realität weit hinter sich zu lassen. Der Coach muss dann bereit sein, sich zunächst mit liebevoller Gründlichkeit der Problemlandschaft des Klienten zu widmen und dessen Situation zu verstehen. Danach kann man auch Skeptikern plausibel machen, dass es sinnvoll ist, die Ziele für das weitere Vorgehen aus einer langfristigen (Lebens-)Perspektive zu entwickeln.

2.7.4 Aus der Vergangenheit lernen

Ist Ihnen bewusst, wie Sie die Krisen in Ihrem Leben bewältigt haben? Welche Ihrer Stärken und Eigenarten Sie befähigen, Konflikte durchzustehen? Warum Sie auf bestimmte Führungspersonen oder Konfliktkonstellationen immer wieder allergisch reagieren? Wie Sie selbst Autorität sind? Was Sie brauchen, um motiviert arbeiten (und leben) zu können? Je differenzierter man diese Fragen für sich selbst beantworten kann, desto offener und flexibler wird man sich in verschiedenen Rollen und in kritischen Situationen bewegen.

Im Coaching braucht man deshalb Techniken, mit denen man die gezielte Selbstreflexion in diesen Themen fördern kann. Hierfür eignen sich besonders gut **Panoramatechniken**: Der Coach ermöglicht dem Klienten durch eine gezielt angeleitete Selbstbesinnung, seine persönliche Lern-Geschichte zu einem bestimmten Thema als «Panorama» zu erleben.

Durch den Panoramablick werden wiederkehrende Strukturen erkannt, das Verständnis der eigenen Identität gefördert und die persönliche Geschichte gewürdigt. (Vgl. Heinl, 1985, und Becker, 1988)

Ich nutze Panoramatechniken im Coaching, wenn Klienten grundlegende Fragen ihrer (Führungs-)Rolle klären wollen, die gleichzeitig das eigene Identitätserleben und ihre zugehörigen Einstellungen, Werthaltungen und Verhaltensweisen berühren. Dies sind insbesondere Fragen zu drei Bereichen:

Die persönliche Lern-Geschichte als Panorama erleben

- Wie kann und will ich mit **Macht und Verantwortung** umgehen? Wie kann ich für meine Mitarbeiter oder Kollegen Autorität sein (meistens mit der Zusatzfrage: ohne autoritär zu sein)?
- Wie kann ich **Konflikte** so austragen und klären, dass es zu mir als Person passt und meiner Rolle gerecht wird?
- Welche Themen fordern mich langfristig heraus? Wohin sollte ich mich orientieren, um meine langfristige **Motivation und Leistungsbereitschaft** zu erhalten?

Herr U leitet einen Vertriebsbereich in einem Versicherungskonzern. Bei einer Unternehmensbefragung zur Mitarbeiterzufriedenheit hat er sehr kritische Rückmeldungen zu seinem Führungsverhalten bekommen. Sein Führungsstil wird von den deutlich jüngeren Mitarbeitern als autoritär und wenig teamfördernd erlebt. Herr U versteht zwar intellektuell, dass mit dieser Kritik neue Anforderungen an ihn gestellt werden, er kann sich aber nicht recht vorstellen, wie sich das von ihm erwartete Verhalten mit der Führungsrolle verbinden lässt. Außerdem bewegt ihn die Frage: Kann und will ich (das) – in meinem Alter – noch (um)lernen?

Über ein Autoritätspanorama konnte er seine Erfahrungen mit den bisher erlebten Autoritäten seiner Biographie reflektieren: Von welchen Autoritätsmodellen wurde er geprägt? Was hat er von ihnen gelernt und in sein eigenes Repertoire übernommen? Wovon grenzt er sich bewusst ab? Mit welchen Autoritäten gab es Erfahrungen («unentdeckte Perlen»), die ihm jetzt nutzen können und die er in sein eigenes Verhalten integrieren möchte?

Diese systematische Suche nach Ressourcen lohnt sich, weil es den meisten Menschen leichter fällt, etwas zu lernen, was sie schon selbst erlebt und am eigenen Leib als angenehm erfahren haben. Durch die Rückbesinnung auf eigene Erfahrungen mit Autoritäten erhöht sich also die Effektivität des Lernens.

Herr U entdeckte in seinem Autoritätspanorama neben dem autoritären eigenen Vater und Großvater auch den längst vergessenen Vater eines alten Schulfreundes, den er als gütigen und seriösen

Herrn in Erinnerung hat. Dieser hatte sich für seine Gedanken, Ideen, Leistungen und Fähigkeiten immer sehr detailliert und wertschätzend interessiert. «Der hat meine Ideen manchmal ernster genommen als ich selbst und mich oft ermutigt, weiter am Ball zu bleiben.» Dieses Modell kann nun zum Anhaltspunkt für die eigene Ausgestaltung eines neuen Rollenverhaltens werden.

Für die Panoramaarbeit sollte man, ebenso wie für die Arbeit mit Visionen, einen ungestörten Raum sichern und ca. eineinhalb bis zwei Stunden einplanen. Der Prozess erfordert drei Schritte:

1. das Panorama anleiten,
2. die Erlebnisse aufschreiben, malen oder gleich erzählen lassen,
3. gemeinsam auswerten.

1. Das Panorama anleiten

Wenn das Panorama sinnvolle Antworten ergeben soll, muss die Fragestellung präzise sein. Je nachdem, was der Klient genau klären oder erreichen will, setzt man als Coach unterschiedliche Schwerpunkte bei der angeleiteten Rückbesinnung. Wenn es zum Beispiel um innere Konflikte bei Entscheidungen geht, wird man im Panorama andere Fragen aufwerfen als bei Fragen, die sich um wiederkehrende Konflikte mit Gruppen drehen.

Die Anleitung soll die persönliche Fragestellung aufgreifen und dem Klienten helfen, sich auf seine inneren Bilder und Gedanken einzulassen. In der Gedankenreise lasse ich – wie bei der Visionsanleitung – durch Pausen und ruhige Stimmführung eine meditative Atmosphäre entstehen. Das Panorama soll ebenfalls mit allen Sinnen erlebbar werden.

Wenn ich dem Klienten die Idee der Panoramatechnik und das Vorgehen erklärt habe und er einverstanden ist, beginne ich mit der Besinnungsanleitung. Das folgende Beispiel ist ein offen formuliertes Motivationspanorama. Pausen sind durch … gekennzeichnet. Meine Anleitung klingt dann etwa so:

«Ich werde mit Ihnen eine Reise durch Ihre Motivationsbiographie machen … Suchen Sie zunächst nach einer Situation in den letzten zwei Monaten, wo Sie ganz bei der Sache waren … wo Sie die Zeit vergessen haben … wo Sie Feuer und Flamme waren … wo Sie sagen würden: Das ist Arbeit und das macht Spaß! (Längere Pause. Wenn ich merke, dass der Klient keine Szene findet, fordere ich ihn auf, gedanklich weiter zurückzugehen bis zu einem Zeitpunkt, wo es so eine motivierte Arbeitssituation gab.)

Nun machen Sie es sich bequem, sodass Sie sich für eine Weile auf Ihre inneren Bilder und Gedanken einlassen können … Wenn Sie mögen, können Sie auch die Augen schließen … Erinnern Sie sich genauer an die Situation, die Sie gefunden haben, und erleben Sie die Gefühle, die mit Ihrem Engagement oder Ihrer Faszination für diese Arbeit verbunden waren …

Nun untersuchen Sie diese Situation wie eine Filmszene, die Sie anhalten und genauer ausleuchten können:

- Worum geht es? …
- Wie ist es dazu gekommen? …
- Sind andere beteiligt oder sind Sie allein am Werk? …
- Woran könnten Außenstehende merken, dass Sie in dieser Situation hoch motiviert sind? …
- Was waren die Konsequenzen aus dieser Situation? …
- Wenn Sie das Ganze zusammenfassen: Was hat Sie in dieser Situation so motiviert? …
- Welches wichtige Bedürfnis hat sich für Sie erfüllt? – (Etwas längere Pause)

Jetzt entfernen Sie sich gedanklich, indem Sie sich diese Szene nochmal mit Abstand von oben anschauen … Begeben Sie sich nun auf eine Zeitreise … Gehen Sie x Jahre Ihrer Lebensspanne zurück (ungefähr ein Fünftel des Alters des Klienten) … Betrachten Sie zunächst aus dem großen Abstand: Was war da in meinem Leben los? … Dann landen Sie und schauen sich genauer um (hören hin …

nehmen wahr ...) ... und suchen wieder eine Szene aus dieser Zeit, wo Sie ganz bei der Sache waren ... wo Sie die Zeit vergessen haben ... wo Sie Feuer und Flamme waren ... wo Sie erlebt haben: Das ist Arbeit und das macht Spaß! (Etwas längere Pause)

- Worum geht es? ...
- Wie ist es dazu gekommen? ...
- Sind andere beteiligt oder sind Sie allein am Werk? ...
- Woran könnten Außenstehende merken, dass Sie in dieser Situation hoch motiviert sind? ...
- Was waren die Konsequenzen aus dieser Situation? ...
- Wenn Sie das Ganze zusammenfassen: Was hat Sie in dieser Situation so motiviert? ...
- Welches wichtige Bedürfnis hat sich für Sie erfüllt?»

Die Anleitung für die nächsten beiden Stationen folgt diesem Modell. Beim letzten Abschnitt heißt es dann: «Gehen Sie nun zurück bis zu dem Zeitpunkt, wo Sie zum ersten Mal erlebt haben: Das ist Arbeit und das macht Spaß! ...», und nach der entsprechenden Pause: «Nun gehen Sie die gesamte Zeitspanne zurück und halten das Wichtigste aus den verschiedenen Szenen wie Schnappschüsse fürs persönliche Fotoalbum fest!»

2. Aufschreiben, malen oder erzählen lassen

Nach dieser Anleitung frage ich den Klienten, ob er seine Eindrücke zuerst aufschreiben oder lieber gleich darüber berichten möchte. Wenn man das Erleben vertiefen will, kann man dem Klienten auch vorschlagen, seine Eindrücke in Bildern auf einem Flipchart festzuhalten. Dann lasse ich mir die wichtigsten Szenen erzählen und achte besonders auf Gemeinsamkeiten: Gibt es eine wiederkehrende Struktur oder einen roten Faden?

3. Gemeinsam auswerten
Zunächst frage ich den Klienten, welche Gemeinsamkeiten oder Zusammenhänge ihm selbst auffallen. Dann gebe ich meine Eindrücke wieder. Wenn ich den Klienten offen und bereit zur weiteren Vertiefung erlebe, frage ich aktiv weiter, zum Beispiel:

- Wie viel von dem, was Sie brauchen, um motiviert zu arbeiten, ist in Ihrer aktuellen Arbeitssituation vorhanden?
- Wo können sie etwas davon erleben? Wo und wie tanken Sie Energie?
- Was könnten Sie selber tun, um mehr davon im Alltag zu erleben?
- Was würde Ihre beste Freundin sagen, was Sie tun könnten?

Chancen und Gefahren

Die Panoramatechnik ermöglicht die fokussierte tiefere Bearbeitung eines Themas und damit ein tieferes Verständnis der eigenen Identität. Bei der systematischen Rückbesinnung werden oft verschüttete oder vergessene Fähigkeiten und Ressourcen wieder entdeckt. Wer mit dieser Technik arbeitet, sollte sich aber klar machen, dass der meditative Rückblick nicht nur Ressourcen und Erfreuliches, sondern auch ungelöste Konflikte und unverarbeitete Erfahrungen in Erinnerung rufen kann. Das ist im Prinzip nicht schlimm, bedeutet aber, dass der Coach mit diesen Themen rechnen und deshalb einen größeren Zeitrahmen einplanen muss. Außerdem sollte er bereit und in der Lage sein, die Geister, die er rief, auch wieder einzusammeln bzw. die Erfahrungen mit dem Klienten einzuordnen und in ihrer Bedeutung zu würdigen (vgl. Kapitel 3).

3. Die Werkzeuge verantwortungsvoll einsetzen

Coaching bedeutet oft eine Gratwanderung. Der Klient muss sicher sein können, dass Organisations- und Sachprobleme nicht psychologisiert und individualisiert werden. Andererseits dürfen individuelle Probleme aber auch nicht versachlichend «wegorganisiert» werden. Bei der Navigation im Coaching-Prozess müssen die Möglichkeiten und Grenzen in beide Richtungen immer wieder austariert werden. Manches Verhaltensziel lässt sich ohne eine gewisse Persönlichkeitsnähe und Gefühlstiefe im Coaching nicht erreichen. Andererseits lässt sich auch manches, was einem vordergründig als Verhaltensproblem angetragen wird, durch eine sachlich-methodische Beratung ausräumen. Um die Werkzeuge verantwortungsvoll einzusetzen und zu wissen, welches Mittel wann und in welcher Dosierung sinnvoll ist, muss der Coach drei Fragen beantworten können:

- Auf welcher Ebene spielt das Thema, bzw. auf welcher Ebene sollte es bearbeitet werden?
- Was bewirken die verschiedenen Werkzeuge?
- Wo ist die Grenze zwischen Coaching und Therapie?

3.1 Die richtige Bearbeitungsebene finden

Herr V, ein 39jähriger Personal- und Organisationsentwickler, hat sich selbständig gemacht. Er arbeitet nun in Kooperation mit einem Trainings- und Beratungsteam und ist dort aufgrund seiner Vorerfahrung derjenige, der am meisten von interner Prozessgestaltung versteht. Die anderen Kollegen kommen aus dem Vertrieb und sind sehr erfolgreich darin, Trainings als Produkte zu verkaufen. Man heißt Herrn V als gute Ergänzung willkommen, aber selbst in Projekten, in denen seine Prozesskompetenz gebraucht wird, dominieren die Kollegen. Herr V fühlt sich als «Schlusslicht», da sich die Vertriebler im Zweifelsfall immer schneller und lauter zu Wort melden als er. Seine Kompetenzen kommen nicht wirklich zum Tragen, und er ist sich nicht sicher, ob oder wie er in dieses Trainerteam passt.

Nun stellt sich die Frage, worauf und wie tief eingegangen werden soll. Viele Wege wären denkbar. Zum Beispiel könnte man mit dem persönlichen Verhaltensthema einsteigen:

- Was hindert Sie bisher daran, sich früher und entschiedener bemerkbar zu machen und die Kollegen, wenn nötig, in ihre Schranken zu verweisen?
- Angenommen, Sie würden sich früher und entschiedener bemerkbar machen und da, wo es von der Kompetenz her stimmt, auch die Steuerung beanspruchen – was würde passieren?
- Wie könnten Sie lernen, sich selbst stärker in den Mittelpunkt zu stellen?

Man könnte auch zunächst der Frage nachgehen, welche Bedeutung Herr V der Kooperation langfristig beimisst:

- Wenn wir uns in zehn Jahren wieder treffen und Sie sind äußerst erfolgreich und berichten mir, was Sie jetzt machen und wie Sie dahin gekommen sind, was erzählen Sie?

Oder man weitet die persönlich-strategische Perspektive noch stärker aus und schlägt vor, die Frage des Klienten über eine Visionsarbeit gleich systematisch in den größeren Rahmen der Karriere- und Lebensplanung einzubetten.

Ebenso wäre denkbar, ganz sachlich über Prinzipien der Co-Leitung zu sprechen und Vorschläge zu machen oder Ideen entwickeln zu lassen, welche Spielregeln helfen könnten und wie man mit den Kollegen auf eine gute Weise ins Gespräch darüber kommen könnte. Das wäre dann eher methodisch-instruierend.

Ob einer dieser Wege besser oder schlechter ist, kann nur im Dialog mit dem Klienten herausgefunden werden: Wo möchte er selbst den thematischen Hebel ansetzen? Unabhängig davon, welchen thematischen Zugang man wählt, muss der Coach auch die angemessene Bearbeitungsdichte und Bearbeitungstiefe finden. Die Frage, wie persönlich und gefühlsnah man arbeiten kann, hängt von folgenden Kriterien ab:

- Vom **Wunsch des Klienten**: Auf welche Persönlichkeitsnähe und Gefühlsdichte möchte er sich einlassen? Der erste Hinweis hierauf steckt meist in der Formulierung der Fragestellung, die der Klient anbietet. Wenn Herr V formuliert: «Wie kann ich meine Zurückhaltung überwinden und mich stärker in den Mittelpunkt stellen?», signalisiert er damit von vornherein seine Bereitschaft und sein Interesse an einer persönlichkeitsnahen Bearbeitung. Wenn Herr V formuliert: «Welche Schritte muss ich beachten, um beim nächsten Projekt von Anfang an in der ersten Reihe zu stehen?», möchte er das Thema vermutlich sachlich-distanzierter bearbeitet wissen. Der Coach muss diese impliziten Wünsche wahrnehmen und respektvoll mit ihnen umgehen können.
- Vom **Kontext** der Beratung: Erlauben das Setting und die Zeitstruktur eine gefühlsintensivere Bearbeitung? Coaching durch firmeninterne Berater oder durch Führungskräfte sollten eine allzu starke Gefühlsdichte eher vermeiden und sich auf der Ebene der Reflexion bewegen (siehe 3.2). Es gibt Unternehmenskulturen, in denen Gefühle (besonders von Schwäche) tabuisiert sind und deshalb im Coaching nur in feinsten Dosierungen zugelassen werden können. Der Klient muss in jedem Moment sicher sein, dass er die Steuerung über sein Verhalten behält.
- Von der **Beziehungsqualität** und gegenseitigen Akzeptanz zwischen Coach und Klient: Je besser und vertrauensvoller die Beziehung, desto leichter wird es dem Klienten fallen, sich auch auf Momente einzulassen, wo er nicht mehr jeden Gedanken

kontrollieren muss und sich das dazugehörige Erleben, vielleicht auch intensivere Gefühle, gestatten kann.

- Vom **Ausbildungs-** und **Erfahrungshintergrund** des Beraters. Wenn der Coach keine therapeutische Ausbildung und auch sonst wenig Erfahrung im Umgang mit Gefühlen (auch mit eigenen) mitbringt, ist es sicher sinnvoll, das Gespräch konsequent in sachlichen Fahrwassern zu halten.

3.2 Die Wirkung von Interventionen kennen

Wenn man als Coach die Methoden und Interventionen verantwortungsvoll einsetzen will, sollte man sich darüber im Klaren sein, was sie auslösen und bewirken können. Das wichtigste Unterscheidungsmerkmal ist hier: Fördert eine Intervention eher das tiefere Erleben oder bewirkt sie eher eine distanziert-sachliche Betrachtung? Beides ist für die persönliche Entwicklung notwendig und lässt sich als Wertequadrat abbilden:

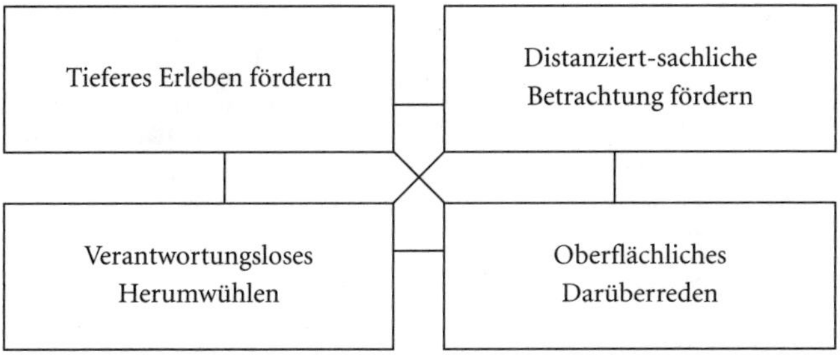

Um die Wirkung von Interventionen zu beschreiben, unterscheide ich im Coaching drei «Ebenen der Tiefung» in Anlehnung an ein Modell von Petzold (Petzold, 1977, S. 252). Diese Ebenen orientieren sich am Grad der rationalen Kontrolle, die man über sein Denken und Handeln hat.

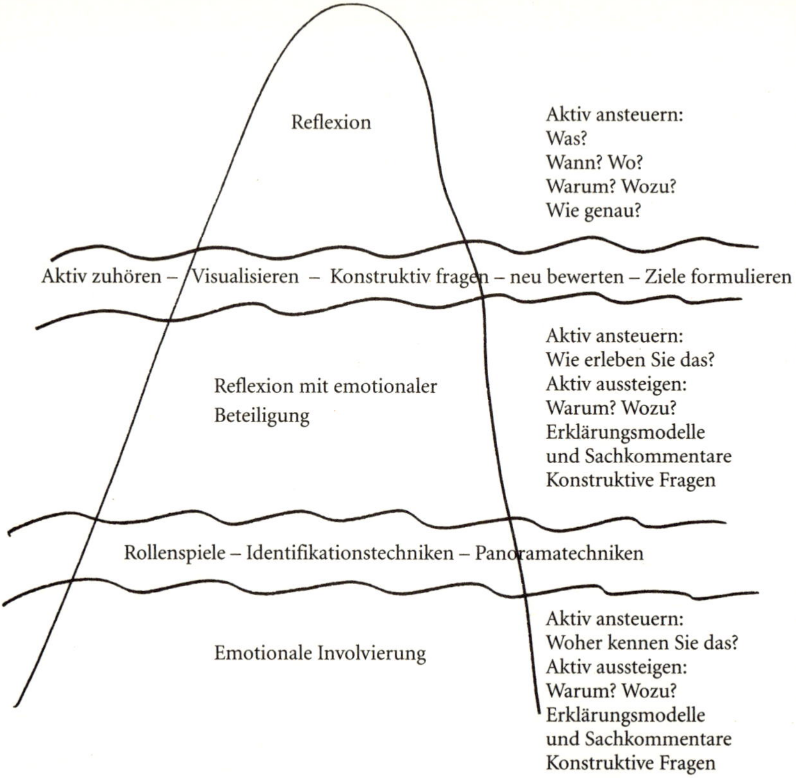

Die Ebenen der «Tiefung»

Reflexion

In der ersten Ebene der Reflexion hat man die volle Kontrolle über seine Beiträge. Hier geht es um sachliche Analysen und Kommentare. Fragen, die das Gespräch in dieser Ebene fördern, sind: Was? Wann? Wo? Wie genau? Warum? Wozu? Wenn man konkreter und schon eine Spur persönlicher und erlebensnäher werden will, fragt man: «Können Sie mir ein Beispiel geben und mal eine Situation schildern, in der Ihr Thema X besonders gut zum Ausdruck kommt?»

Reflexion mit emotionaler Beteiligung

Auf dieser Ebene vermischt sich die kontrollierte Reflexion schon stärker mit Bildern und Gefühlen und wird erlebnisintensiver. Die direkte Einstiegsfrage lautet: «Wie erleben Sie diese Situation?» Dabei bleibt für den Klienten immer noch offen, ob er über sein Erleben berichtet oder eher distanzierter antwortet («Ja, ich *denke*, in solchen Situationen erlebt man im Allgemeinen ...») Auf dieser Ebene bewegen sich die Interventionen, die ich in den Kapiteln 2.1 bis 2.3 beschrieben habe. Direkt ausgesprochene Anteilnahme, Zusammenfassungen beim aktiven Zuhören oder Visualisierungen können zu einer emotionalen Vertiefung beitragen, wenn sie dem Klienten aus dem Herzen sprechen. Konstruktive Fragen regen zu Reflexionen an und aktivieren gleichzeitig das Erleben aus verschiedenen Perspektiven:

- Woran merkt Ihr Kollege, dass Sie wütend werden?
- Mal angenommen, Ihr Problem wäre gelöst, Ihr Ziel wäre erreicht, was würde Ihre Frau sagen, was Sie dann anders machen würden?

Eine diskrete Möglichkeit zur Reflexion mit emotionaler Beteiligung sind auch reine Prozessinstruktionen, wie ich sie in Kapitel 2.3.1 beschrieben habe. Die Anleitungen zur Vision oder zu einem Panorama sind ebenfalls solche Prozessinstruktionen.

Emotionale Involvierung

Auf der nächsten Ebene der emotionalen Involvierung hat man nicht mehr die volle Kontrolle über das eigene Erleben. Das ist zum Beispiel in dem Moment der Fall, wo man Tränen nicht mehr zurückhalten kann oder vor Wut laut wird. Fragen, die eine tiefere Involvierung fördern, sind zum Beispiel:

- Woher kennen Sie das aus Ihrer Lebensgeschichte?
- An wen erinnert Sie dieser Vorgesetzte?
- Wie hat Ihr Vater damals seine Autorität ausgeübt?

Die Arbeit mit Panoramatechniken sowie alle Rollenspiel- und Identifikationstechniken können ebenfalls eine – manchmal unvermutet tiefe – Involvierung bewirken. Hier begibt man sich in den Grenzbereich zwischen Coaching und Therapie. Dieser Schritt erfordert das Einverständnis des Klienten ebenso wie eine entsprechende Ausbildung des Coach.

Man sollte deshalb diese Methoden nur einsetzen, wenn man ausreichend diagnostische Erfahrung hat und mit starken Gefühlen auch umgehen kann und will. Auch wenn im Coaching nicht gezielt eine tiefere emotionale Involvierung angesteuert werden sollte, bringen Klienten manchmal heftige Gefühle mit oder sie entstehen im Gespräch. Als Coach ist es dann wichtig, nicht panisch zu reagieren, sondern zu helfen, diese Gefühle zu akzeptieren und als natürliche Reaktion einzuordnen. Wenn man jemanden gezielt aus einer zu starken Involvierung holen will, eignen sich erklärende und einordnende Kommentare (vgl. Kapitel 2.5 und 2.6) und auch alle konstruktiven Fragen oder Reframings, die eine Distanzierung fördern und wieder zurückführen auf die Ebene der Reflexion (vgl. Kapitel 2.3.1 und 2.3.2).

3.3 Die Grenze zwischen Coaching und Therapie wahren

Im therapeutischen Rahmen unterscheidet man noch eine weitere Tiefungsebene. Hier ist die rationale Kontrolle erheblich reduziert und es kommt zu so genannten autonomen Körperreaktionen. In therapeutischen Prozessen kann es unter Umständen sinnvoll sein, diese Ebene gezielt zu fördern, zum Beispiel mit der Aufforderung, ein bestimmtes Gefühl «zuzulassen». Im Coaching hat diese Tiefungsebene jedoch nichts zu suchen.

Therapie ist nach meinem Verständnis die Behandlung von Krankheiten. Ziel von Therapie ist Gesundheit und die Befreiung von Symptomen mit Krankheitswert. Beratung (Coaching, Supervision, Klärungshilfe) versucht dagegen Klärungen und Lösungen zu finden für punktuell schwierige Situationen. Die angewandten Interventionsmethoden und Vorgehensweisen können ähnlich sein, zumal die meisten Beratungsmethoden im klinisch-therapeutischen Feld entwickelt wurden und werden. Beratung / Coaching kann – sozusagen im Nebeneffekt – ebenfalls zum Verschwinden von Symptomen führen. Wenn ein Konflikt gelöst ist, können zum Beispiel Kopf- oder Magenschmerzen verschwinden. Das Beseitigen von Symptomen mit Krankheitswert kann jedoch nicht Ziel von Coaching sein.

4. Coaching praktisch: Das konkrete Vorgehen

Während bisher die Methoden, Erklärungsmodelle und Interventionen im Vordergrund standen, möchte ich in diesem Kapitel den Coaching-Prozess beschreiben und zeigen, wie die verschiedenen Werkzeuge in den einzelnen Phasen des Coaching konkret genutzt werden können.

4.1 Aufträge klären

Je nachdem, in welchem Kontext ein Coaching stattfindet, sind unterschiedliche Vorklärungen zum Auftrag und zu den Rahmenbedingungen nötig. Wenn ein Klient als freiwilliger Selbstzahler zu einem externen Berater kommt, gibt es im Vorfeld nicht viel zu klären. Es reicht dann, wenn der Coach am Telefon kurz die Rahmenbedingungen für das erste Gespräch mit dem Klienten bespricht. Ist dagegen ein Dritter als Auftraggeber im Spiel, etwa ein Vorgesetzter oder ein interner Personalentwickler, und soll das Coaching vom Unternehmen finanziert werden, braucht der Coach einige Informationen und Klärungen im Vorfeld, um zu entscheiden, ob er den Auftrag so annehmen, ihn umformulieren oder ablehnen will (vgl. Benien, 1994).

Ziele klären

Zunächst möchte ich wissen, was durch das Coaching erreicht werden soll und woran der Auftraggeber den Erfolg dieser Maßnahme messen will. Dann interessiert mich, wer sonst noch Erwartungen an das Coaching hat und den Erfolg beurteilt. Und natürlich versuche ich auch herauszufinden, was bisher schon unternommen wurde, um diese Ziele zu erreichen. Schwierig wird es, wenn der Auftraggeber Zielvorstellungen hat, die ich als Berater unangemessen oder unrealistisch finde, unabhängig von dem konkreten Menschen, um den es gehen soll.

Vielleicht erinnern Sie sich an Herrn B aus Kapitel 1, dem sein Chef empfohlen hatte, doch mal in einem Coaching herauszufinden, wie er sein Verhalten gegenüber seinen Kollegen verändern könne. Herr B kündigte im ersten Telefonat an, sein Chef, Herr W, wolle zunächst ein Vorgespräch mit mir führen. In diesem Vorgespräch nannte der Vorgesetzte als Ziel, Herr B müsse lernen, in seiner Position mit komplizierten Gruppendynamiken geschickter umzugehen und sich bei Fach- und Interessenkonflikten im Führungskreis stärker zu positionieren und durchzusetzen. Dies sei im Ausland nicht nötig gewesen, weil er da als einziger Fachexperte Entscheidungen allein treffen konnte. Hier sei er aber von hochrangigen Fachleuten umgeben und müsse mit ihnen auch angemessen zusammenarbeiten können.

Auf meine Frage, ob er Herrn B diese Entwicklung zutraue, antwortete Herr W: «Nein. Eigentlich nicht. Herr B müsste eigentlich selbst erkennen, dass er für seine Führungsposition nicht geeignet ist. Etwas Vergleichbares wie im Ausland können wir ihm hier nicht anbieten. Hier gelten eben andere Gesetze. Am besten wäre, er ginge freiwillig zurück in eine reine Fachaufgabe. Aber vielleicht können Sie ihn ja irgendwie fit machen.»

Hier ist nun einiges an Klärung nötig. Ich kann als Coach weder zaubern, noch bin ich dafür zuständig, die unerledigten Führungsgeschäfte des Auftraggebers zu übernehmen.

Dreiecksverhältnis hinterfragen

Zunächst sollte man herausfinden, was den Vorgesetzten hindert, bei diesen Themen mit Herrn B selbst weiterzukommen, und aus welchen Motiven er hier seine Führungsaufgabe an den Coach delegieren möchte: Was hat Herr W bereits selbst unternommen, und warum ist er damit aus seiner Sicht nicht weitergekommen? Was möchte der Klient selber? Kennt und akzeptiert er die Sicht des Auftraggebers? Um diese Informationen zu bekommen, sind zirkuläre Fragen nützlich:

- Wenn ich Herrn B selber fragen würde, warum er dieses Coaching machen sollte, was würde er mir antworten?
- Wenn ich ihn fragen würde, wieweit Sie als Vorgesetzter mit ihm über dieses Thema schon gesprochen haben und was er glaubt, was Sie als seine Führungskraft konkret von ihm erwarten und was Sie ihm zutrauen – was würde er mir antworten?

Mit Fragen wie diesen erfahre ich etwas über den Klienten, vor allem aber auch über die Interaktion zwischen den beiden.

Um zu erfahren, mit welchen Konsequenzen der Klient – oder der Berater – rechnen muss, wenn die Ziele des Auftraggebers mit dem Coaching nicht erreicht werden, verwende ich ebenfalls zirkuläre Fragen: «Wenn ich Herrn B fragen würde, was er glaubt, welche Konsequenzen es hätte, wenn durch das Coaching Ihre Erwartungen nicht erfüllt werden, was würde er dazu sagen?» Der Vorgesetzte antwortete hierzu aus der Perspektive von Herrn B: «Das hätte keine äußeren Konsequenzen. Meine Position ist mir sicher. Aber es würde wohl eine noch gespanntere Stimmung entstehen, und vielleicht würde Herr W immer saurer werden und mich irgendwann auch mal öffentlich fertig machen.» Als Coach kann ich eher in einer moderierenden Position bleiben und die Interaktion kommentieren: «Das haben Sie jetzt in der Rolle Ihres Mitarbeiters ausgesprochen. Ist da was dran? Falls ja, wäre es wohl höchste Zeit, mit ihm zu einer Klärung Ihrer Erwartungen zu kommen.»

Hintergrundinformationen erfragen

Wenn die Ziele geklärt sind und ich bei dieser Klärung noch nicht genügend Hintergrundinformationen gewonnen habe, frage ich den Auftraggeber, was ich seiner Meinung nach im Vorfeld noch wissen sollte über Ziele, Strategien und die Führungssituation des Gesamtbereichs bzw. der betreffenden Abteilung. Auf jeden Fall will ich als potenzieller Coach noch wissen, wie der Auftraggeber oder das Unternehmen mit vergleichbaren Fragestellungen umgeht und welche Bedeutung bzw. welches Image eine Coaching-Maßnahme in der Umgebung des Klienten hat. Außerdem interessiert mich, welche internen Ressourcen genutzt werden können oder sollten (zum Beispiel interne Personalentwicklungsangebote, interne Berater oder Mentoren).

Rahmenbedingungen für die Beratung klären

Zum Abschluss werden die Rahmenbedingungen für die Beratung vereinbart. Hierzu gehören neben Kosten und Zeitrahmen vor allem der Umgang mit Informationen. Wenn ein Coaching einen Rahmen bieten soll, in dem offen auch an Schwächen und Schwierigkeiten gearbeitet werden kann, setzt das die Neutralität und Diskretion des Beraters voraus. Manche Vorgesetzte, die mit Coaching noch wenig vertraut sind, haben das Bedürfnis, vom Coach ein Feedback oder eine Diagnose über den Klienten zu bekommen. Dahinter steckt meistens Unsicherheit und manchmal auch eigener Beratungsbedarf. Der Coach sollte hier die Bedeutung der Neutralität begründen und dem Vorgesetzten empfehlen, selbst Zwischenbilanzen oder eine gemeinsame Auswertung mit dem Klienten vorzunehmen, um am Ball zu bleiben. Wenn der Klient zustimmt, können diese Zwischenbilanzen auch zu dritt mit dem Coach stattfinden. Der Coach hätte dann allerdings eher eine moderierende Rolle in der Gesprächsführung. Für interne Berater ist es an dieser Stelle besonders wichtig, sich nicht als psychologische Kontroll- und Beurteilungsinstanz instrumentalisieren zu lassen, sondern im Gegenteil durch gute Information und klares Rollenbewusstsein Autorität zu gewinnen. In jedem Fall sollte eine eindeutige Absprache getroffen werden, wie der Auftraggeber den Klienten informieren wird und ob eventuell noch ein Vorgespräch zu dritt stattfinden soll. Wenn der Auftraggeber kein gemeinsames Vorgespräch wünscht und sich auch nicht weiter in das Coaching einmischen möchte, sollte man sich zumindest sein Einverständnis sichern, ihn bei Bedarf hinzuzuziehen.

Manchmal fragen Auftraggeber explizit oder gleich zu Beginn nach dem Nutzen von Coaching. Dann ist es sinnvoll, etwas grundsätzlicher über Coaching und das eigene **Beratungsverständnis** zu informieren (vgl. Kapitel 1).

Wenn sich Auftraggeber und Coach noch nicht aus anderen Projekten kennen, wird häufig auch nach Referenzen sowie nach der Zugehörigkeit zu Scientology oder anderen Sekten gefragt. Da es für den Auftraggeber kaum kontrollierbar ist, was im Einzelcoaching tatsächlich abläuft, sollte der Coach für diese Fragen Verständnis haben und nicht etwa beleidigt reagieren.

Selbstklärung und persönliches Fazit (Entscheidung)

Die Auftragsklärung dient der ersten Überprüfung, wieweit die angestrebten Ziele im Rahmen eines Coaching mit angemessenem Aufwand erreicht werden können. Dazu gehört auch die Frage, ob ich als Coach für die konkrete Fragestellung geeignet bin. In der Unternehmenswelt ist diese Frage oft tabuisiert, und manche Auftraggeber sind zunächst irritiert, wenn man einen Auftrag begründet ablehnt oder an einen Kollegen weitervermittelt. Das hat zum einen damit zu tun, dass das Eingeständnis eigener Grenzen oft als

Schwäche gedeutet und in der Regel vermieden wird. Zum anderen scheinen aber die meisten Auftraggeber auch davon auszugehen, dass es für Berater in jedem Fall darum geht, den Auftrag zu bekommen. Eine Ablehnung bedeutet dann eine kleine Kränkung und sollte deshalb kundenfreundlich verpackt werden. Für mich gibt es drei Gründe, einen Auftrag nicht anzunehmen:

- Es gelingt nicht, sich mit dem Auftraggeber auf realistische Ziele und angemessene Rahmenbedingungen für das Coaching zu einigen, oder die Ziele passen nicht zu meinem Beratungs- und Rollenverständnis bzw. zu meinen Werten.
- Ich bin als Coach durch bestehende Kontakte, eigene Interessen oder meine aktuelle persönliche Situation zu verwickelt, um professionelle Distanz und Neutralität garantieren zu können.
- Mir fehlt als Coach die Fach- oder Feldkompetenz, die für diese Fragestellung sinnvoll wäre.

Im Fall von Herrn B habe ich einen männlichen Kollegen empfohlen, der selbst viele Jahre als Manager im Ausland gearbeitet hatte und als Ingenieur einen besseren fachlichen Zugang zu den komplexen Projekten hatte, für die Herr B verantwortlich war. Ich hatte im Vorgespräch mit dem Vorgesetzten den Eindruck gewonnen, dass es weniger um persönliche soziale Defizite von Herrn B als vielmehr um fehlende Methodik bei der Steuerung höchst komplexer Projekte ging, die sich dann in Konflikten auf der Beziehungsebene niederschlug. Auf meine Frage, wieweit der Vorgesetzte Herrn B bei der komplizierten Steuerung dieser Projekte selbst beratend unterstützen könne, stellte sich heraus, dass ihm hierzu die Erfahrung fehlte. Statt dies anzusprechen, hatte er Herrn B immer wieder – wohl eher durch die Blume – auf dessen mangelnde Durchsetzungsfähigkeit in den Projektgremien angesprochen und dieses vordergründige Verhaltensdefizit als Grund für die Coaching-Empfehlung genannt. Ich konnte Herrn W überzeugen, dass es sinnvoller sei, einen Berater zu suchen, der nicht nur mit Herrn B, sondern auch mit dem gesamten Führungsteam vor Ort an den aktuellen Projektfragestellungen arbeiten kann und der ausreichend Feldkompetenz und Stallgeruch besitzt, um von den stark fachorientierten Ingenieuren auch akzeptiert zu werden.

4.2 Die Coaching-Gespräche führen

Im Coaching-Gespräch orientiere ich mich an den Gesprächsphasen, die ich im Kapitel 2.2.1 schon kurz vorgestellt habe.

Phasen des Coaching-Gesprächs

4.2.1 Kontakt finden und Orientierung schaffen

Ziel der ersten Gesprächsphase ist es, eine gute Basis für den Dialog zu schaffen und ein Einverständnis zum Vorgehen herzustellen. Das gilt besonders im **Erstgespräch**. Die Fragen, die hier geklärt werden müssen, sind:

- Wie läuft das hier genau ab?
- Mit wem habe ich es hier zu tun?
- Können wir miteinander?

Je besser die Klärungen im Vorfeld waren, desto einfacher und schneller kann diese Phase in den Folgesitzungen durchlaufen werden. Wenn sich Klient und Coach aber zum ersten Mal begegnen, weil eine Auftragsklärung im Vorfeld nicht nötig oder nicht möglich war, sollte diese Phase bewusst gestaltet werden.

Kontakt finden – Sicherheit und Orientierung schaffen

Wenn sich Klient und Berater noch nicht kennen, werden beide – bewusst oder unbewusst – besonders auf die ersten Momente ihrer Begegnung achten. Gelingt es dem Coach, zu Gesprächsbeginn die Bedürfnisse des Klienten zu erfassen? Oder handelt er nach Schema F – zum Beispiel mit dem Einstiegsritual Kaffee anbieten und Smalltalk? Meistens gehen wir mit Klienten automatisch so um, wie wir es für höflich halten oder selber zu Beginn gerne hätten. Das muss aber nicht unbedingt auch deren Bedürfnis treffen. Manche Leute möchten keine höfliche Konversation, sondern wollen ohne Umwege zur Sache kommen. Andere möchten erst ein wenig von dem – hoffentlich freundlichen – Menschen sehen, bevor sie sich mit dem Berater auf das eigentliche Gesprächsthema einlassen. Wenn ich als Coach nicht einschätzen kann, was der andere zum Einstieg braucht, lohnt eine kleine Nachfrage: «Möchten Sie gleich loslegen, oder brauchen Sie erst mal eine kleine Unterbrechung, vielleicht auch einen Kaffee, um von Ihrem Tagesgeschäft abzuschalten und hier anzukommen?»

Gelingt es dem Coach, sich im Verlauf des Gesprächs auf den Klienten einzustellen? Nimmt er wahr, ob der Klient Augenkontakt sucht oder eher vermeidet, laut oder leise, stockend oder gehetzt spricht, Nähe sucht oder eher Abstand betont? Kann er sich auf die Sprache des Klienten einlassen, oder treffen hier schon zwei Welten aufeinander?

Aufträge, Rollen- und Rahmenbedingungen klären

Damit beide Gesprächspartner Verantwortung für ihr Handeln übernehmen können, sollten sich Coach und Klient über die Rahmenbedingungen, über Aufträge und Absprachen, über Rollenerwartungen und Konsequenzen eines Coaching bewusst sein. Wenn Klienten freiwillig und motiviert ins Coaching kommen und auch selbst die Kosten tragen, ist das relativ einfach. Je größer aber die

Einflussnahme oder der Druck von außen auf einen Coaching-Prozess sind, desto sorgfältiger muss diese Gesprächsphase gestaltet werden – vor allem dann, wenn im Vorfeld mit dem Klienten selbst noch keine Rollen- und Auftragsklärung gelaufen ist. Der Coach informiert dann über seine Aufgabe und Rolle als Berater und, falls nötig, über Aufträge von außen, Absprachen und Rahmenbedingungen, die zu berücksichtigen sind (vgl. 4.1). Gleichzeitig betont er die Selbstverantwortung des Klienten. Das klingt dann zum Beispiel so: «Das erste Gespräch dient dazu, Ihre Themen und Ziele zu klären und zu prüfen, ob ein Coaching erfolgversprechend sein kann. Mit der Personalentwicklung ist ein Rahmen von fünf Sitzungen für das Coaching vereinbart. Außer einer Aufstellung über die Termine gibt es von meiner Seite keine Rückmeldung an Ihr Unternehmen. Sie entscheiden also selbst, ob und wofür Sie diese Sitzungen nutzen wollen.» Hier geht es zunächst darum, sich als Berater zu zeigen und Transparenz über die Art der Zusammenarbeit zu schaffen. Die Kernbotschaft lautet: Wir sind Partner unter klaren und fairen Bedingungen.

Eine Richtlinie für den angemessenen Umgang mit Vorinformationen, die ja auch sehr kritisch sein können, bietet ein Satz von Ruth Cohn: «Was ich sage, muss wahr sein, aber ich muss nicht alles sagen, was wahr ist.» Ich sage also zum Beispiel nicht: «Ihr Chef findet Ihr Verhalten gegenüber Kunden und Projektmitarbeitern unmöglich und fragt sich verzweifelt, wie er Sie länger gegen die Angriffe von Kollegen verteidigen soll», sondern formuliere eher neutral: «Ich habe verstanden, dass die Bereitschaft Ihres Unternehmens, Sie weiter zu fördern, sehr stark davon abhängt, ob Sie sich in einigen Verhaltensweisen im Umgang mit Kunden und Kollegen bzw. Projektmitarbeitern verändern. Was hat Ihr Vorgesetzter Ihnen dazu bisher konkret mitgeteilt? … Und was meinen Sie selbst, worin Sie sich verändern wollen?» Dann interessiert mich:

- Wie passen die Interessen des Chefs zu den Wünschen des Klienten?

- Ist der Klient einverstanden und selbst interessiert an einer persönlichen Veränderung, oder fühlt er sich zu Unrecht geschickt und spielt nur vordergründig mit, weil Coaching angeordnet wurde?

In dieser Phase muss sich zeigen, ob es Berater und Klient gelingt, den Veränderungsauftrag von außen zu einem für den Klienten attraktiven persönlichen Anliegen umzuformulieren. Dabei versuche ich als Coach zu vermitteln, dass ich weder Durchsetzungsagent der Unternehmensinteressen noch Lösungsbringer bin, sondern als diskreter und neutraler Gesprächspartner zur Verfügung stehe: «Ich mache methodische Vorschläge und nehme gelegentlich auch inhaltlich Stellung, aber letztlich bestimmen Sie die Richtung, in der wir hier arbeiten.» Manchmal deutet sich in der Einstiegsphase schon an, dass der Klient unerfüllbare Ansprüche an das Coaching stellt. Hier ist der Coach gut beraten, explizit Stellung zu nehmen:

Klient: Mein Vorgesetzter war der Meinung, dass Sie diese Blockierung sehr schnell wegbekommen würden …

Coach: Es wäre natürlich schön, wenn ich Blockierungen so einfach und schnell auflösen könnte – und manchmal ist so etwas auch möglich. Ich kann allerdings nur Anregungen geben, verändern müssen Sie sich selbst. Wieweit ich Sie dabei unterstützen kann, würde ich gerne später mit Ihnen überprüfen, wenn wir Ihre Situation und Ihre Ziele konkreter herausgearbeitet haben.

Es sind vor allem vier Aspekte, die Klienten und Auftraggeber im ersten Gespräch abtesten, um zu entscheiden, ob sie sich bei einem Berater richtig aufgehoben fühlen: **Kompetenz**, **Standing**, **Glaubwürdigkeit** und **Behandlung**. Diese Kriterien sind universell – sie gelten ebenso für Führungskräfte, Trainer und Moderatoren. Man könnte also bildlich sagen: Klienten fühlen Beratern in diesen vier Kriterien auf den Zahn, indem sie sich während des Gesprächs im Stillen fragen:

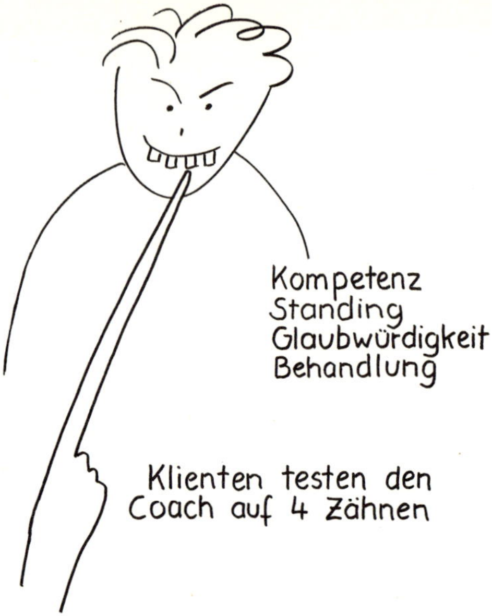

Der Vier-Zähne-Test
(Schulz von Thun, unveröffentl. Seminarfolie, 1991)

- Ist dieser Berater kompetent? Habe ich den Eindruck, dass dieser Coach weiß, wovon er spricht, mir das Vorgehen plausibel macht und mir die richtigen Fragen stellt bzw. zu meinen Fragen auch etwas zu sagen hat?
- Bezieht der Coach auch Stellung und lässt sich durch Kritik oder Widerspruch nicht gleich aus der Bahn werfen?
- Ist der Coach diskret und loyal und hält sich an unsere Absprachen?
- Fühle ich mich hier wertschätzend behandelt? Interessiert sich dieser Mensch für mich und mein Anliegen, oder werde ich hier zum Objekt für Forschung, Übung oder Selbstdarstellung?

Einverständnis überprüfen

Die Orientierungsphase ist abgeschlossen, wenn auf beiden Seiten kein Klärungsbedarf mehr besteht und der Klient sein Einverständnis zum Vorgehen signalisiert hat.

In den Folgesitzungen, wenn sich Coach und Klient schon besser kennen, kann diese Phase schnell und unkompliziert durchlaufen werden. Dann geht es vielleicht nur darum, den Zeitrahmen festzulegen, und der Klient berichtet, was er inzwischen umgesetzt oder was sich an neuen Fragestellungen ergeben hat.

4.2.2 Situation und Ziele des Klienten herausarbeiten

Im zweiten Schritt geht es darum, die Situation und das Anliegen des Klienten zu verstehen und ihn bei der Konkretisierung seiner oft noch diffusen Ziele zu unterstützen. Die handlungsleitende Frage lautet: «Worum soll es genau gehen, und was wollen Sie (heute) erreichen?»

Situation und Anliegen verstehen

Wenn ich den Klienten nicht kenne, sollte ich mir als Coach zunächst einen konkreten Eindruck über seine Situation und über die Bedeutung des Themas verschaffen. Dazu gehört auch, Zahlen, Daten, Fakten und konkrete Beispiele zu erfragen:

- Was sollte ich wissen, um Ihre Situation zu verstehen?
- Können Sie mir ein bisschen mehr erzählen über Ihr Unternehmen … über Ihre Abteilung … über Ihren Arbeitsplatz … über Ihr Team etc.?

- Wie ist es genau? (Zahlen, Daten, Fakten hinterfragen) Wie oft kommt Ihr Kollege zu spät? Womit genau hat er Sie sitzen lassen? Können Sie mir ein Beispiel geben?
- Wer ist von der Fragestellung noch betroffen? (Visualisierung!)
- Welche Lösungsversuche haben Sie bisher unternommen und welche Wirkungen damit erzielt?
- Was hindert Sie bisher daran, vorwärts zu kommen?

Sortieren

Ist der Klient verwirrt oder blockiert, weil er sich als ohnmächtig verstrickt in einem Wust von Problemen erlebt, geht es in dieser Gesprächsphase zunächst darum, ihm beim Sortieren seiner Themen oder Fragen zu helfen, zum Beispiel durch eine Visualisierung. Wenn der Klient gerne über jedes Detail sprechen möchte und ich dabei verwirrt oder ungeduldig werde, ist es ebenfalls hilfreich, einen Überblick zu visualisieren: «Das sind viele Themen und Problemstellungen gleichzeitig, ich würde sie gern erst einmal genau identifizieren und festhalten, damit nichts verloren geht und wir einen Überblick bekommen. Danach können wir dann überlegen, welche Vorgehensweise geeignet ist.» Um den Überblick zu behalten, eignet sich das Raster der «3 × 4 Perspektiven» (vgl. 2.2.2).

Im Folgenden möchte ich Ihnen ein Beispiel eines Vorgesprächs geben, in dem ich die verschiedenen Themen und Anliegen des Klienten im Lauf einer eineinhalbstündigen Exploration in der Struktur der 3 × 4 Perspektiven auf einer Metaplanwand mitvisualisiert habe (vgl. Abbildung auf S. 194).

Der Klient Herr Y ist seit mehreren Jahren Chefarzt einer internistischen Klinik. Er ist 52 verheiratet und hat zwei erwachsene Kinder. Bei der Exploration ergaben sich folgende Themen und Ziele für eine Beratung:

Themen und Ziele im Umgang mit den Mitarbeitern/dem Ärzteteam

- Klärung der regelmäßig auftretenden Konflikte bei der jährlichen Umverteilung der ärztlichen Funktionen. Herr Y möchte erreichen, dass er zukünftig nur noch Ziele und Rahmenbedingungen nennt und die Neuverteilung dann von den Ärzten selbst entschieden wird.
- Entwicklung einer Besprechungskultur, in der die Mitarbeiter sich eigenständiger engagieren. Herr Y möchte den chefzentrierten Appell-Charakter solcher Besprechungen auflösen.
- Klärung eines schwelenden Konflikts, den er mit seinem Ärzteteam um die organisatorische Anbindung eines Notarzteinsatzfahrzeugs an seine Abteilung hat.

Themen und Ziele im Umgang mit dem Unternehmen/dem Führungskontext

Herr Y möchte für sich klären,

- wie er zukünftig mit der hoch konkurrenten und destruktiven Chefarztrunde umgehen will
- und wie er als Chefarzt zur Entwicklung einer anderen Führungskultur im Krankenhaus (kooperativer Führungsstil) beitragen kann (Beziehungsgestaltung und Steuerung von Rahmenbedingungen).

Themen und Ziele im Umgang mit sich selbst

Ohne direkt danach zu fragen, erfahre ich durch zirkuläre Fragen («Was würde Ihre Frau, Ihr Sohn, Ihre Tochter dazu sagen, wie Sie sich in Konflikten verhalten? … Wie Sie wohl als Chef sind? … Wie Sie mit Ihrem Team umgehen?»), dass Herr Y zur Zeit privat emotional unter einem ziemlichen Druck steht (Hauskauf, Ehekrise, Zweifel, ob er an der Ehe festhalten will). Als persönliche und private Ziele im Umgang mit sich selbst formuliert er:

	Person	**Team**	**Unternehmen**
Fach- und Feld-kompetenz			
Organisation und Ablauf-steuerung		**Konfliktklärung** **– Funktionen** **– Notarztfahrzeug** **Besprechungskultur**	
Soziale und personale Kompetenz			Wie umgehen mit dem Führungskreis? Wie beitragen zu einer kooperativen Führungskultur?
Strategische Kompetenz	Perspektive Ehe – oder Trennung? Berufliche Langzeit-perspektive		

3 x 4 Perspektiven als Strukturierungshilfe (Fischer-Epe, 1994. Vgl. 2.2.2)

- Herausfinden, ob er noch eine Entwicklungsperspektive mit der Ehefrau sieht oder sich langfristig trennen will.
- Sich insgesamt klar werden über seine berufliche Perspektive («Kann ich meine Rolle und Rollengestaltung verändern, oder will ich langfristig aussteigen aus dem Klinikbetrieb?»)

Anhand des Überblicksbildes lässt sich auch leicht überprüfen, in welchen Themenfeldern zurzeit Ressourcen stecken. Im Fall von Herrn Y bedeutet das: Er ist als Kardiologe fachlich von seinen Mitarbeitern und Kollegen hoch akzeptiert. Er ist als Chef geachtet und beliebt, Konflikte im Beruf rankten sich vor allem um Abläufe und fachliche Interessen. Im Beruf wie auch im Privatleben ist Herr Y gut organisiert. Abgesehen von der ungeklärten Beziehung zu seiner Frau gibt es in seinem sozialen Umfeld einige stille Ressourcen (Freundschaften und Bekanntschaften, die er allerdings einige Jahre nicht gepflegt hat).

Priorisieren

Wenn im Erstgespräch mehrere Anliegen formuliert werden wie in diesem Beispiel, geht es im nächsten Schritt ums Priorisieren. Dazu können folgende Fragen nützlich sein:

- Welche Bedeutung hat dieses Thema/haben die verschiedenen Themen für Sie auf einer Skala von 1 bis 10?
- Welches Thema ist kurzfristig dringend, welches ist mittel- oder langfristig wichtig?
- Gibt es ein Hebel-Thema, bei dem Sie mit relativ wenig Aufwand relativ viel Wirkung erreichen können?
- Womit wollen Sie beginnen?

Die Frage nach dem Hebel-Thema hilft Coach und Klient, den richtigen Einstieg ins Coaching zu finden. Stellen Sie sich einen Klienten vor, der als Bereichsleiter fachlich sehr erfolgreich ist, aber ein Autoritätsproblem mit seinem Chef hat, die Zusammenarbeit mit seiner Sekretärin verbessern möchte und sich fragt, ob er als Führungskraft seine Schwerpunkte richtig setzt. Wenn man hier fragt: «Womit wollen Sie beginnen?», ist die Chance relativ groß, dass der Klient nicht den sinnvollsten Einstieg wählt. Falls ich als Coach zu diesem Zeitpunkt noch keinen fundierten Eindruck der Gesamtsituation des Klienten habe, kann ich hier auch noch nichts empfehlen. Wenn ich erreichen möchte, dass der Klient eine sinnvolle Entscheidung trifft, könnte ich formulieren:

- So wie Sie sich und Ihre Situation kennen, mit welchem Thema müssten wir hier beginnen, wenn wir mit möglichst wenig Aufwand viel Wirkung erreichen wollten und dabei mit dem einen Thema vielleicht schon etwas für die anderen lösen würden?

Neue Bewertungen schaffen

Manchmal ist es auch wichtig, zunächst das Problem zu würdigen, damit die Energien für eine Zielausrichtung frei werden können (vgl. 2.3.2).

Frau C, die Sie aus dem ersten Kapitel kennen, zeigte sich im Erstgespräch beunruhigt darüber, dass es ihr zunehmend schlechter gelang, den aggressiv-entwertenden Führungsstil ihres Top-Managements souverän zu kontern. Der Versuch, zunächst das Problem zu würdigen, brachte neue Perspektiven und Energien ins Gespräch:

Coach: Mal aus einer glücklichen Zukunft betrachtet: Ist das Problem irgendwie nützlich gewesen für Ihr Leben? ... Stellen Sie sich einen Moment lang vor, Sie sind 70 und schauen zurück auf Ihr Arbeitsleben und erinnern sich, wie es Ihnen damals mit Ihrem Top-Management ging ... Was werden Sie Ihren Enkeln darüber erzählen können, wozu dieses Problem nützlich war und was Sie dabei gelernt haben für Ihr Leben?

Frau C: Ich würde wahrscheinlich sagen, dass es gut war, dass mir irgendwann die Galle hochgekommen ist! Dass dadurch möglich wurde, dass ich mir diesen Umgang nicht länger gefallen lassen habe und mir ein anderes Arbeitsfeld suchen konnte – sonst hätte ich doch nie den Mut gefunden.

Diese Formulierung war der Ausgangspunkt, mit Frau C eine weiter gespannte Zukunftsvision zu entwickeln und in den folgenden Coaching-Sitzungen ihre Ängste vor der Selbständigkeit zu bearbeiten. Zum methodischen Vorgehen bei der Entwicklung von Zukunftsentwürfen finden Sie Anregungen im Kapitel 2.7.3.

Ziele formulieren

Beim Formulieren von Zielen gibt es grundsätzlich zwei Wege: Einerseits können Ziele aus einer sorgfältigen Exploration heraus entwickelt werden wie im oben beschriebenen Beispiel von Herrn Y. Andererseits ist es aber nicht immer notwendig, eine Situation bis ins Detail zu verstehen, um mit Klienten an ihren Zielen zu arbeiten. Es ist ebenso möglich, den Gesprächsprozess von Anfang an auf das Ziel des Klienten auszurichten und erst bei der Frage der Umsetzung rückwirkend auf die Ist-Situation zu schauen. Statt mit einer gründlichen Analyse der Situation würde man dann direkt einsteigen mit der Frage: «Was möchten Sie verändern?» Oder: «Was wollen Sie erreichen?» Die relevanten Fakten zur Situation werden erst später und auch nur punktuell einbezogen. Der Coach verzichtet in dieser Variante darauf, sich selbst ein umfassendes Bild der Situation zu machen, und vertraut stärker darauf, dass er den Klienten mit den richtigen Fragen zur Selbstorganisation anregen kann und nicht alles kontrollieren muss.

Dieses Vorgehen spart Zeit und wird besonders von zielorientierten Klienten mit Macher-Qualitäten geschätzt. Es gibt aber auch Menschen und Situationen, wo diese Abkürzung nicht angebracht ist: Klienten mit einem starken Bedürfnis nach Struktur und Gründlichkeit möchten meist mit einer umfassenden Situationsschilderung sicherstellen, dass der Coach wirklich genau versteht. Wer emotional stark involviert ist, möchte sich vielleicht erst einmal durch eine Situationsschilderung entlasten. Ein Klient, der voller Ärger ins Coaching kommt, möchte im ersten Gespräch zunächst diesem Ärger Luft machen und ausführlich seine Situation schildern. Würde man ihn gleich zu Beginn fragen, was er durch das Coaching erreichen will, wäre er sicherlich frustriert. Klienten mit ausgeprägterem Bedürfnis nach Distanz und Autonomie oder nach Veränderung möchten dagegen schnell zur Sache kommen und sich nicht lange mit Problemen aufhalten. Für sie ist die frühe Fokussierung auf ihre Ziele eher entlastend (vgl. 2.6.3).

Abgesehen davon, was für den Klienten richtig ist, sollte sich der Coach auch bewusst sein, welches Vorgehen ihm selbst mehr liegt. Im Sinn einer größeren Rollenflexibilität sollten die ungeduldigen Macher vielleicht eher mal probieren, etwas ausführlicher zuzuhören und sich für den Kontext zu interessieren. Die freundlich zugewandten Aufnehmer und die Gründlich-Systematischen dagegen könnten vielleicht manchmal das Gespräch schneller auf Ziele fokussieren. In bestimmten Beratungsschulen wird das ziel- und lösungsorientierte Vorgehen sehr stark betont (zum Beispiel in der systemischen Beratung und Therapie, in der lösungsorientierten Kurzzeittherapie und im NLP). Manche Vertreter dieser Schulen neigen dazu, gründliche Problemanalysen als «zu problemorientiert» oder zu umständlich zu bezeichnen, und treffen damit natürlich den Nerv vieler Führungskräfte. Die Idee, Veränderungen könnten zielorientiert superschnell, supereinfach und elegant vonstatten gehen, ist ja auch wirklich verlockend und manchmal auch berechtigt. Viele Themen im Coaching sind aber komplex und betreffen verschiedene Perspektiven gleichzeitig (Person, Verantwortung in der Rolle, Unternehmensrealität etc.). Da wäre es naiv, nur die persönlichen Ziele des Klienten herauszuarbeiten und bei der Beurteilung der Situation auf seine Selbstorganisation beim Ökologiecheck zu vertrauen (vgl. 2.3.3). Gerade in komplizierten Rollenfragen braucht der Coach auch Hintergrundwissen und eine solide Situationsanalyse, wenn er kompetent Stellung nehmen soll.

Wie schnell man mit dem Herausarbeiten von Zielen beginnen kann, hängt also auch davon ab, wie viel Vorinformation über das Unternehmen beim Berater vorhanden ist und wieweit sich Berater und Klient bereits aus anderen Zusammenhängen kennen. Unabhängig davon, ob ich gleich zu Beginn mit Fragen nach den Zielen des Klienten einsteige oder ob die Ziele aus einer fundierten Situationsanalyse heraus entwickelt werden, sollten sie verschiedene Kriterien erfüllen. Ein Ziel sollte **positiv**, **attraktiv-motivierend**, **selbsterreichbar**, **konkret-messbar** und **ökologisch** formuliert sein. Die Fragen, mit denen man diese Kriterien überprüfen und entwickeln kann, finden Sie im Kapitel 2.3.3. Wenn man sich im Erstgespräch zunächst einen gemeinsamen Überblick über verschiedene Themen und Ziele verschaffen will, sollten diese Fragen allerdings eher locker genommen werden. Es reicht dann meist, das Ziel zunächst **positiv** zu formulieren.

Kontrakt über das weitere Vorgehen

Wenn die Situation des Klienten erfasst ist und die Ziele und Erfolgskriterien für die Veränderung insgesamt definiert sind, sollten sich Klient und Coach auf ein Vorgehen verständigen und den Rahmen für die weitere Zusammenarbeit festlegen. Das ist besonders wichtig, wenn der Klient Anliegen oder Ziele formuliert hat, die ich als Coach nicht annehmen kann oder will. Ich möchte das wiederum am Beispiel des Chefarztes verdeutlichen.

Herr Y hatte die Vorstellung, dass wir drei bis vier Stunden bräuchten, um die vor uns an der Metaplanwand aufgelisteten Themen und Anliegen zu bearbeiten. Ich fand das unrealistisch und wollte nicht zu sehr unter Erfolgsdruck geraten. Außerdem fand ich das Ehethema für ein Coaching ungeeignet. Ich schlug Herrn W. folgenden Kontrakt vor:

«Ich koche leider auch nur mit Wasser und würde gern für Ihre beruflichen Themen mindestens ein halbes Jahr Zeit einplanen, zum Beispiel könnten wir in dem halben Jahr fünf Sitzungen vereinbaren. Dann könnten Sie bilanzieren, was Sie bis dahin verändert haben bzw. dann noch bearbeiten wollen. Ich würde dieses Coaching gern auf Ihre beruflichen Themen beschränken. Es kann sein, dass Sie durch die Klärung Ihrer beruflichen Fragen auch Antworten für Ihre private Situation finden. Für das Ehethema und auch für die Frage der langfristigen Lebensplanung würde ich Ihnen allerdings einen anderen Rahmen empfehlen und an Ihrer Stelle auch überlegen, ob Sie diese Fragen nicht gemeinsam mit Ihrer Frau angehen wollen. Wenn Sie das möchten, nenne ich Ihnen dafür gern einen kompetenten Kollegen oder eine Kollegin an Ihrem Wohnort.»

Herr Y akzeptierte diesen Kontrakt. Er wollte jedoch zunächst mit dem Coaching beginnen und dann in Bezug auf die privaten Themen «mal weitersehen» (vgl. Fischer-Epe 1994).

Zum Kontrakt gehören dann auch konkrete Absprachen über Termine, Honorar und Spielregeln.

4.2.3 Lösungen entwickeln

Ziel dieser Phase ist, einen Rahmen zu schaffen, in dem der Klient Lösungen für sein Problem oder seine Fragestellung entwickeln kann. Die handlungsleitende Frage lautet: «Wie könnten Sie vorgehen? Was brauchen Sie, und was können Sie tun, um Ihr Ziel zu erreichen?»

In dieser Phase ist der Coach am stärksten in seiner Funktion als Kutscher oder Steuermann gefragt. Er muss nun eine Idee haben, wie er den Klienten am besten unterstützen kann auf seinem Weg zum Ziel. Lösungen zu entwickeln kann dabei verschiedene Bedeutungen haben. Es kann um handfeste praktische Lösungen gehen, wie zum Beispiel eine Strategie im Umgang mit einem Team oder eine Umorganisation. Lösungen können aber auch Auflösungen sein, etwa von blockierenden Glaubenssätzen oder von überholten und ineffektiven Verhaltensmustern.

Berater und Klient prüfen zunächst, welche Ressourcen zur Verfügung stehen. Mit Ressourcen ist hier alles gemeint, was bei der Problemlösung und bei der Zielerreichung helfen kann. Das können einerseits persönliche Stärken des Klienten sein, wie seine spezielle Lebenserfahrung, bestimmte Kompetenzen oder besondere Fähigkeiten. Fragen nach Ressourcen sind zum Beispiel:

- Was brauchen Sie, um Ihr Ziel zu erreichen?
- Was würde Ihr bester Freund sagen, welche Ihrer Stärken Sie zur Lösung nutzen können?
- Sie als erwachsener und reifer Mensch haben eine Menge gelernt im Lauf Ihres Lebens. Was von all diesen Fähigkeiten kann Ihnen jetzt helfen, Ihr Ziel zu erreichen?
- Wie haben Sie solche Fragen früher gelöst?
- Was können Sie schon und was müssten Sie noch lernen, um das Problem zu lösen?

Mit Ressourcen können aber auch alle Möglichkeiten der äußeren Unterstützung gemeint sein:

- Wer kann Sie bei der Zielerreichung unterstützen?
- Kennen Sie jemand, der das kann und bei dem Sie sich anregen lassen können?
- Welche Unterstützung können Sie sich holen? Bei wem, wo genau bekommen Sie diese Unterstützung?

Man kann die Frage nach Ressourcen auch gut in den Rahmen einer hypothetischen Lösung einbetten:

- Angenommen, das Problem ist gelöst ... Wer hat Sie dabei unterstützt und wie? Wem können Sie dann – außer sich selbst – noch dankbar sein?

Zu den Ressourcen gehört zum Beispiel auch die Frage der materiellen Situation des Klienten. Wenn sich Frau C ernsthaft überlegt, ob sie sich den Schritt in die Selbständigkeit zutraut, dann ist das nicht zuletzt auch eine Frage der finanziellen Polster bzw. der persönlichen Ansprüche und Verpflichtungen. Mit einem größeren Erbe oder einem gut verdienenden Ehemann im Rücken dürfte ihr dieser Schritt deutlich leichter fallen. Je besser man den Klienten und seine Situation bereits kennt, desto weniger ist man bei der Suche nach Ressourcen auf Fragen angewiesen und kann stattdessen auch Anregungen geben:

- Vielleicht könnte Ihre Freundin, die Betriebswirtin ist, Ihnen helfen, dieses Zukunftsszenario mal finanziell hieb- und stichfest zu kalkulieren?
- Vielleicht können Sie die Kollegin bei der komplizierten Projektstrukturierung unterstützen und sie im Gegenzug dafür gewinnen, Ihnen bei der Moderation der großen Meetings zu helfen?
- Können Sie sich vorstellen, den Bereichsleiter, der Sie doch mal für diesen Posten vorgeschlagen hat und Ihnen offensichtlich wohl gesonnen ist, zu bitten, diese Fragen mit Ihnen zu besprechen? Es wäre sicher gut, von seiner Erfahrung zu profitieren!

Nach meinem Coaching-Verständnis ist es wichtig, den Klienten dabei zu unterstützen, so viele Ressourcen wie möglich in seinem persönlichen Umfeld zu nutzen bzw. zu aktivieren (vgl. 2.3.2).

Lösungsideen sammeln – Lösungsoptionen prüfen

Die Suche nach Ressourcen ist bereits ein Bestandteil der Suche nach Lösungsideen. Wenn man fragt: «Welche Ihrer Stärken könnte sie bei der Lösung unterstützen?», denkt der Klient automatisch über Lösungen nach und produziert Lösungsideen. In dieser Phase soll der Blick erst einmal weit werden für verschiedene Lösungsmöglichkeiten. Coach und Klient prüfen, welche Lösungsoptionen es geben könnte, frei nach dem Motto «Viele Wege führen nach Rom» – und am Ende muss man ja vielleicht gar nicht nach Rom. Der Coach sollte seine Ideen zunächst zurückhalten und sie nur dann ins Spiel bringen, wenn der Klient keine eigenen Ideen haben kann, weil ihm die Erfahrung oder die methodische Kompetenz noch fehlt. Wenn ein Berater das Anliegen des Klienten mit eigener Fach- oder Feldkompetenz beantworten kann, entsteht leicht die Verführung, zu schnell oder zu bestimmt auf die «richtige» Lösung zu fokussieren. Das soll nun nicht heißen, dass der Coach nicht auch Tipps und methodische Hilfestellungen geben kann. Im Gegenteil, wenn ich eine Kompetenz habe, die dem Klienten nützlich ist, werde ich sie ihm nicht vorenthalten. Als Coach sollte ich mir nur bewusst bleiben, dass es primär darum geht, den Klienten schnellstmöglich zur Selbsthilfe und Selbstorganisation anzuregen.

Ich möchte anhand von drei Beispielen illustrieren, wie unterschiedlich die Suche nach Lösungsideen aussehen kann.

Frau C hatte anfänglich das Anliegen, sich wieder für den Umgang mit den Top-Managern ihres Unternehmens zu motivieren. Ihre Formulierungen beim Versuch, das Problem zu würdigen, deuteten aber eher daraufhin, dass es um eine viel grundsätzlichere Frage von **Motivation und Sinnerleben** ging. Deshalb schlug ich der Klientin vor, zunächst eine längerfristige **Vision** für ihr Berufsleben zu entwickeln und dann das Coaching an ihren langfristigeren Zielen auszurichten. (vgl. 2.7.3).

Herr A wollte im Coaching herausfinden, ob er sich den **Karrieresprung über zwei Hierarchieebenen** zutraute. Ich war gleich zu Beginn ohne gründliche Situationsanalyse eingestiegen mit der Frage: «Mal angenommen, Sie finden den für Sie persönlich richtigen Weg und kommen zu einer Entscheidung, zu der Sie dann auch stehen können, welche Kriterien wären dann für Sie erfüllt?» Herr A hatte als wichtigste Kriterien genannt:

- Die Arbeit stellt weiterhin eine spannende Herausforderung dar.
- Meine Frau trägt die Entscheidung mit.
- Meine Frau kann ihren Wiedereinstieg ins Berufsleben wie geplant durchziehen.
- Ich riskiere keinen längeren Verdienstausfall.

Vor dem Hintergrund dieser Zielkriterien haben wir dann die Chancen und Risiken für beide Handlungsoptionen geprüft und dabei auch das Modell des inneren Teams genutzt. (Vgl. 2.7.2)

Wie Sie an der Visualisierung sehen, habe ich das Modell vom inneren Team hier mit den vier Grundstrebungen nach Riemann verknüpft (vgl. 2.6.3). Ich habe dem Klienten die Modelle erklärt und betont, dass es ein Zeichen persönlicher Reife sei, alle Strebungen und Bedürfnisse im inneren Dialog zu Wort kommen zu lassen. Während dieses Dialogs über Chancen und Risiken der beiden Optionen Annehmen oder Ablehnen ergab sich nun – rückwirkend – ein genaueres Bild der Situation: Die neue Position bedeutete für Herrn A einerseits eine stark motivierende Herausforderung zum richtigen Zeitpunkt. Er hatte sich schon überlegt, sich im Lauf des nächsten Jahres nach etwas Neuem umzusehen. Andererseits hatte er dabei eher an inhaltlich interessante Aufgaben mit weniger Führungsverantwortung gedacht. Er war sich nicht sicher, welche Anforderungen konkret mit der neuen Rolle verbunden waren, und befürchtete, im Fall seines Scheiterns an der neuen Aufgabe das Unternehmen verlassen zu müssen und seine Familie nicht mehr absichern zu können. Außerdem war ein Karrieresprung über zwei Ebenen in der konservativ-hierarchisch orientierten Kultur beider Unternehmen bisher unüblich und würde vermutlich von Mitarbeitern und Kollegen mit Argwohn beobachtet werden. Nachdem alle Zweifel und Bedenken aufgelistet waren, haben wir die verschiedenen Risiken mithilfe einiger zirkulärer Fragen auf ihre Relevanz geprüft:

Karrieresprung ja oder nein?
Flipchart aus dem Coaching mit Herrn A

- Was würde Ihr jetziger Vorgesetzter, der Ihnen diesen Schritt ja grundsätzlich zutraut, sagen, was da an Anforderungen auf Sie zukommt und wer Sie dabei unterstützen könnte?
- Was würde ein kritischer Kollege dazu sagen, wenn Sie diese Position annehmen? Was würde er von Ihnen in Ihrer neuen Position erwarten?

- Was hält Ihre Frau denn von diesem Angebot? … Und wie würde sie das Risiko für die Familie einschätzen, wenn Sie in der neuen Position scheitern?

Die Gefahr, an den unkalkulierbaren Anforderungen in der neuen Position zu scheitern und die Absicherung der Familie zu gefährden, wurde von Herrn A schnell entkräftet. Er war sich sicher genug, im Fall eines Scheiterns eine interessante und gleich dotierte andere Arbeit zu finden. Auch die erwartbaren gruppendynamischen Spannungen mit den Kollegen meinte Herr A handhaben zu können. Die emotional bedeutendsten Zweifel von Herrn A bezogen sich auf seine Rolle als Familienvater: «Meine Frau ist Lehrerin und will nach langer Pause demnächst wieder in den Schuldienst einsteigen. Unsere Kinder sind jetzt zehn und dreizehn. Sie hätte mehr Angst davor, dass meine Arbeitszeit nicht mehr kalkulierbar wäre und dass sie mit den Kindern allein gelassen würde, bzw. dass die dann keinen von uns mehr richtig sehen. Uns ist es immer wichtig gewesen, die Kinder gemeinsam großzuziehen. Ich habe bis jetzt immer das Wochenende ab Freitagabend ganz für die Familie frei halten können. Wir gehen auch immer am Samstag gemeinsam auf den Markt einkaufen, und das würde ich mir unbedingt auch weiterhin erhalten wollen.»

Ich fand Herrn A unrealistisch in seiner Einschätzung und habe ihn damit konfrontiert: «Das hört sich sehr gut an, aber ich kenne keinen Manager mit einer vergleichbaren Aufgabenstellung, der nicht auch teilweise am Wochenende arbeitet. Das sollten Sie und Ihre Frau – zumindest für die Aufbauphase – lieber einkalkulieren und sich dann freuen, wenn Sie es auch anders schaffen. Der springende Punkt wird sein, mit Ihrer Frau in einem langfristigen Entwurf zu prüfen, ob Sie beide bereit sind, diese erwartbare Einbuße an gemeinsam verbrachter Zeit zu akzeptieren und Ihre mittelfristige Lebensplanung dann auch darauf einzustellen. Kennen Sie jemanden in vergleichbarer Situation, mit dem sie vielleicht auch gemeinsam darüber sprechen könnten?»

Herr A wollte die erarbeiteten Kriterien und Erkenntnisse mit seiner Frau durchsprechen und war gespannt darauf, seine Phantasien über ihre Reaktion zu überprüfen.

Im Fall von Herrn Y haben wir in der Phase der Lösungssuche eine **Konfliktklärung** vorbereitet. Herr Y, dessen Themen und Ziele für ein Coaching ich oben beschrieben habe (vgl. 4.2.1 und Fischer-Epe 1994), hatte als Chefarzt bei der Klinikverwaltung für einen jungen und begabten Assistenzarzt, Herrn Z, eine halbe Stelle durchgesetzt. Als Herr Z kurz darauf turnusmäßig im Rahmen seiner Facharztausbildung in die Intensivstation wechseln sollte, stieß dieser Wechsel auf den erbitterten Widerstand bei einem mitbetroffenen Kollegen und bei den Pflegekräften. Beide Seiten befürchteten, dann zu oft mit den Belastungen und den medizinisch zum Teil brisanten Fragen allein dazustehen. Zusätzlich gab es persönliche Vorbehalte des Pflegepersonals gegen den Assistenzarzt Herrn Z. Er war zwar fachlich kompetent, aber im menschlichen Umgang unbeliebt. Der verantwortliche Oberarzt fand wiederum, das Pflegepersonal «solle sich nicht so anstellen» und vor allem sich nicht in ärztliche Belange einmischen. Herr Y fühlte sich im Brennpunkt der verschiedenen Interessen aufgefordert, die Konfliktregelung selbst in die Hand zu nehmen, zumal er sich als Mitverursacher sah. Er hatte bisher Einzelgespräche mit allen Beteiligten zu diesem Thema geführt. Da es ihm jedoch noch nicht gelungen war, eine Lösung in die Wege zu leiten und der Funktionswechsel von Herrn Z vier Wochen später geplant war, fühlte sich der Klient nun zunehmend unter Druck und wollte wissen, wie er zwischen den verschiedenen Konfliktparteien besser vermitteln könne. Sein wichtigstes Erfolgskriterium für die Konfliktklärung war, die insgesamt gute Zusammenarbeit mit dem Pflegepersonal zu erhalten. Er hatte in diese Zusammenarbeit in den letzten Jahren erfolgreich viel Energie investiert. Herr Y wollte eine Regelung finden, die das betroffene Pflegepersonal mittragen konnte. Er hatte bisher vermieden, die Konfliktparteien gemeinsam an einen Tisch zu holen, aus Angst, die Situation könne dann unangemessen eskalieren.

Herr Y: … dann hab ich die Sache nicht mehr im Griff, wer weiß, was dabei herauskommt – es könnte ja auch noch schlimmer werden!

Coach: Ja, das wäre schon möglich. Meine Erfahrung ist allerdings im Gegenteil die, dass in solchen Situationen eine sachliche Lösung oft erst gefunden werden kann, wenn alle Beteiligten nicht nur ihre Argumente, sondern auch ihre Interessen, Vorbehalte, Zweifel und Ängste zum Ausdruck bringen konnten.

Da ich Herrn Y hier ermutigte, sich in eine für ihn unsichere Situation zu begeben, hielt ich es für angemessen, ihm dazu einige methodische Anregungen zu geben:

Coach: Dazu wäre allerdings wichtig, dass Sie zu Beginn als Chefarzt Ihre Erfolgskriterien und die Rahmenbedingungen, in denen nach einer Lösung gesucht werden kann, klar benennen. Dann müssten Sie Raum lassen, damit die Bedenken der Teilnehmer auf den Tisch kommen können. Den Oberarzt müsste man vielleicht eher in die Moderation einbinden, damit er nicht noch Öl ins Feuer schüttet mit seiner Haltung «Das geht die vom Pflegepersonal eigentlich gar nichts an». Ich glaube, dass Sie das schaffen können, da Sie aufrichtig um eine gute Zusammenarbeit in Ihrer Abteilung bemüht sind.

Herr Y stieg auf diese Lösungsidee ein, und wir entwickelten dann eine Vorgehensweise, wie er unter Einbindung des Oberarztes eine Sitzung zur Konfliktklärung und gemeinsamen Lösungssuche mit den Betroffenen moderieren könnte. Zunächst entschied Herr Y, dass er den Stationsleiter und eine konfliktfreudige Krankenschwester bitten wollte, an dem Klärungsgespräch teilzunehmen. Dann ließen wir die Schwierigkeiten, die er in der Moderation erwartete, jeweils in kleinen Rollenspielen konkret werden, und Herr Y probierte Handlungsalternativen aus, bis er sich nicht nur methodisch-technisch, sondern auch emotional für die Konfliktklärung vorbereitet fühlte. (Lösungsoptionen durchspielen und bewerten)

Die drei Beispiele zeigen, wie verschieden die Vorgehensweisen in dieser Gesprächsphase sein können. Die Phase «Lösungen entwickeln» ist abgeschlossen, wenn der Klient eine Idee hat, wie er weiter vorgehen möchte.

4.2.4 Transfer sichern

Die vierte und letzte Phase im Coaching-Gespräch soll dem Klienten dazu verhelfen, dass er die Verantwortung für seine Vorhaben übernimmt und bei der Umsetzung erfolgreich sein kann. Die handlungsleitende Frage lautet: «Wie sichern Sie die Umsetzung Ihrer Vorhaben?»

Fazit ziehen: Aufwand, Einwände und Risiken prüfen

Bis hierher haben sich Coach und Klient auf der Ebene von Vorgehensmöglichkeiten bewegt. Jetzt geht es um ein persönliches Engagement des Klienten: Was will er wirklich umsetzen? Wofür will er sich wirklich einsetzen? In dieser Phase werden die Vorhaben noch einmal auf innere Einwände, Risiken und Nebenwirkungen überprüft, falls dies nicht schon in den Gesprächsphasen vorher geschehen ist (Öko-Check). Fragen, die man hierzu stellen kann, sind zum Beispiel:

- Sind Sie sicher, dass Sie das wirklich – umsetzen! – wollen?
- Angenommen, Sie gehen so vor, welche Wirkungen und Nebenwirkungen erzielen Sie damit?
- Was geben Sie damit auf? Was wird eventuell schwieriger?
- Wer könnte Einwände haben?
- Passt das Vorgehen zu Ihren Wertvorstellungen und zu Ihrem Selbstverständnis?

- Passt das Vorhaben zu Ihren übergeordneten Zielen?
- Finden oder erfinden Sie bitte drei negative Konsequenzen, die es in Ihrem Leben geben könnte, wenn Sie Ihr Ziel erreicht haben!
- Finden Sie nun für jede der möglichen Konsequenzen verschiedene Ideen, wie Sie ihnen vorbeugen können oder sie bewältigen werden!
- Finden oder erfinden Sie bitte drei Situationen, wo Sie die neue Fähigkeit nicht anwenden möchten, sondern lieber das alte Verhalten zur Verfügung haben möchten!

Diese Prüfung ist umso wichtiger, je mehr Unbequemlichkeiten und persönliche Veränderung ein Vorhaben bedeutet. Der Coach hat hier die Funktion eines Wächters. Er wacht darüber, dass sich der Klient keine unrealistischen oder unstimmigen Ziele vornimmt. Er sollte helfen, Zeitbedarf und emotionalen Aufwand realistisch einzuschätzen. Er muss aber auch ein Gespür dafür entwickeln, wo der Klient eher Ermutigung braucht. Im Fall von Frau C war nach dem Erstgespräch eher Ermutigung nötig. Sie hatte mit ihrem Zukunftsentwurf Fragen aufgeworfen, die sie sich vorher gar nicht gestattet hatte. Sich ein passenderes neues Arbeitsfeld zu suchen, schien ihr aus unterschiedlichen Gründen ziemlich bedrohlich: Das Unternehmen zu verlassen war mit dem Verlust von Status und Einfluss verbunden, und ihr ausgeprägtes Sicherheitsbedürfnis schien nach einer festen Anstellung zu verlangen. Es würde für sie also einen erheblichen emotionalen Aufwand bedeuten, sich mit diesem Thema auseinander zu setzen. Ich versuchte beide Seiten in eine Formulierung zu bringen:

Coach: Ja, das ist sicher auch beunruhigend, zu merken, dass Sie da grundsätzlicher etwas ändern wollen. Andererseits sind Ihre Voraussetzungen sehr gut, sich jetzt mit diesem Thema zu befassen: Sie sind fachlich anerkannt und gefragt, haben Ihr Leben und Ihre Arbeit gut im Griff, sind hervorragend organisiert und haben sich über viele Jahre ein finanzielles Polster erarbeitet.

Wenn nicht Sie, wer sollte dann über ein neues Arbeitsfeld nachdenken können?

Umsetzung konkretisieren

Wenn das Vorhaben des Klienten auf Risiken und Nebenwirkungen geprüft ist, wird der Weg der Umsetzung so weit konkretisiert, dass er für den Klienten leistbar und selbst-überprüfbar ist. Wenn Klienten klar und entschieden sind, was sie als Nächstes tun wollen, und wenn diese Schritte dem Coach aus dem vorhergehenden Gesprächsverlauf plausibel und realistisch erscheinen, ist diese Phase schnell durchlaufen. Im Fall von Herrn A schien nach dem ausführlichen Erstgespräch keine weitere Transfersicherung nötig. Er war hoch motiviert, die gewonnenen Erkenntnisse mit seiner Frau und zwei befreundeten Managern durchzusprechen, und fühlte sich für diese nächsten Schritte auf dem Weg zu einer Entscheidung gut vorbereitet.

Wenn zu befürchten ist, dass der Klient bei der Umsetzung scheitern könnte, sollte der Coach hier genau sein. Zum Beispiel könnte er fragen:

- Was werden Sie genau tun? Wann? Wie? Mit wem? In welcher Reihenfolge? (Konkrete Termine festlegen!)
- Werden Sie damit Ihr Ziel erreichen?
- Auf welche Hindernisse könnten Sie stoßen?
- Wen müssen Sie informieren?
- Welche Unterstützung brauchen Sie?
- Wie können Sie diese Hilfen bekommen?
- Bewerten Sie auf einer Skala von 1–10, ob Ihnen dieses Vorhaben wichtig genug ist, dass Sie es auch ausführen werden!

Bevor ich als Coach allerdings allzu penetrant nachfrage, sollte ich mir das Einverständnis des Klienten dazu sichern, zum Beispiel mit einer Frage zu wünschenswerten Alternativen:

- So, wie Sie sich selber kennen und einschätzen, würden Sie sagen, dass es besser für Sie wäre, wenn wir das Ganze jetzt Schritt für Schritt genau durchgehen und festlegen, oder würden Sie eher sagen, dass es besser für Sie wäre, die Umsetzung nicht so genau zu planen und eher darauf zu vertrauen, dass Sie von selbst das Richtige tun, oder brauchen Sie noch einen ganz anderen Weg, um sich bei der Umsetzung zu motivieren? (Vgl. 2.3.1)

Manchmal muss man hier als Coach auch konkrete Vorschläge machen. Frau C hatte sich in ihrer Vision als Selbständige gesehen, sie konnte sich jedoch kaum vorstellen, dieses Wagnis wirklich einzugehen. Hier ging es also noch nicht um konkretisierbare Umsetzungsschritte, sondern eher darum, auf angemessene Weise emotional am Ball zu bleiben. Ich schlug ihr deshalb vor, sich zunächst einen Zeithorizont zu setzen, in dem sie die in ihrer Vision enthaltenen Ziele abschmecken und auf ihre Realisierbarkeit prüfen könnte, und während dieser Zeit zu beobachten, wie sich dabei ihr Erleben und ihr Verhalten gegenüber den Top-Managern verändern würde. Sie entschied sich für ein Jahr und wünschte sich sechs Coaching-Termine zur Begleitung innerhalb dieses Zeitraums. Ich willigte in diese Planung ein, obwohl ich annahm, dass Frau C die Termine nicht brauchen würde. Es schien sie aber angesichts der bevorstehenden Unsicherheiten und Klärungen zu beruhigen, das Jahr mit unseren Terminen durchgeplant zu haben.

Zusammenarbeit abschließen

Wenn beiden Seiten klar ist, wie der Klient weiter vorgehen wird und welche weiteren Vereinbarungen über das Coaching bestehen, wird die Zusammenarbeit abgeschlossen. Nach einer gelungenen Coaching-Sitzung ist es meist nicht nötig, noch explizit über die Zusammenarbeit zu sprechen. Wenn sich Coach und Klient jedoch noch nicht kannten, wenn ich mir als Coach in der Einschätzung unsicher bin oder wenn es in der Sitzung kritische Momente gab, sollte ich zum Abschluss für eine kurze Reflexion über die Zusammenarbeit sorgen. Klienten, die darin wenig geübt sind, brauchen für solche Reflexionen eine Struktur, zum Beispiel:

- Wenn Sie jetzt auf unser Gespräch zurückschauen, was war nützlich und was war weniger nützlich oder auch schwierig für Sie?

Die folgende Übersicht fasst die Phasen im Coaching-Gespräch zusammen:

Kontakt finden und Orientierung schaffen	**Situation und Ziele herausarbeiten**	**Lösungen entwickeln**	**Transfer sichern**
«Wir sind Partner unter klaren und fairen Bedingungen»	*«Worum soll es genau gehen? Was wollen Sie (heute) errei-chen?»*	*«Wie könnten Sie vorgehen? Was brauchen Sie, um Ihr Ziel zu erreichen?»*	*«Wie sichern Sie die Umsetzung?»*
Kontakt finden	Situation und Anliegen des Klienten verstehen	Ressourcen nutzen	Fazit ziehen, zusammenfassen
Sicherheit und Orientierung schaffen	Sortieren und priorisieren	Lösungsideen sammeln	Aufwand, Einwände und Risiken prüfen
Aufträge, Rollen und Rahmenedingungen klären	Neue Bewertungen schaffen	Lösungsoptionen durchspielen	Umsetzung konkretisieren Motivation sichern
Einverständnis überprüfen	Ziele formulieren Kontrakt finden	Lösungsoptionen bewerten	Zusammenarbeit abschließen

Phasen im Coaching-Gespräch

4.3 Den Coaching-Prozess auswerten

Auswertung mit dem Klienten

Wenn sich die Coaching-Gespräche über mehrere Wochen oder Monate hinziehen, sollte spätestens alle vier bis fünf Sitzungen in kurzen Zwischenbilanzen überprüft werden, wieweit das Coaching den erwarteten Nutzen bringt. Wenn der Gesamtprozess abgeschlossen wird, empfiehlt sich ebenfalls eine Auswertung und eine kurze Reflexion der Zusammenarbeit. Bei der Auswertung mit dem Klienten stehen drei Aspekte im Vordergrund:

1. Zunächst geht es um die gemeinsame Überprüfung, wieweit die **Ziele** und Vorhaben erreicht wurden: Was hatte sich der Klient vorgenommen, und wo steht er jetzt auf dem Weg zu seinen Zielen? Was wurde erreicht, und was muss noch weiterentwickelt werden? Wie haben sich die Ziele im Lauf des Coaching verändert? Wo sind Grenzen sichtbar geworden, die es zu akzeptieren gilt? Welche Konsequenzen entstehen daraus für die Zukunft?

2. Die Reflexion über die **Zusammenarbeit** und das Feedback für den Coach über die Wirkung seiner Arbeit: Wie haben beide Gesprächspartner die Zusammenarbeit erlebt? Welche Interventionen, Methoden oder Arbeitsstile hat der Klient als besonders nützlich für sich erlebt? Was hat ihm besonders geholfen? Was hat ihn gestört, und was hat er vielleicht auch vermisst?

3. Der weitere **Transfer** der Ergebnisse in den Alltag des Klienten: Wie will der Klient weiter vorgehen? Wie kann er seinen weiteren Lern- und Entwicklungsprozess unterstützen? Worauf sollte er achten? Welche Empfehlungen gibt er sich selbst mit auf den Weg, und welche möchte der Coach ergänzen?

Zwischenbilanzen und besonders langfristige Auswertungen des Coaching bieten dem Berater vor allem die Möglichkeit, mit Abstand zu prüfen, welche Methoden, Interventionen oder Verhaltensweisen wann wie wirken und nachwirken. Wie unterschiedlich solche Auswertungen ausfallen können, möchte ich wiederum an einigen der oben ausgeführten Beispiele zeigen.

Für Herrn A («Karrieresprung über zwei Hierarchieebenen») war sein Anliegen mit dem ersten Gespräch erfolgreich beantwortet. Für ihn war nützlich, mal in Ruhe mit einem neutralen Gesprächspartner seine Situation zu überdenken und sich über seine Entscheidungskriterien klar zu werden. Hilfreich fand er auch, von mir konfrontiert zu werden und eine klare Stellungnahme zu bekommen. In Bezug auf den Aspekt der Weiterentwicklung hatte er sich gewünscht, sich bei Bedarf wieder melden zu können – falls er das Angebot annehmen würde. Wie Sie wahrscheinlich schon ahnen, nahm Herr A die angebotene Bereichsleiterposition an. Seine Reisetätigkeit war im ersten Jahr so erheblich, dass das Coaching dann nur telefonisch stattfinden konnte. Die Auswertung der Telefonate ergab, dass Herr A es entlastend fand, ab und zu seine Eindrücke aus dem neuen Arbeitsfeld mit einem unverwickelten Außenstehenden durchsprechen zu können. Daneben waren es vor allem methodische Hinweise zu seiner neuen Führungsaufgabe, die ihm geholfen haben.

Im Fall von Herrn B («im Führungskreis stärker durchsetzen») hatte ich das Coaching begründet abgelehnt und seinem Vorgesetzten ein anderes Vorgehen und einen anderen Berater vorgeschlagen (vgl. 4.1). Natürlich interessiert mich auch in solchen Fällen, was langfristig aus meiner Empfehlung geworden ist. Von dem empfohlenen Kollegen hörte ich, dass der Vorgesetzte sich mit seinem gesamten Führungsteam auf einen konfliktreichen, aber auch zunehmend erfolgreichen Prozess der Organisationsentwicklung eingelassen hatte. Der Vorgesetzte Herr V meldete sich nach einem halben Jahr mit einigen eigenen Fragestellungen, die sich aus dem angestoßenen Prozess in seinem Führungsteam ergeben hatten. Auf meine Frage, warum er denn jetzt mich ausgewählt hätte, antwortete er: «Ich fand Sie in unserem ersten Gespräch zunächst ziemlich lästig und auch ein bisschen dreist. Gleichzeitig hat mich aber inhaltlich überzeugt, was Sie damals gesagt haben, und bei Ihnen bin ich mir ganz sicher, dass Sie mir nichts verkaufen wollen und auch keinen Honig um den Bart schmieren.»

Natürlich endet nicht jeder abgelehnte Coaching-Auftrag damit, dass sich der Auftraggeber selbst beraten lassen möchte. Trotzdem ist diese Erfahrung nicht ungewöhnlich. Wenn die Ablehnung eines Auftrags auf wertschätzende Weise geschieht und mit einer plausiblen Empfehlung verbunden ist, was der Kunde stattdessen tun kann, erwachsen aus diesen Gesprächen in der Regel langfristig interessante Geschäftsbeziehungen.

Frau C («ein neues Arbeitsfeld aufbauen») hatte sich für ihr Coaching eine Begleitung von sechs Terminen innerhalb eines Jahres gewünscht. Tatsächlich brauchte sie nur zwei weitere Gespräche, und das Coaching war nach drei Monaten abgeschlossen. Frau C war nach dem Erstgespräch relativ schnell entschieden, die Weichen eher in Richtung auf eine grundsätzliche Veränderung ihrer Arbeitssituation zu stellen. Das nächste Gespräch drehte sich um ihre Verarmungsängste und ihre Möglichkeiten, einer realen Verarmung und Isolation als Selbständige vorzubeugen. Frau C prüfte dann zügig, wie es eben ihre Art war, die finanziellen und rechtlichen Voraussetzungen, um sich selbständig zu machen. Das dritte Gespräch ging dann bereits um die konkrete Strategie, wie sie ihren Ausstieg aus dem renommierten Unternehmen gestalten wollte, ohne die vielfach gewachsenen guten Beziehungen zu Kunden und Kollegen zu gefährden.

Wir haben das Coaching mit Frau C erst nach einem Jahr, als sie bereits erfolgreich die ersten Schritte in die Selbständigkeit hinter sich hatte, ausgewertet. Ihr Ziel war erreicht: Sie war wieder voll leistungsfähig und motiviert bei der Arbeit. Auf meine Frage, was ihr denn am meisten genützt habe, diesen Weg erfolgreich einzuschlagen, antwortete Frau C: «Ihr unerschütterlicher Glaube daran, dass ich in meinem Alter mein Leben nochmal total auf den Kopf stellen kann. Nachdem wir das auf verschiedene Weise durchgespielt hatten, habe ich auch angefangen, daran zu glauben.»

Für ihre weitere Entwicklung hatte Frau C inzwischen gesorgt, indem sie sich ein kollegiales Netzwerk von internen und externen Beratern gesucht hatte.

Das Coaching mit dem Chefarzt Herrn Y lief über den Zeitraum von einem Jahr. Er hatte zunächst in fünf Coaching-Sitzungen erfolgreich seine Rolle bei verschiedenen akuten und schwelenden Konflikten geklärt. In diesen Gesprächen war es auch stark um seinen eigenen Beitrag zu den Konflikten gegangen. Nach der ersten Zwischenbilanz vereinbarten wir drei weitere Sitzungen, in denen wir uns mit der systematischen Entwicklung seiner Abteilung befassten. Herr Y suchte nach einem kooperativen Führungskonzept, das auf Teamentwicklung und berufsgruppenübergreifende Entwicklung der Abteilung setzte. Diese Sitzungen hatten einen stärker methodisch-instruierenden Charakter und führten dazu, dass Herr Y sich allmählich mit einem neuen Rollenverständnis (vom Macher zum Teammoderator) anfreundete und manche Abläufe und Arbeitsformen veränderte. Die Themen dieser Sitzungen waren:

- Verbesserung des Besprechungssystems zwischen Ärzten und Pflegepersonal zur Vernetzung von Informationen und vorhandenen Kompetenzen,
- Initiierung eines Prozesses zur Entwicklung und Definition von Erfolgskriterien für die gemeinsame Arbeit von Ärzten und Pflegepersonal,
- Einführung regelmäßiger und systematischer Feedback-Prozesse und Mitarbeitergespräche im Ärzteteam,
- Vorbereitung einer Moderationssequenz zur anstehenden jährlichen Funktionsverteilung, die die Leitungskräfte des Pflegepersonals aktiv mit einbindet (vgl. Fischer-Epe 1994).

Herr Y konnte in allen seine Abteilung betreffenden Themen und in einigen abteilungsübergreifenden Projekten seine Veränderungsvorhaben erfolgreich umsetzen. Die Führungskultur in der Klinik insgesamt und den Umgang unter den Chefärzten konnte er allerdings wenig beeinflussen, schien aber gleichzeitig auch weniger darunter zu leiden. Ein Jahr nach Abschluss des Coaching bat ich den Klienten um eine Auswertung. Als besonders nützlich nannte er in der

Auswertung das enge Rückmeldesystem mit regelmäßigen Hausaufgaben und zeitnaher Überprüfung und Korrektur. Auch wenn ihm manches schwer gefallen sei wie zum Beispiel die Rollenspiele und die Aufforderung, zu visualisieren, hätten diese Methoden ihm geholfen, sich selbst besser zu verstehen und Gedanken und Gefühle besser auf den Punkt zu bringen.

Auswertung mit dem Auftraggeber

Bei der Auswertung mit dem Auftraggeber stehen natürlich die Zielerreichung und die Empfehlungen für die weitere Entwicklung im Vordergrund. Ich bevorzuge es, wenn der Klient diese Empfehlungen selbst mit dem Auftraggeber durchspricht, eventuell auch in meinem Beisein. Meist wird in der Zusammenarbeit im Coaching deutlich, welche Lernform für den Klienten am motivierendsten ist. Für Herrn Y war es zum Beispiel motivierend, mit methodischen Ideen ausgerüstet neue Vorgehensweisen auszuprobieren und sie dann zeitnah zu reflektieren. Für seine Weiterentwicklung hieße das: Wie kann er diese Lern- und Arbeitsform in seinem natürlichen Umfeld herstellen? Herr A brauchte klare Konfrontation und Stellungnahmen, Frau C vor allem Zuversicht und Ermutigung, eingefahrene Gleise zu verlassen. Gäbe es hier einen Vorgesetzten als Auftraggeber, könnte man auch fragen: Wieweit kann und will der Vorgesetzte auf diese Bedürfnisse eingehen, oder wie kann er den Entwicklungsprozess sonst unterstützen? Dabei unterstelle ich, dass ein Vorgesetzter akzeptiert, dass die Entwicklung von Mitarbeitern zu seinen Führungsaufgaben gehört und er diese Aufgabe zwar partiell delegieren kann, sie aber weiterhin seine Aufgabe bleibt. Das ist natürlich besonders auf höheren Hierarchieebenen nicht immer unstrittig. Eine häufige Haltung ist dann: «Ich hab nun wirklich keine Zeit, mich hier noch als Entwicklungshelfer zu betätigen – entweder die Leute können ihre Aufgaben bewältigen, oder eben nicht.»

Wenn ich als Coach begründen kann, dass der Klient das Potenzial zur Entwicklung der erforderlichen Kompetenzen hat und mit Unterstützung in einem vertretbaren Rahmen erfolgreich sein könnte, halte ich in solchen Fällen dagegen.

Wenn ich einem Klienten dieses Potenzial dagegen nicht zutraue, sage ich ihm das offen im Einzelgespräch und versuche ihn zu überzeugen, daraus selbst die Konsequenzen zu ziehen – bevor es andere tun.

Firmeninterne Auswertung von Coaching-Maßnahmen

Wenn Coaching im Rahmen unternehmensinterner Personalentwicklung angeboten oder vermittelt wird, geht es bei der Auswertung neben dem konkreten Fall immer auch um die Professionalisierung von Coaching als ergänzendem Personalentwicklungsinstrument. Der interne Berater oder Vermittler muss herausfinden, welcher Coach für welche Klienten und Themenstellungen geeignet ist, was Coaching überhaupt leisten kann und wo die Grenzen liegen. Jedes individuelle Auswertungsgespräch hilft dabei, ein kompetentes Netzwerk von Beratungsmöglichkeiten aufzubauen und zu pflegen. Dabei sind fünf Aspekte interessant, zu denen der Klient befragt werden sollte:

Inhaltlicher Nutzen des Coaching

- Welche Ziele wurden erreicht?
- Hat der Klient neue Perspektiven entdeckt und Anregungen bekommen, die er in seinem Arbeitsalltag umsetzen kann?
- Wie erfolgreich ist der Klient bei dieser Umsetzung?
- Braucht er dabei noch andere Formen der Unterstützung?

Zusammenarbeit Klient – Coach

- Haben beide eine gemeinsame Sprache gefunden?
- Ist Vertrauen entstanden?

- Besaß der Coach ausreichend Abstand und Feldkompetenz für diese Fragestellung?

Einbindung in den Führungskontext

- Gab es Vor- und Nachgespräche mit dem Vorgesetzten?
- Wurde das Coaching vom Vorgesetzten gefördert?
- Gab es durch das Coaching oder danach Konsequenzen oder Folgeaktionen im eigenen Bereich?
- War das Coaching im eigenen Bereich bekannt?
- Hat der Klient darüber berichtet? Wenn ja, wie war die Resonanz?

Überprüfung der Aufwände

- Wurde der geschätzte Aufwand unterschritten oder überschritten? Mit welcher Begründung?

Anregungen/Empfehlungen für den Coach

- Gibt es Empfehlungen an den Coach, die der Klient ihm selbst mitgeteilt hat oder der Personalentwicklung mitteilen möchte?

Anregungen/Empfehlungen für die Personalentwicklung

- Was hat dem Klienten am gesamten Vorgehen gefallen?
- Was könnte die Personalentwicklung noch besser machen?

Für interne Anbieter und Vermittler von Coaching bedeuten systematische Auswertungsgespräche natürlich einen enormen Zeitaufwand. Dieser Aufwand lohnt sich aber besonders bei Führungskräften, die in ihrem Umfeld selbst Modell sein sollen für konstruktive Zusammenarbeit und die effektive Nutzung von Ressourcen. Wenn die Zeit für systematische Auswertungsgespräche investiert wird und die Ergebnisse mit den sonstigen Aktivitäten zur Personal- und Organisationsentwicklung verknüpft werden, ergibt sich für beide Seiten ein doppelter Gewinn:

Zum einen wird die Coaching-Maßnahme für den Klienten aus

dem Dunst der persönlichen Bedürftigkeit und Pathologie befreit und zu einer ganz normalen Fortbildungsaktivität erklärt, über deren Erkenntnisgewinn und Kosten-Nutzen-Bilanz Rechenschaft abgelegt werden kann. Außerdem erlebt er gleich noch einmal am Modell des internen Personalentwicklers ein verbindliches und die Investition würdigendes Auswertungsgespräch, wie er es als Coach im eigenen Führungsbereich eigentlich auch oft führen müsste.

Für den Personalentwickler wiederum wachsen durch diese Gespräche stabile und vertrauensvolle Kontakte zu den Führungskräften und ein tieferes Verständnis der Führungskultur. Wenn es ihm gelingt, einerseits diskret und neutral zu bleiben und andererseits für gute weiterführende Aktivitäten zu sorgen, gewinnt er an persönlicher Akzeptanz und steigert das Image seiner Abteilung.

5. Führungskraft als Coach

Mit der Idee von der Führungskraft als Coach wird seit Mitte der achtziger Jahre auch in Deutschland das amerikanische Verständnis von Coaching als partnerschaftlichem und entwicklungsorientiertem Führungsstil aufgegriffen.

Die Kernidee von Coaching ist, Menschen durch geeignete Unterstützung zur Selbstorganisation ihrer Kräfte und Kompetenzen und zum persönlichen Erfolg zu verhelfen. Wie verträgt sich diese Idee mit der Führungsrolle, in der Vorgesetzte verschiedene Anforderungen unter einen Hut bringen müssen?

- Als **Vertreter** berechtigter **Unternehmensinteressen** müssen sie Leistungen von Mitarbeitern fordern und beurteilen. Sie sollen über deren Karriere- und Entwicklungsmöglichkeiten entscheiden.
- Als fachliche **Experten** müssen sie Mitarbeiter beim Erlernen neuer Fähigkeiten anleiten können oder dafür Sorge tragen, dass dies durch andere Experten geschieht.
- Als **Coach** müssen sie das gesamte Team sowie einzelne Mitarbeiter zur Verbesserung ihrer Leistungsfähigkeit anregen und dabei beraten können.

Diese gleichzeitigen und manchmal widersprüchlichen Anforderungen erfordern vom Vorgesetzten ein erhebliches Maß an innerer Klarheit, Rollenflexibilität und Kommunikationsfähigkeit. Meist spricht man in diesem Zusammenhang auch von der Balance zwischen **Fordern und Fördern**. Das Dilemma zwischen Fordern und Fördern ist in der Führungsrolle strukturell angelegt. Es verschärft sich aber in dem Maß, in dem vom Vorgesetzten zunehmend ein partnerschaftlicher Führungsstil und eine beratungsintensive Anleitung und Förderung von Mitarbeitern verlangt wird, während gleichzeitig der Leistungs- und Ergebnisdruck zunimmt. Ob ein Coaching in diesem Dilemma gelingen kann, hängt von verschiedenen Bedingungen ab:

Vom **Aufgaben- und Rollenverständnis:** Hat der Vorgesetzte erkannt und akzeptiert, dass die mit «Führungskraft als Coach» bezeichnete Förderung von Mitarbeitern und Entwicklung der Zusammenarbeit im Team ebenso zu seiner Führungsaufgabe gehört wie die Erfüllung inhaltlicher Aufgaben?

Die meisten Führungskräfte würden das bestätigen. Die wenigsten sind allerdings bereit, aus diesem Verständnis ihrer Rolle auch Konsequenzen zu ziehen und hierfür wirklich Zeit und Energie zu investieren. Wenn ein Vorgesetzter diese Aufgabe grundsätzlich akzeptiert hat, muss es ihm gelingen, mit der hierarchischen Situation offen und fair umzugehen. Den Beteiligten muss bewusst sein, dass die Führungsrolle im Coaching zu keinem Zeitpunkt „abgelegt“ werden kann, auch wenn der Gesprächstil partnerschaftlich ist. Die Rolle des Bewerters, Beurteilers und Entscheiders bleibt erhalten und darf nicht verschleiert werden. Der Vorgesetzte sollte deshalb wissen, wann er etwas vorgeben und durchsetzen will und wann er dem Mitarbeiter Freiheiten für Entscheidungen oder für die Erarbeitung eines Lösungsweges einräumen kann. Coaching als Hilfe zur Selbstorganisation erfordert immer Handlungs- und Entscheidungsfreiräume, und diese sollten möglichst klar definiert sein. So ist zum Beispiel denkbar, Ziele vorzugeben und den Mitarbeiter bei der Suche nach geeigneten Lösungswegen zu coachen. Wo aber nichts mehr zu entscheiden ist, kann allenfalls Unterweisung, aber kein Coaching stattfinden. Führungskräfte sollten sich hüten, Vorgaben durch ein scheinbares Coaching zu verschleiern nach dem Motto: «Ich coache den Mitarbeiter so, dass er selbst auf die richtige Lösung kommt, die ich letztlich sowieso durchsetze.» Spätestens dann, wenn Mitarbeiter zu abweichenden Ergebnissen kommen und erleben müssen, dass Beteiligung und freies Nachdenken nur Schein waren, sind Frustration und Demotivation unausweichlich vorprogrammiert.

Wenn die hierarchische Situation transparent bleibt und der Mitarbeiter im Gespräch ausreichend Freiräume für die eigenen Entwicklung erlebt, kann ein Coaching im Unternehmenskontext gelingen. Es wird möglicherweise weniger offen verlaufen als ein Coaching mit einem unabhängigen, externen Berater, aber es kann dennoch nützlich und erfolgreich sein. Voraussetzung bleibt allerdings, dass der Mitarbeiter mit einer geforderten Veränderung

Führungskraft als Coach!?

grundsätzlich einverstanden ist und die Verantwortung dafür übernimmt, statt sich nur vordergründig zu einer Anpassungsleistung zu entschließen. Die besondere Beratungssituation in hierarchischen Rollenkontexten ist in vielen anderen Zusammenhängen erprobt: So gibt es zum Beispiel zwischen Eltern und Kindern oder zwischen Lehrern und Schülern vergleichbare Situationen, in denen fördernde Beratung in abhängigen Beziehungskonstellationen gelingen kann. Insofern haben die meisten Menschen Erfahrungen damit, sich einerseits anzuvertrauen und sich gleichzeitig nicht vollständig der Macht des Gegenübers auszuliefern.

Von **Werthaltung und Menschenbild**: Begegnet der Vorgesetzte seinen Mitarbeitern mit einem positiven Menschenbild? Vermittelt er Zuversicht und macht Mut, oder ist seine Grundhaltung eher misstrauisch-pessimistisch nach dem Motto: «Wenn ich nicht alles selbst in die Hand nehme, wird sowieso nichts Richtiges draus»? Kann der Vorgesetzte Erfolge teilen und sich an der Entwicklung von Menschen – in diesem Fall seinen Mitarbeitern – freuen? Wenn diese Grundhaltung fehlt, wird die Entwicklung von Mitarbeitern zur inneren Last oder sogar zur Bedrohung.

Oft sind es auch äußere Gründe, die Führungskräfte davon abhalten, ihre Mitarbeiter angemessen zu fördern. Vielleicht braucht man einen hervorragenden Experten dringend in der eigenen Abteilung und hat nicht rechtzeitig für Nachwuchs gesorgt. Wenn sich nun im Unternehmen für diesen Experten eine Einsatzmöglichkeit bietet, die seinen Fähigkeiten besser entspricht, braucht man als Vorgesetzter eindeutige Werte, um den Mitarbeiter aktiv für die neue Aufgabe zu empfehlen. Eine Führungskraft, die sich auch als Coach versteht, muss damit leben, Menschen in ihrer beruflichen Entwicklung zu fördern und konsequenterweise auch wieder zu verlieren, wenn die Entwicklungsmöglichkeiten im eigenen Bereich begrenzt sind.

Von der **Fach- und Führungskompetenz**: Coaching als Führungsstil und als gezielte Förderung von Mitarbeitern kostet Zeit. Bevor eine Führungskraft diese Zeit in Einzelgesprächen als Coach bereitstellen kann, muss sie erst einmal ihr Feld auf der Managementebene bestellt haben. Die schönste Anleitung oder Beratung von Mitarbeitern nützt wenig, wenn Ziele und Strategien fehlen, Entscheidungen nicht getroffen werden, Abläufe nicht funktionieren, Informationen nicht fließen, Sitzungen ineffektiv gestaltet werden oder das Klima aus anderen Gründen nicht stimmt. Wenn Mitarbeiter eine Führungskraft als Coach akzeptieren sollen, müssen sie insgesamt einverstanden sein mit der Art und Weise, wie sie geführt werden. Führungskraft als Coach bedeutet deshalb zunächst, sich die Entwicklung des Teams oder der Abteilung auf allen Ebenen zur Aufgabe zu machen. Man braucht ein **Entwicklungskonzept für das gesamte Team**, nicht nur für einzelne Mitarbeiter. Wenn dieses Konzept fehlt, wird es schwer, von Mitarbeitern konsequent auch persönliche Veränderungen zu verlangen.

Besonders im Vertrieb wird von Führungskräften auch erwartet, dass sie gezielt fachlich und ablauforganisatorisch anleiten und beraten können.

Von den **Rahmenbedingungen** im Unternehmen: Entspricht die Coaching-Haltung dem Führungsverständnis im Unternehmen und wird sie durch entsprechende Personal- und Organisationsentwicklungsprojekte / Maßnahmen gefördert? Oft wird dieser Teil der Rollengestaltung offiziell verlangt, aber im Unternehmensumfeld keineswegs auch gefördert. Wie wird im Unternehmen gelernt? Gibt es ernst gemeinte und professionell geführte Mitarbeitergespräche, Fortbildungen, Lerngruppen etc.? Wie wird der Vorgesetzte – in seiner Rolle als Coach – von der Personalentwicklung unterstützt? Werden ihm Zeitfenster eingeräumt für diese langfristig wichtigen Aufgaben, die kurzfristig aber nicht unbedingt zu schnell vorzeigbaren Erfolgen führen? Wenn Unternehmen das griffige Schlagwort von der «Führungskraft als Coach» wirklich umsetzen wollen, geht das nicht ohne längerfristige Investitionen in Personal- und Organisationsentwicklung.

Von der **kommunikativen Kompetenz**: Als Führungskraft auch Coach zu sein, erfordert neben den bisher genannten Faktoren ein bestimmtes Maß an Gesprächs- und Beratungskompetenz. Zunächst muss man verschiedene Gesprächsanlässe unterscheiden und handhaben können (inhaltliche Arbeitstreffen, Konfliktklärung, Kritikgespräch, Entwicklungs- oder Beratungsgespräch, Unterweisung etc.). Leitfäden und Strukturierungshilfen für diese Gesprächstypen sind in größeren Unternehmen in der Regel vorhanden, werden aber häufig nicht aktiv genutzt.

Um in den verschiedenen Gesprächssituationen als Führungskraft zu bestehen, braucht man außerdem die Fähigkeit, die verschiedenen Aspekte der Führungsrolle situativ angemessen einzusetzen und dem Mitarbeiter auch plausibel zu vermitteln: «Als Experte würde ich Ihnen Recht geben, Sie könnten das am besten. Als Coach des gesamten Teams muss ich aber Wert darauf legen, dass auch andere Kollegen diese Fähigkeiten entwickeln.» (Vgl. 2.4)

Vor allem muss aufgezeigt werden, wo die Führungskraft klare Forderungen und Erwartungen an den Mitarbeiter richtet und wo es um Anregungen oder Angebote zur persönlichen Entwicklung geht: «In diesem Punkt handelt es sich um eine klare Rollenerwartung: In Ihrer Rolle als Vertriebsassistentin gehört es zu Ihren Aufgaben, freundlich, verbindlich und geduldig mit unseren Kunden umzugehen. Wir können gemeinsam darüber nachdenken, wie Sie das am besten lernen können. Dass Sie es lernen müssen, steht außer Frage.»

Wenn man als Führungskraft selbst in die Themen involviert ist oder aus der Sicht des Mitarbeiters vielleicht sogar Auslöser von Problemen ist, muss man nicht nur gut zuhören, sondern kritisches **Feedback** auch annehmen und angemessen verarbeiten können. Es muss der Führungskraft gelingen, auch verdeckt mitgeteilte Kritik wahrzunehmen, ernst zu nehmen und bei Bedarf in eine gegenseitige Klärung der (Rollen-)Erwartungen zu überführen. Mindestens ebenso wichtig ist die Fähigkeit, Mitarbeitern präzise und vor allem konstruktiv Feedback geben zu können (vgl. 2.1).

Eine Führungskraft, die sich auch als Coach versteht, braucht einen Teil der Modelle und Gesprächstechniken, die ich im Kapitel 2 («Werkzeugkoffer») beschrieben habe. Führungskräfte sollten im Gespräch

- zuhören und Stellung nehmen / Feedback geben,
- den Überblick behalten,
- lösungsorientiert vorgehen,
- Rollenklarheit herstellen und
- Kommunikation reflektieren können (vgl. 2.1 bis 2.5)

Im Bild von den Ebenen der Tiefung sollten sich Gespräche zwischen Führungskraft und Mitarbeiter nur bis zur Ebene der Reflexion mit emotionaler Beteiligung bewegen (vgl. 3.2). Jede weitere Vertiefung oder ein insistierendes Nachfragen nach persönlichen Hintergründen sollte zugunsten der Rollenklarheit vermieden werden. Wenn man in der Leitungsrolle den Eindruck gewinnt, dass eine persönliche Vertiefung sinnvoll und nötig wäre, sollte man lieber ein Gespräch mit einem professionellen und neutralen Berater vermitteln.

Andererseits sollten sich Führungskräfte aber auch bewusst machen, wie groß der Einfluss ist, den sie auf die Entwicklung von Mitarbeitern nehmen können – im Guten wie im Schlechten. Ein engagiertes und respektvolles Feedback, methodische Anregungen, die reflektierende Unterstützung bei Konflikten und vor allem die Bereitschaft, sich auch selbst kritisch zu hinterfragen, können die Entwicklung von Mitarbeitern oft entscheidend beeinflussen, ohne dass professionelle Berater eingeschaltet werden müssen.

6. Der «ideale» Coach

6.1 Coaching-Kompetenz entwickeln

Coaching als individuell maßgeschneidertes Beratungsangebot im Spannungsfeld von Rollenanforderungen einerseits und persönlichen Zielen und Möglichkeiten eines konkreten Menschen andererseits erfordert vom Berater eine Integration verschiedener Haltungen und Kompetenzen. Um dem persönlichen Anliegen des Klienten individuell gerecht werden zu können, sollte der Coach die Grundlagen einer **personenzentrierten Einzelberatung** beherrschen. Er sollte individuell prozessorientiert vorgehen und sich mit einer positiv-wertschätzenden Grundhaltung in den Dienst des Klienten stellen können. Da die überwiegende Zahl der Fragestellungen im Coaching jedoch höchst komplex mit den Anforderungen im beruflichen Umfeld verwoben ist, sollte der Coach den Klienten auch **aufgaben- und leistungsbezogen** in der Wahrnehmung seiner beruflichen Rolle **beraten** können. Hier sind eigene Erfahrungen in der Unternehmenswelt nützlich und man braucht andere Denkmodelle sowie ein Theorieverständnis, das sich eher auf standardisierte Untersuchungen und Tests gründet, das Regeln aufstellt und Rezepte vorrätig hat. Der Coach muss also zwei Welten zusammenbringen.

Je breiter das Spektrum der Kompetenzen und Berufserfahrungen, desto besser kann man sich auf die individuelle Situation des Klienten einstellen. Schwierig wird es, wenn man sich nur in seinem Heimatgebiet auskennt und jede Fragestellung im Sinn schon vorhandener Kompetenzen beeinflusst, etwa wie ein Handwerker, der alles mit einem Hammer reparieren will. Wenn der psychologisch oder psychotherapeutisch ausgebildete Coach jedes Thema individualisiert und psychologisiert, ist das ebenso problematisch, wie wenn ein Coach ohne psychologischen Erfahrungshintergrund aus jeder

Fragestellung ein Organisations- oder Strategiethema macht und das persönliche Anliegen des Klienten dabei überhört.

Was bedeutet das nun konkret? Wann ist ein Coach kompetent? Was sollte er können? Was ist verzichtbar? Und wie kann man Coaching-Kompetenz lernen? Diese und ähnliche Fragen werden oft von Seminarteilnehmern oder firmeninternen Personalentwicklern gestellt.

Da Coaching in verschiedenen Kontexten, zu unterschiedlichen Fragestellungen und von Beratern mit differierendem Ausbildungs- und Erfahrungshintergrund angeboten wird, kann es keine abrufbare Standarddienstleistung sein. Insofern ist Coaching-Kompetenz nicht als Standard zu definieren, auch wenn das Bedürfnis nach solchen Festlegungen verständlich ist. Man kommt also nicht umhin, die Anforderungen an ein Coaching und die erforderlichen Kompetenzen jeweils situationsbezogen zu definieren.

Um sich klar zu machen, an welchen Maßstäben man seine eigene Coaching-Kompetenz messen will, sollte man unterscheiden zwischen der realen Situation, in der man hier und heute als Berater tätig ist, und der persönlichen Zukunftsvision, wie und mit wem man irgendwann einmal als Coach arbeiten möchte. Meist fällt der Anspruch an die eigene Kompetenz in diesem Spannungsfeld zwischen Realität und Zukunftsvision überhöht aus, und Seminarteilnehmer sind dann frustriert, weil sie die selbst gesetzten Maßstäbe nicht erfüllen können. Ich habe deshalb das Bild vom «Haus der Coaching-Kompetenz» zur persönlichen Selbsteinschätzung und Standortbestimmung als Coach entwickelt (vgl. Abbildung S. 233).

Das Fundament des Hauses bilden die **Rahmenbedingungen**, in denen man hier und heute als Coach tätig ist:

Mit welchen Unternehmen arbeitet man zusammen, und für welche Themen und Klienten fühlt man sich zuständig? Wo findet das Coaching statt? Bietet der Coach einen diskreten, neutralen Ort, oder trifft man sich im Arbeitsumfeld des Klienten? Arbeitet man als Einzelkämpfer, oder ist man in eine Gruppe, ein Beraterteam oder ein Unternehmen eingebunden? Gehört man bestimmten

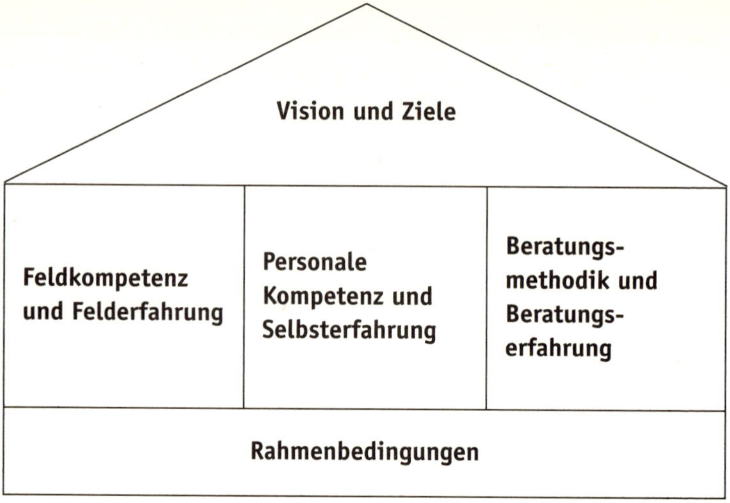

Das Haus der Coaching-Kompetenz

Schulen und Ausbildungsverbänden an, und welche Abhängigkeiten oder Verpflichtungen erwachsen daraus? Ist Coaching eine erfreuliche Nebenbeschäftigung oder eine lästige Pflicht? Wie groß ist die materielle Abhängigkeit von Coaching-Aufträgen?

Das Bewusstsein der eigenen Rahmenbedingungen, Möglichkeiten und Grenzen als Berater ist für die Souveränität des Coach letztlich wichtiger als das Ansammeln von ausgefeilten Beratungstechniken oder von Expertenwissen.

Auf dem Fundament der Rahmenbedingungen stehen dann drei Kompetenzsäulen, die unterschiedlich stark entwickelt sein können:

Feldkompetenz und Felderfahrung

Was bringt der Coach mit, um die ihm angetragenen Themen inhaltlich zu verstehen und eventuell beantworten zu können? Wie gut kennt er die Branche, in der der Klient arbeitet? Versteht er die Sprache und die Umgangsformen, kennt er die Spielregeln von

Machtpolitik und Einflussnahme im Arbeitsfeld des Klienten? Wie viel Erfahrung und Kenntnis in den Themenfeldern Betriebswirtschaft, Qualitätssicherung, Führung, Personal- und Organisationsentwicklung, Gruppenleitung und Moderation ist vorhanden? In welchen Themen ist der Coach selber fachlicher Experte oder zumindest erfahren? Ein tiefes inhaltliches Verständnis ist nicht immer unbedingt erforderlich, und manchmal ist es sogar besser, wenn man gar nicht in die Gefahr kommt, sich inhaltlich einzumischen. Wenn man als Coach aber keinerlei Feldkompetenz mitbringt, sollten Klient und Coach zumindest im Auge behalten, wann die Grenzen der Beratung erreicht sind.

Beratungsmethodik und Beratungserfahrung

Was bringt der Coach mit, um das Gespräch zu steuern und den Klienten professionell auf seinem Weg zum Ziel oder zur Lösung eines Problems zu begleiten? Hierzu gehört einerseits die konkrete Gesprächs- und Interventionskompetenz, wie ich sie in den vorigen Kapiteln beschrieben habe. Zu dieser Säule gehört aber auch die Erfahrung in psychologischer Einzelberatung, die der Coach einbringt: Ist er in einem therapeutischen Verfahren ausgebildet? Hat er genügend Erfahrung, um Krisen oder psychische Störungen von situativen Konflikten zu unterscheiden? Kann er auf Gefühle des Klienten wie Ärger, Zorn, Angst, Scham oder Trauer unerschrocken antworten? Kann er psychologische Vorgänge einfach und undramatisch erklären? Kann er mit Konfrontation oder emotionaler Vertiefung angemessen umgehen? Und, falls ihm dieser Erfahrungshintergrund fehlt, kennt er seine Grenzen und kann sie vermitteln?

Personale Kompetenz und Selbsterfahrung

Die mittlere Säule beschreibt übergeordnete personale und soziale Fähigkeiten: Begegnet der Coach dem Klienten als Partner in einem fairen Dialog? Basiert sein Handeln auf klaren Werten, einem positiven **Menschenbild**? Vermittelt er – jenseits aller Methoden und Techniken – Ruhe und Zuversicht?

Zur personalen Kompetenz gehören natürlich auch alle anderen **persönlichen Stärken**, die der Coach mitbringt, wie etwa sein persönliches Standing, seine Konflikt- und Beziehungsfähigkeit, seine Geduld und sein Humor. Neben diesen übergeordneten personalen Kompetenzen erfordert der Coaching-Prozess eine **vierfache Aufmerksamkeit** für

- das **Thema** des Klienten,
- das Erleben und die **innere Situation des Klienten**,
- den **Gesprächsprozess** und
- die **eigenen** parallel ablaufenden **Gedanken und Gefühle**.

Der Berater muss sich gleichzeitig im Thema des Klienten zurechtfinden, auf dessen Erleben eingehen, den Gesprächsprozess steuern und seine parallel ablaufenden Gedanken und Impulse wahrnehmen und reflektieren können. Diese vierfache Aufmerksamkeit erfordert Übung. Man entwickelt sie in der Regel am besten in (kollegialen) Supervisionsgruppen, in Selbsterfahrungsgruppen oder in längerfristigen pädagogischen oder therapeutischen Ausbildungen, in denen alle vier Ebenen bewusst trainiert werden.

Wie kann man Coaching-Kompetenz lernen?

Wenn man sich als Coach (weiter)entwickeln will, kann man sich also fragen, welche Bereiche in diesem Haus der Coaching-Kompetenz stabil und gut bewohnbar sind und welche man neu aufbauen, sanieren oder renovieren will.

Da man im Coaching Kompetenzen aus sehr unterschiedlichen und gegensätzlichen Erfahrungsbereichen braucht, wird keine noch so umfassende Ausbildung das ganze Haus vollständig abdecken. Man sollte auch nicht von sich erwarten, alle Anforderungen zu erfüllen. Niemand kann alles, auch wenn das gerade in diesem Umfeld gern behauptet wird. Sinnvoller und erfolgversprechender scheint mir, eine gründliche Analyse der eigenen Ressourcen, Lernziele und Entwicklungsthemen vorzunehmen und sich eine individuell zugeschnittene Coaching-Weiterbildung selbst zusammenzustellen. Der eine braucht vielleicht als ergänzende Kompetenz eher psychologische Beratungsmethodik und Selbsterfahrung und passt am besten in eine kollegiale Supervisionsgruppe, in der konkrete Fälle aus der Arbeit reflektiert werden und gleichzeitig Beratung trainiert wird. Der Nächste ist beratungserfahren und gesprächskompetent und braucht eher Einblick in den Unternehmensalltag. Ein Dritter lernt am besten, indem er sich selbst in ein Coaching oder eine Therapie begibt und an eigenen Themen arbeitet. Hier gilt das Sprichwort «Viele Wege führen nach Rom» – und möglicherweise stellt sich unterwegs heraus, dass es in Florenz auch sehr schön sein kann und man gar nicht unbedingt nach Rom muss.

Wer am Anfang seiner Berufslaufbahn steht, sollte sich vielleicht auch klar machen, dass Coaching nicht im Schnellverfahren zu lernen ist. Außerdem sollte es nur einen Teil des gesamten Arbeitsgebietes ausmachen. Wer seine Erfahrungen nur aus Einzelberatungen, Coaching-Gruppen oder Seminaren bezieht, wird auf die Dauer als Berater wenig anregend sein.

6.2 Coaching-Qualität sichern

Coaching wird in verschiedenen Feldern von Beratern unterschiedlicher Berufsgruppen angeboten. Die persönliche Schwerpunktsetzung und Qualität hängt stark von der jeweiligen Ausrichtung und Berufserfahrung ab. Dennoch gibt es einige Qualitätskriterien, die immer gelten sollten:

- Grundsätzliche **Diskretion** über Themen und Inhalte der Einzelgespräche und klare Absprachen darüber, wer wen wie worüber informiert. Bevor er Dritte informiert, braucht der Coach eine Schweigepflichtentbindung, ähnlich wie beim Arzt.

- Reflektiertes und **verantwortungsvolles Umgehen mit Rollen und Aufträgen.** Wenn ein Coaching von einem Unternehmen in Auftrag gegeben oder finanziert ist, müssen Aufträge, Absprachen und Verbindlichkeiten, die mit dem Unternehmen bestehen, dem Klienten offen gelegt werden. Das Coaching muss dann an den Zielen des Klienten *und* des Unternehmens ausgerichtet werden. Dazu gehört auch die regelmäßige Überprüfung, wieweit die Ziele erreicht sind oder sich erreichen lassen. Wenn die persönlichen Ziele des Klienten nicht mehr mit den Zielen des Unternehmens vereinbar sind, muss der Coach hierzu eine Position finden und sich mit dem Klienten über Konsequenzen verständigen. Besonders interne Berater, aber auch externe, die in einem Unternehmen noch andere Projekte realisieren, müssen sich fragen, ob die Zielsetzung der Beratung sich mit ihren sonstigen Aufträgen und Rollen im Unternehmen verträgt.
- Regelmäßige Bilanz und **Überprüfung der Zusammenarbeit.** Coaching sollte als Hilfe zur Selbsthilfe eine befristete Maßnahme bleiben. Wenn es sich über einen längeren Zeitraum hinzieht, sollten Kontrakte für überschaubare Zeitabschnitte zu bestimmten Teilzielen vereinbart und jeweils ausgewertet werden.
- Reflektiertes und **verantwortungsvolles Umgehen mit** psychologischen **Interventionen**, Tiefung und Konfrontation. Der Coach sollte bei Bedarf auch transparent machen, was im Coaching keinen Raum hat (zum Beispiel gezielte biographische Arbeit, Tiefung auf Regressionsniveau etc.)
- **Vernetzung des Coach** mit ergänzenden Kompetenzfeldern und Kompetenzträgern (Adressen, Kontakte). Als Coach muss man nicht alles selber können, aber man muss wissen, was gebraucht wird und wer es bieten kann. Die Fähigkeit und Bereitschaft, eigene Grenzen zu erkennen und ein kollegiales Netz von ergänzenden Kompetenzen zu entwickeln und zu pflegen, ist deshalb ein wichtiges Merkmal der Qualität eines Beraters.

- **Regelmäßige Fortbildung und kollegiale Supervision.** Dieses Qualitätskriterium gilt natürlich für alle beratenden und erwachsenenpädagogischen Tätigkeiten. Fortbildung und Supervision sollen sicherstellen, dass der Coach seine Kompetenzen in einem kollegialen Übungsfeld regelmäßig erweitern und überprüfen kann.

Neben diesen unbedingten Qualitätskriterien gibt es im Coaching jede Menge Freiräume für individuelles und kreatives Arbeiten – und das ist unter anderem ein Grund dafür, warum sich so viele Trainer, Personalentwickler und Unternehmensberater auf der einen sowie Therapeuten und Pädagogen auf der anderen Seite für Coaching interessieren. Welche Rahmenbedingungen man wählt, wie oft und wie lange man sich trifft oder miteinander telefoniert, welche Methoden oder Techniken man nutzt, mit welchen Menschen und Unternehmen man arbeitet, ob und wie man den Coaching-Prozess dokumentiert – all das ist individuell gestaltbar, weil Coaching eben keine standardisierte Dienstleistung sein kann.

Literatur

Bachmair, S., u. a.: Beraten will gelernt sein. Ein Übungsbuch für Anfänger und Fortgeschrittene. Weinheim / Basel 1982

Bandler, R., und Grinder, J.: Neue Wege der Kurzzeittherapie. Paderborn 1985

Benien, K.: Auftragsklärung. Unveröffentlichtes Seminarskript, 1994

Benien, K.: Schwierige Gespräche führen. Modelle für Beratungs-, Kritik- und Konfliktgespräche im Berufsalltag. Reinbek 2003

Becker, H.: Panoramatechniken in der Arbeit mit Führungskräften. Unveröffentlichtes Seminarskript, 1988

Böning, U.: Coaching: Der Siegeszug eines Personalentwicklungs-Instruments. Eine 10-Jahres-Bilanz. In Chr. Rauen (Hg.): Handbuch Coaching. Göttingen 2000

Covey, S. R., Merrill, A. R., und Merrill, R. R.: Der Weg zum Wesentlichen. Zeitmanagement in der vierten Generation. Frankfurt a. M. / New York 1999

Deneke, F.: Psychische Struktur und Gehirn: Die Gestaltung subjektiver Wirklichkeiten. Stuttgart / New York 1999

Dilts, R. B.: Identität, Glaubenssysteme und Gesundheit. Paderborn 1993

Dörner, D.: Die Logik des Misslingens. Strategisches Denken in komplexen Situationen. Reinbek 1992

Epe, C., und Fischer-Epe, M.: Wenn die Lösung zum Problem wird. Überlegungen zum Sinn und Unsinn fortlaufender Supervision in Teams. In: F. W. Wilker (Hg.): Supervision und Coaching. Bonn 1995

Erickson, M. H.: Hypnose. Induktion – Psychotherapeutische Anwendung – Beispiele. München 1978

Fischer-Epe, M.: Vom einsamen Schachspieler zum Teammoderator. Coaching am Beispiel einer Fallgeschichte. In: Organisationsberatung Supervision – Clinical Management, Heft 1 / 1994, Leverkusen 1994

Fischer-Epe, M., und Epe, C.: Stark im Beruf – erfolgreich im Leben. Persönliche Entwicklung und Selbst-Coaching. Reinbek 2004

Furman, B., und Tapani, A.: Die Zukunft ist das Land, das niemandem gehört. Stuttgart 1995

Grawe, K.: Psychologische Therapie. Bonn 1997

Grau, U., Möller, J., und Rohweder, N.: Erfolgreiche Strategien zur Problemlösung im Sport. Die drei Seiten einer Medaille. Trainer Bibliothek 26, Münster 1990

Hager-van der Laan, J., und van der Laan, K.: Kommunikation und Führung. Unveröffentlichtes Seminarskript, 1992

Haley, J.: Gemeinsamer Nenner Interaktion. Strategien der Psychotherapie. München 1978

Heinl, H., und Petzold, H.: Gestalttherapeutische Fokaldiagnose und Fokalintervention bei Störungen aus der Arbeitswelt. In: H. Petzold und H. Heinl: Psychotherapie und Arbeitswelt. Paderborn 1985

Looss, W.: Coaching für Manager. Problembewältigung unter 4 Augen. Landsberg/Lech 1991

Petzold, H.: Thymopraktik als Verfahren der Körpertherapie. In: H. Petzold: Die neuen Körpertherapien. Paderborn 1977

Prior, H.: MiniMax-Interventionen. 15 minimale Interventionen mit maximaler Wirkung. Heidelberg 2003

Redlich, A.: Führung im Konflikt. Kolloquium 6. 1. 2000. Materialien aus der Arbeitsgruppe Beratung und Training am Fachbereich Psychologie der Universität Hamburg

Riemann, F.: Grundformen der Angst. München/Basel 1969

Roth G.: Das Gehirn und seine Wirklichkeit. Kognitive Neurobiologie und ihre philosophischen Konsequenzen. Frankfurt a. M. 1994

Rüegg, J. C.: Psychosomatik, Psychotherapie und Gehirn. Stuttgart 2001

Scherling, T.: Karikaturen zeichnen. München 1990

Schlippe, A. von, und Schweitzer, J.: Lehrbuch der systemischen Therapie und Beratung. Göttingen 1996

Schulz von Thun, F.: Miteinander reden 1. Störungen und Klärungen. Reinbek 1981 ff.

Schulz von Thun, F.: Miteinander reden 3. Das ‹Innere Team› und situationsgerechte Kommunikation. Reinbek 1998 ff.

Schulz von Thun, F., Ruppel, J., Stratmann, R.: Miteinander reden: Kommunikationspsychologie für Führungskräfte. Reinbek 2000

Schwarz, G.: Konfliktmanagement, sechs Grundmodelle der Konfliktlösung. Wiesbaden 1990

Selvini Palazzoli, M., u. a.: Hypothetisieren – Zirkularität – Neutralität. In: Familiendynamik 6 (1981), S. 123–139

Selvini Palazzoli, M., u. a.: Hinter den Kulissen der Organisation. Stuttgart 1984

de Shazer, S.: Der Dreh. Überraschende Wendungen und Lösungen in der Kurzzeittherapie. Heidelberg 1992

Simon, F., und Rech-Simon, C.: Zirkuläres Fragen. Systematische Therapie in Fallbeispielen: Ein Lernbuch. Heidelberg 1999

Thomann, C., und Schulz von Thun, F.: Klärungshilfe 1. Handbuch für Therapeuten, Gesprächshelfer und Moderatoren in schwierigen Gesprächen. Reinbek 2002

Walter, J. L., und Peller, J. E.: Lösungsorientierte Kurzzeittherapie. Ein Lehr- und Lernbuch. Dortmund 1994

Weiss, T.: Familientherapie ohne Familie. München 1988

Whitmore, J.: Coaching für die Praxis. Frankfurt a. M. 1995